智能化财务管理与会计转型探析

段晓霞　阎柳青　段军平　著

中国建材工业出版社

图书在版编目（CIP）数据

智能化财务管理与会计转型探析 / 段晓霞, 阎柳青, 段军平著. -- 北京 : 中国建材工业出版社, 2024. 8.

ISBN 978-7-5160-4235-9

Ⅰ. F275-39；F230-39

中国国家版本馆CIP数据核字第2024C5F309号

智能化财务管理与会计转型探析

zhinenghua caiwu guanli yu kuaiji zhuanxing tanxi

段晓霞　阎柳青　段军平　著

出版发行：中国建材工业出版社
地　　址：北京市海淀区三里河路 1 号
邮　　编：100044
经　　销：全国各地新华书店
印　　刷：北京传奇佳彩数码印刷有限公司
开　　本：787mm×1092mm　1/16
印　　张：13
字　　数：260 千字
版　　次：2025 年 1 月第 1 版
印　　次：2025 年 1 月第 1 次
定　　价：78.00 元

本社网址：www. jccbs. com，微信公众号：zgjcgycbs

PREFACE 前言

智能化财务管理与会计转型是当今财务领域的重要趋势，通过引入人工智能、大数据、云计算等技术手段，实现财务管理与会计业务的自动化、智能化，对于提高财务管理效率、降低成本、提升财务决策质量具有重要意义。智能化财务管理与会计转型可以实现财务数据的自动采集、处理和分析，大幅提升财务数据的准确性和及时性。传统的财务管理和会计业务往往依赖于人工录入和处理数据，容易出现错误和延误。而智能化系统可以通过自动化流程和算法分析，快速完成数据处理和分析，减少人为因素的干扰，提高数据质量和分析效率。

智能化财务管理与会计转型可以实现财务流程的智能化优化和管理。传统财务流程烦琐，需要大量人力和时间投入，容易出现流程不畅、效率低下的问题。而智能化系统可以通过自动化技术和智能算法，优化财务流程，实现财务作业的自动化执行和监控，提高流程效率和准确性。智能化财务管理与会计转型可以提升财务决策的科学性和精准度。传统财务决策往往依赖于财务人员的经验和主观判断，容易受到主观因素的影响。而智能化系统可以通过数据分析和模型预测，为财务决策提供科学依据和精准建议，提高财务决策的准确性和效果。

本书旨在深入探讨智能化财务管理与会计转型的各个方面，为读者提供全面的了解和应用指南。本书共分为十章，涵盖了智能化技术在财务管理与会计领域的广泛应用，以及相关领域的挑战、机遇和未来发展趋势。第一章至第四章聚焦于智能化技术在财务管理与会计转型中的概述与应用，包括定义与背景、应用现状、意义与价值、以及挑战与机遇等内容。第五章至第八章重点关注智能化技术在财务决策、预测、会计信息系统建设与管理、税务管理与合规等方面的应用。第九章探讨智能化财务管理与会计转型在国际比较中的特点与趋势，以及跨国企业的经验与启示。第十章则关注智能化财务管理与会计转型的社会影响与伦理，探讨其在社会价值、职业伦理、信息公平与社会责任等方面的重要性。本书适用于财务会计领域的学生、从业人员、企业管理者以及相关研究者，旨在为他们提供最新、全面的智能化财务管理与会计转型知识，引领他们深入了解和应用智能化技术，推动财务会计领域的创新与发展。

本著由山西晋中理工学院段晓霞、山西林业职业技术学院阎柳青、石家庄理工职业学院段军平共同完成。具体分工如下：段晓霞负责第一章至第三章的内容(约10万字)，阎柳青负责第四章至第六章的内容(约6万字)，段军平负责第七章至第十章的内容(约10万字)。

作者在写作本书的过程中，借鉴了许多前辈的研究成果，在此表示衷心的感谢。由于本书需要探究的层面比较深，作者对一些相关问题的研究不透彻，加之写作时间仓促，书中难免存在一定的不妥和疏漏之处，恳请前辈、同行以及广大读者斧正。

CONTENTS

目录

第一章　智能化财务管理与会计转型概述 …… 1

第一节　智能化财务管理与会计转型定义与背景 …… 1

第二节　智能化技术在财务管理与会计领域的应用现状 …… 8

第三节　智能化财务管理与会计转型的意义与价值 …… 15

第四节　智能化财务管理与会计转型的挑战与机遇 …… 19

第二章　智能化技术在财务管理中的应用 …… 25

第一节　大数据在财务管理中的应用与价值 …… 25

第二节　人工智能技术在财务决策中的作用 …… 32

第三节　区块链技术在财务数据安全与审计中的应用 …… 39

第四节　云计算在财务管理中的实践与效果分析 …… 45

第三章　智能化技术在会计领域的应用 …… 52

第一节　人工智能在会计核算中的应用与效果 …… 52

第二节　自然语言处理技术在财务报表分析中的应用 …… 57

第三节　机器学习在会计审计中的实践与案例 …… 64

第四节　虚拟现实技术在财务培训与教育中的创新 …… 68

第四章　智能化财务决策与预测 …… 73

第一节　智能化财务决策模型与算法 …… 73

第二节　数据驱动的财务预测与规划 …… 79

第三节　智能化财务报告与分析工具 …… 84

第四节　智能化技术在财务风险管理中的应用 …… 88

第五章　智能化会计信息系统建设与管理 …… 95

第一节　智能化会计信息系统架构设计与实施 …… 95

第二节　数据集成与交互的智能化系统开发 …… 98

第三节　智能化系统运维与管理策略 …… 102
第四节　智能化系统安全与风险防范 …… 107
第六章　智能化税务管理与合规 …… 110
第一节　人工智能在税务申报与缴税中的应用 …… 110
第二节　智能化税务风险识别与预警 …… 113
第三节　区块链技术在税务合规审计中的应用 …… 118
第四节　智能化税务政策解读与咨询服务 …… 122
第七章　智能化财务与会计人才培养 …… 127
第一节　智能化财务与会计人才需求分析与趋势预测 …… 127
第二节　智能化技术背景下的财务与会计教育改革 …… 131
第三节　智能化财务与会计人才培训体系构建 …… 136
第四节　智能化时代财务与会计人才评价与激励机制 …… 141
第八章　智能化财务管理与会计转型的法律与监管 …… 144
第一节　智能化技术背景下的财务法律风险与合规挑战 …… 144
第二节　监管科技与智能化财务管理 …… 147
第三节　数据隐私保护与智能化财务合规 …… 150
第四节　智能化财务与会计审计监管机制建设 …… 153
第九章　智能化财务管理与会计转型的国际比较 …… 157
第一节　智能化财务管理与会计转型的国际发展现状与对比分析 …… 157
第二节　不同国家智能化财务管理与会计转型的特点与趋势 …… 165
第三节　跨国企业智能化财务管理与会计转型的经验与启示 …… 168
第四节　智能化财务管理与会计转型的全球化合作与竞争 …… 172
第十章　智能化财务管理与会计转型的社会影响与伦理 …… 176
第一节　智能化技术在财务与会计领域的社会价值与影响 …… 176
第二节　智能化财务管理与会计转型对职业伦理与道德的挑战 …… 184
第三节　智能化财务管理与会计转型的信息公平与社会责任 …… 189
第四节　智能化财务管理与会计转型的未来伦理规范与发展路径 …… 194
参考文献 …… 200

第一章　智能化财务管理与会计转型概述

第一节　智能化财务管理与会计转型定义与背景

一、智能化财务管理与会计转型的定义

（一）智能化财务管理的概念

智能化财务管理是指利用现代科技手段，如人工智能、大数据、云计算等技术，来提高财务管理的效率、精准度和灵活性。这种管理方式使得财务部门能够快速、准确地处理各种财务事务，并提供实时数据分析和预测。这不仅有助于财务人员更好地决策，还能提高企业整体的经营效率。智能化财务管理从根本上改变了传统财务工作的方式，为企业提供了更加全面和科学的财务解决方案。

转变到智能化财务管理的过程中，首先要认识到其重要性。它不仅是对现有财务管理体系的升级，也是对企业财务管理模式的一种创新。这种创新带来了诸多优势，例如实时的数据可视化、智能报表生成，以及通过数据分析提供更准确的财务预测和预算。智能化财务管理还能够减少人为操作的错误，确保财务数据的准确性和一致性。

传统会计已经历了数十年的发展，然而它也面临着一系列挑战，包括数据处理的复杂性、财务信息获取的速度，以及数据分析能力的局限性。在智能化财务管理的推动下，会计转型开始显得必要且迫切。会计人员需要从仅仅关注数据录入和核算转向更注重数据分析和预测。智能化工具为他们提供了强大的支持，使他们能够更有效地分析数据、识别趋势，并为企业提供战略性建议。

会计转型的另一个关键方面是人才的培养。随着智能化财务管理的普及，会计人员需要具备更多的技术和数据分析能力。这要求企业和教育机构共同努力，为会计人员提供持续的培训和发展机会，使他们能够适应新的工作环境和技术变化。

智能化财务管理不仅在操作层面上提供了便利，而且对企业战略的制定和执行也产生

了深远的影响。通过将数据分析和预测融入财务管理，企业可以更好地把握市场趋势，调整经营策略，从而在竞争激烈的市场中立于不败之地。财务管理的智能化还可以为企业提供更精准的风险管理和控制。

在智能化财务管理的过程中，安全和隐私问题也是需要关注的重要方面。由于财务数据的敏感性和重要性，确保数据的安全和隐私至关重要。企业需要采取多层次的安全措施，如数据加密和访问控制，以保护数据免受未经授权的访问和泄露。

智能化财务管理与会计转型的进程中，企业文化的转变也是不可忽视的因素。为了顺利实施这些新的技术和管理方法，企业需要培养一种创新和包容的文化，鼓励员工积极参与，并提供支持和资源。这种文化的建立将有助于员工适应新的工作方式，并充分发挥智能化财务管理的潜力。

随着智能化财务管理的发展，相关法律法规和监管要求也需要不断更新和完善。企业需要确保其财务管理活动符合最新的法律和监管要求。这包括对数据隐私、合规性以及财务报告的透明度等方面的要求。与监管机构保持密切联系，确保在引入新的智能化管理手段时，企业能够持续合规。

在财务管理智能化的过程中，企业还应关注技术的可持续性和兼容性。由于科技领域的发展迅速，企业在选择智能化财务管理工具和系统时，应该确保它们具有可扩展性和兼容性，以便未来能够适应不断变化的技术和市场需求。

智能化财务管理与会计转型的融合，为企业带来了广阔的前景。通过借助现代科技手段，企业可以大幅提升财务管理的效率和准确性，为业务发展提供强有力的支持。在这一过程中，企业需要保持灵活性，适应不断变化的技术和市场环境，为未来的成功奠定坚实的基础。

（二）会计转型的内涵

智能化财务管理与会计转型是当今商业和金融领域中一个重要的主题。随着科技的迅速发展，企业面临着不断变化的市场环境和更高的运营效率需求。智能化财务管理通过整合人工智能、大数据分析和云计算等先进技术，推动财务管理过程的自动化和优化。这种转变不仅影响了会计专业的工作方式，还要求从业人员具备新的技能和知识，以适应不断变化的工作环境。

技术进步为企业提供了新的机会来重新定义财务管理的流程。过去，财务管理主要依赖于手工操作和纸质记录，而现在通过自动化系统，数据输入、处理和分析变得更加快捷和准确。这种智能化转型使得财务部门能够更加专注于战略规划和决策支持，而不是仅仅处理例行的事务。

智能化财务管理对传统会计产生了重大影响。会计人员需要从事更复杂的分析和数据解读工作，以便为企业提供有价值的洞见。这种转型要求会计专业人员具备技术技能，如数据分析、编程和信息系统操作。他们还需要提升自己的战略思维和沟通能力，以便与其他部门合作，共同推动企业的成功。

在财务管理的智能化转型过程中，企业必须面临诸多挑战。例如，数据安全和隐私问题是必须解决的关键问题。随着数据收集和存储的增加，企业需要采取有效的措施来保护敏感信息。企业还需要确保员工接受新技术的培训和学习，以适应不断变化的工作环境。

为了实现智能化财务管理与会计转型的成功，企业应采取一系列措施。企业应投资于先进的财务管理系统和工具，以提高效率和准确性。企业应重视员工培训和发展，为员工提供学习新技术和技能的机会。企业需要建立一个开放的沟通文化，以便员工能够分享他们的经验和观点，推动整个团队的进步。

智能化财务管理与会计转型不仅仅是技术的应用，更是业务流程和企业文化的变革。通过打破部门之间的壁垒，促进不同领域的协作，企业能够更好地利用数据和技术，实现更高的效率和创新。这种综合性的方法有助于企业在竞争激烈的市场中保持领先地位。

二、智能化财务管理与会计转型的背景

（一）人工智能、大数据与云计算的崛起

随着科技的迅猛发展，人工智能、大数据和云计算的应用在财务管理与会计领域中产生了深远的影响。财务管理和会计作为企业运营的核心职能，借助这些新兴技术不断进行转型和升级。通过智能化手段，提高了效率、准确性以及洞察力，为企业的竞争力提供了坚实的技术支撑。

新兴技术的广泛应用使得财务数据的处理方式发生了巨大的变化。传统的手工账目处理方式已经逐渐被智能化的财务系统所取代，这些系统能够快速、高效地处理大量数据，并从中提取有用的信息，为企业决策提供强有力的支持。人工智能算法的应用，使财务预测和风险分析变得更加精准。

大数据技术赋予财务管理与会计领域以新的维度。以往难以获取的大量数据，如客户行为、市场趋势和供应链管理等方面的信息，如今可以通过大数据技术进行收集和分析。这不仅为财务部门提供了全面而准确的决策依据，还能够帮助企业预测未来的市场变化，提前进行战略布局。

云计算的普及进一步促进了财务管理与会计领域的转型。云服务平台使企业能够在任

何时间、任何地点安全地访问和管理财务数据。云计算提供了强大的存储和计算能力，为财务部门处理大量数据提供了可靠的支持。这也有助于财务管理的协作和全球化运作，使得企业可以更好地应对全球市场的挑战。

人工智能在财务管理与会计中的应用带来了诸多益处。自动化处理不仅可以降低人为错误的风险，还能解放财务人员，让他们专注于更具战略性的任务。人工智能在异常检测、合规性审核和欺诈预防等方面表现出色，为企业创造了更安全的财务环境。

智能化财务管理的兴起，使得传统财务和会计岗位面临巨大的转型压力。财务人员需要适应新的技术环境，掌握数据分析、编程和人工智能等新技能，以便在新时代中发挥更大的价值。财务部门的工作重心逐渐从传统的事务性操作转向更具战略性的分析和决策支持。

大数据和云计算的结合为财务部门提供了前所未有的数据处理能力。通过收集、整理和分析大量的财务和非财务数据，企业可以从中发现潜在的机会和风险。这样的洞察力能够帮助企业在竞争激烈的市场中保持领先地位。

智能化财务管理与会计转型的背景也对企业文化和组织结构产生了影响。企业需要积极推进数字化转型，打破传统的部门界限，实现跨部门的数据共享和协作。企业需要培养数字化思维，鼓励员工主动学习和适应新技术，以推动整体业务的创新和发展。

在新的技术环境下，监管和合规问题也引起了财务管理与会计领域的高度重视。由于云计算和大数据技术的广泛应用，数据安全和隐私保护成为了重要议题。企业需要采取相应的技术和管理措施，确保财务数据的安全性和合规性。

（二）市场环境的变化与需求升级

智能化财务管理与会计转型的背景可以通过市场环境的变化与需求升级两个方面来深入分析。市场正快速变化，受科技和经济发展推动，企业对财务管理和会计的要求不断提高。这种转变要求财务团队不仅要处理传统的账目和报表，还要具备分析和预测能力，以支持企业的战略决策。这种要求使得财务专业人士需要更多地依赖智能化技术，如大数据分析、人工智能和自动化工具。

数字化转型正迅速改变商业生态系统，这对财务管理产生了深远影响。数字化企业要求财务部门具备实时监控和及时响应市场变化的能力。为了应对这些挑战，智能化财务管理正在逐渐取代传统财务管理模式。通过利用先进的数据分析和预测技术，财务团队可以为企业的经营决策提供更准确的建议和支持。

智能化财务管理也在推动企业的运营效率和透明度。企业现在需要实时的数据来做出决策，这对财务部门提出了更高的要求。智能化财务工具可以帮助财务团队更快地处理和分析数据，并提供更准确的预测和洞察。这种转型不仅可以提升财务部门的效率，还可以增强整个组织的竞争力。

随着市场竞争的加剧，企业对风险管理的需求也在不断增长。智能化财务管理提供了一种新的途径，通过实时监控和数据分析来预测和管理风险。通过整合不同部门的数据，智能化财务管理可以提供全面的风险评估，这对企业的战略决策至关重要。

在这个不断变化的市场环境中，传统的财务管理模式已经无法满足企业的需求。企业必须转向智能化财务管理，以保持竞争力。通过引入先进的技术和工具，企业可以更好地应对市场变化，提高自身的适应性和灵活性。

从另一个角度来看，需求升级也在推动财务和会计的转型。消费者的期望不断提高，这要求企业提供更优质的产品和服务。同样地，企业对财务和会计信息的要求也在提高。财务部门需要提供更多有价值的见解，而不仅仅是简单的数字报告。

全球化的市场环境也在改变财务和会计的角色。国际化业务的增长要求财务部门具备更强的全球视野和应对复杂税务和法规的能力。智能化技术为财务团队提供了更好的工具，帮助他们应对这些挑战。

企业在应对需求升级时，必须重视财务部门的转型。通过引入智能化财务管理，企业可以更好地满足消费者和投资者的期望。这种转型不仅可以提高企业的效率，还可以增强其在市场中的竞争力。

在财务和会计领域的转型过程中，人才培养和团队建设也至关重要。传统的财务角色需要向更多的数据分析和战略支持方向发展。财务团队需要具备更多的技能，如数据科学、预测分析和商业洞察。

监管和合规要求不断变化，这对财务和会计提出了更高的要求。智能化财务管理可以帮助企业更好地应对这些挑战，通过提供更好的监控和合规工具。通过借助智能化技术，企业可以更有效地满足监管要求，降低风险。

1. 全球经济一体化与竞争加剧

全球经济一体化的趋势加速了世界各地的市场融合和资源流动。各个国家和地区之间的贸易壁垒逐渐减少，形成了一个互联互通的全球市场。这种市场整合带来了更大的商机，但也使企业面临更激烈的竞争。在这个环境中，企业必须不断优化其运营策略，提高效率，以保持竞争优势。

与此经济一体化带来了资源和技术的广泛共享。跨国企业的经营范围扩大，其财务管理也变得更加复杂。财务部门需要在不同国家和地区之间协调财务活动，处理多种货币和税收问题。这种复杂性增加了对智能化财务管理的需求。

为了应对全球竞争加剧的局面，企业必须提高决策的速度和准确性。智能化财务管理通过提供实时的数据分析和预测，为企业高层管理者提供了更快速、更准确的决策依据。财务部门不再仅仅是数据的收集者和核算者，而是成为战略性的合作伙伴。

在全球化背景下，企业的经营范围扩展到不同国家和地区。这不仅需要应对多样化的市场需求，还要求财务部门能够处理不同国家的税收、法规和会计准则。智能化财务管理为企业提供了更好的工具，帮助他们应对这些跨国运营带来的挑战。

随着竞争的加剧，企业需要提高运营效率，降低成本，以保持市场竞争力。智能化财务管理可以通过自动化流程、数据分析和预测，帮助企业实现这些目标。通过优化财务流程，减少人为错误和冗余，企业可以更好地控制成本，提高效益。

全球化使得企业需要更灵活地应对市场变化。智能化财务管理通过提供实时的数据和预测，帮助企业更好地识别和应对市场趋势。这使得企业能够及时调整其运营策略，以适应不断变化的市场环境。

在竞争加剧的环境下，企业需要对自身的财务健康保持高度警惕。智能化财务管理提供了更准确、更实时的财务信息，使得企业能够更好地监控其财务状况。这有助于企业及时发现潜在的问题，并采取措施进行调整。

智能化财务管理还为企业提供了更好的风险管理工具。通过数据分析和预测，企业可以提前识别潜在风险，并制定相应的应对策略。这有助于企业在竞争激烈的市场中保持稳定，并避免潜在的财务危机。

随着全球化的推进，企业的业务范围和结构不断变化。这使得企业对财务管理的要求也越来越高。智能化财务管理通过提供更好的数据分析和预测，帮助企业更好地规划其业务发展方向，并做出更明智的投资决策。

在全球经济一体化的背景下，企业的供应链也变得更加复杂和多样化。智能化财务管理通过对供应链数据的分析和监控，帮助企业优化供应链管理，提高效率，降低成本。这对于在激烈的市场竞争中保持优势至关重要。

为了应对全球竞争加剧的局面，企业需要更有效地管理其资源。智能化财务管理通过实时的数据和分析，帮助企业优化资源配置，提高运营效率。这有助于企业在市场中保持灵活性，并及时应对市场变化。

随着智能化财务管理的普及，会计行业也面临着转型的压力。会计人员需要从传统的核算工作转向更注重数据分析和预测。这种转型不仅需要培养新的技能，还需要改变工作方式和思维方式。

全球经济一体化为企业提供了更多的市场机会，但也带来了更高的监管要求。智能化财务管理通过提供实时的数据和合规性报告，帮助企业满足全球各地不同的监管要求。这有助于企业在合规的保持灵活性和创新。

在全球化的背景下，企业需要保持对市场趋势的敏锐洞察。智能化财务管理通过提供实时数据和预测，为企业提供了更好的市场分析工具。这使得企业能够更好地把握市场机会，并及时调整其经营策略。

2. 用户需求的多样化与个性化要求

用户需求的多样化和个性化是推动智能化财务管理与会计转型的重要背景。随着数字化时代的到来，客户对产品和服务的期望发生了显著变化，要求企业提供更加定制化和个性化的体验。这种趋势对财务管理提出了新的挑战和机遇，要求企业以灵活和创新的方式来应对客户的不同需求。

企业面临着日益复杂的客户需求，这要求财务部门提供更精准的财务报告和分析，以支持企业的战略决策。智能化财务管理借助大数据分析和先进的技术手段，能够更好地了解客户行为和偏好，为企业制定定制化的战略提供数据支持。通过这种方式，企业可以更有效地满足客户需求，并在竞争中保持优势。

多样化的用户需求要求企业具有高度的灵活性和适应性。智能化财务管理提供了更强大的工具和系统，帮助企业在运营过程中快速调整和优化财务流程。通过利用先进的数据分析技术，企业可以及时识别市场变化和客户需求的趋势，迅速做出调整，从而提升企业的竞争力。

智能化财务管理的一个关键优势是能够提供实时的数据洞察。客户需求的快速变化要求企业在财务决策方面能够迅速反应。通过实时监控财务数据，企业可以及时调整业务策略和资源分配，以满足客户的需求。这种实时洞察有助于企业在瞬息万变的市场中保持敏捷和反应能力。

多样化的用户需求也为会计从业人员提出了新的要求。会计专业人士需要具备更高水平的数据分析和解读能力，以支持企业在多样化市场中的运营。借助智能化财务管理系统，会计人员可以更轻松地处理大量数据，为企业提供有价值的洞察和建议。这种转变要求会计人员不断学习和提升技能，以适应新的工作环境。

在智能化财务管理的背景下，企业必须注重与客户的沟通和互动。通过了解客户的需求和反馈，企业可以更好地定制财务服务和产品。这种以客户为中心的方法有助于建立长期的客户关系，增强客户忠诚度，并促进企业的可持续发展。

多样化和个性化的用户需求也为企业带来了创新的机会。通过创新的财务解决方案和服务，企业可以吸引和留住更多的客户。例如，基于数据分析的个性化定价策略和灵活的支付方式，可以为企业带来竞争优势。通过不断创新，企业能够在满足客户需求的实现自身的增长和发展。

第二节　智能化技术在财务管理与会计领域的应用现状

一、智能化技术在财务管理领域的应用现状

（一）智能算法在财务预测与分析中的作用

智能算法在财务预测与分析中发挥着至关重要的作用。通过运用复杂的算法和数据模型，财务团队能够更准确地预测企业的财务状况和市场趋势。这种精准预测有助于企业在竞争激烈的市场环境中做出更明智的决策，降低风险，提高盈利能力。

机器学习和深度学习等先进的智能算法在财务分析中表现出色。这些算法可以快速处理和分析大量数据，包括财务数据和非财务数据，如客户行为、市场变化和行业趋势等。通过从海量数据中提取出隐藏的模式和关系，财务团队能够获得更深入的见解，从而为战略规划和资源配置提供可靠的依据。

智能化技术在财务管理领域的应用现状正在快速发展。传统的财务管理方式逐渐被现代化的智能财务系统所取代，这些系统具备自动化、实时数据处理和分析等优势。通过智能化技术，财务流程的效率得到大幅提升，手工操作的工作量显著减少。

自然语言处理（NLP）技术在财务报告的自动生成中展现出其潜力。借助 NLP 技术，财务数据可以被转化为易于理解的语言，为管理层和其他利益相关者提供清晰的财务概览。这种自动化报告生成的能力有助于加快决策过程，提高信息的透明度和可用性。

智能算法在预算编制和预测中同样扮演着重要角色。通过分析历史数据和当前市场情况，智能算法能够为企业制定合理的预算规划。这些算法还可以根据实时数据对预算进行动态调整，使得企业在实际运营中保持灵活性和适应性。

在风险管理方面，智能化技术为财务部门提供了更先进的工具。通过机器学习算法，财务团队可以监控和识别潜在的风险点，并及时采取措施加以防范。这种主动的风险管理方式有助于企业保持稳定的运营，避免意外的财务损失。

智能算法在财务中的另一个重要应用是供应链管理。通过分析供应链数据，企业能够优化库存管理和物流配送，提高整体运营效率。智能算法还能帮助企业预测供应链中可能出现的问题，并采取预防性措施。

智能化技术还推动了财务部门与其他业务部门的协作与整合。通过智能财务系统，企业实现了跨部门的数据共享和实时协作，使得财务信息的流通更加顺畅。这种协作模式不

仅提高了企业的整体效率，还为业务创新提供了更多可能性。

智能算法在财务数据安全和合规性方面也发挥了重要作用。通过监控数据访问和交易行为，智能系统能够及时发现和预防数据泄露和欺诈行为。这些系统还能帮助企业遵守相关法规和政策，提高合规性水平。

（二）人工智能在风险管理与控制中的应用

人工智能技术正在革命性地改变风险管理与控制的方式。通过对大量数据的快速处理和分析，人工智能为企业提供了前所未有的洞察力，帮助识别和评估潜在风险。机器学习算法能够从历史数据中提取规律，为未来的市场变化和经营环境提供预测。这种前瞻性的风险评估对企业的战略决策至关重要。

在财务管理领域，智能化技术已经成为提高效率和精准度的关键驱动力。通过自动化处理和实时数据分析，财务团队能够更好地监控资金流动和资源分配。这种实时监控有助于快速识别潜在问题并采取及时措施，降低运营风险。智能化财务管理还可以提高财务报告的准确性，确保数据的完整性和可靠性。

人工智能的应用也大大提高了内部审计和合规管理的效率和效果。传统的审计和合规流程通常耗时较长，且依赖于手工检查。借助人工智能技术，企业可以自动化审计流程，快速识别潜在问题和违规行为。这不仅节省了时间和人力成本，还提高了风险控制的准确性。

在信贷和投资领域，人工智能可以帮助金融机构进行更精准的风险评估。通过分析借款人或投资对象的历史数据和行为模式，机器学习算法能够预测其未来的信用风险。这为金融机构提供了更科学的决策依据，降低了坏账和投资损失的风险。

在财务规划和预算管理方面，智能化技术可以提供更准确的预测和建议。传统的预算编制通常依赖于历史数据和经验，但智能化工具可以根据当前市场情况和趋势做出更精确的预测。这有助于企业制定更有效的预算和资源分配方案，以实现长期增长和稳定。

企业在供应链管理中也能受益于人工智能的应用。通过对供应链数据的分析，智能化工具可以识别潜在的供应链风险，如供应商中断或物流延误。这使得企业能够提前采取措施，确保供应链的稳定性和可靠性。

在欺诈检测和防范方面，人工智能已经展现出强大的潜力。通过分析交易数据和客户行为模式，机器学习算法可以识别异常活动，提示可能存在的欺诈行为。这使得企业能够提前采取措施，防止损失和维护信誉。

智能化技术还在税务管理方面发挥重要作用。复杂的税务法规和合规要求对企业提出了巨大的挑战，但人工智能可以帮助简化税务申报和计算流程。通过自动化工具，企业可以更准确地计算税款，降低合规风险。

智能化财务管理也在企业绩效管理中发挥作用。通过实时监控和数据分析，财务团队可以更好地评估部门和员工的绩效。这种精准的绩效评估有助于激励员工并提高组织的整体效率。

人工智能在风险管理和财务领域的应用也面临一些挑战，如数据隐私和安全问题。企业必须确保数据的保密性和完整性，避免数据泄露和滥用。人工智能模型的解释性和透明度也是一个重要问题，需要平衡模型的复杂性和可解释性。

二、智能化技术在会计领域的应用现状

（一）自动化会计系统在企业管理中的应用效果

自动化会计系统在企业管理中发挥了显著的作用。它通过自动化财务流程、数据录入和核算，大大提高了财务管理的效率。这种系统可以实时跟踪和记录交易，使得财务数据更加准确，避免了人工操作可能导致的错误。自动化系统还能提供各种财务报表和分析工具，帮助管理层及时了解企业的财务状况。

在企业管理中，自动化会计系统有助于简化财务流程，从而释放会计人员的时间，让他们能够专注于更具战略性和分析性的工作。这种解放可以帮助企业从数据密集型工作中脱离出来，转而关注业务发展和战略规划。这也有助于企业更好地应对市场变化和竞争挑战。

自动化会计系统的应用效果体现在财务数据的透明度和一致性上。这些系统能够确保数据的准确性和一致性，并通过自动生成报告来提高财务报表的质量。这样的效果对企业的监管和合规性也有重要意义，有助于企业满足各种法律和监管要求。

智能化技术在会计领域的应用现状表明，该行业正迅速发生变化。人工智能和机器学习等技术正在被广泛应用于会计工作中。例如，这些技术可以帮助会计人员快速识别和分类财务数据，自动生成报表和分析，甚至可以预测未来的财务状况。

大数据和数据分析技术也在会计领域发挥着重要作用。通过分析大量的财务数据，会计人员可以识别潜在趋势和模式，为企业的战略决策提供依据。数据可视化工具的引入进一步增强了数据分析的效率，使得复杂的数据更易于理解。

在财务审计方面，智能化技术也正在改变传统的审计方法。自动化审计工具可以快速识别异常数据和潜在风险，为审计人员提供线索。这些工具不仅提高了审计的效率，还增强了审计的准确性，确保了财务报告的真实性。

云计算在会计领域的应用现状也值得关注。云会计软件使得企业可以随时随地访问财务数据，实现远程协作。这种灵活性对企业的管理和决策具有积极影响，尤其在全球化和分散经营的背景下。

区块链技术在会计领域的应用也逐渐引起关注。区块链为会计数据提供了一种安全、透明的记录和验证方式。这种技术可以确保数据的不可篡改性，提高财务数据的可信度，为企业的合规性和审计提供更好的保障。

尽管智能化技术在会计领域的应用现状令人振奋，但也面临着一些挑战。技术的快速发展需要会计人员不断学习和适应新技能。这种转型不仅需要培训，还需要改变传统的工作方式和思维方式。

数据隐私和安全问题也是一个重要的挑战。随着财务数据越来越多地依赖于智能化技术，确保数据的安全性和隐私性变得至关重要。企业需要采取多层次的安全措施，保护数据免受未经授权的访问和泄露。

智能化技术的应用还需要与企业的其他业务系统进行集成。这种集成有助于实现数据的流动和共享，提高企业整体运营效率。这也可能带来系统兼容性和技术支持等问题，需要企业进行有效的规划和管理。

在智能化技术的推动下，会计行业也在经历转型。传统的会计角色正逐渐向数据分析和战略规划方向发展。会计人员需要掌握更多的数据分析和预测技能，以适应不断变化的工作需求。

尽管面临挑战，智能化技术在会计领域的应用前景广阔。通过持续学习和创新，会计人员可以充分利用这些技术，提高工作效率和质量。这不仅有助于企业的成功，还为会计行业带来了新的机遇。

（二）区块链技术在会计领域的应用案例

区块链技术在会计领域的应用正逐渐显现出其独特的价值。作为一种去中心化的分布式账本技术，区块链为会计提供了高度透明和安全的交易记录方式。这种技术的应用可以大大提高财务交易的可信度和效率，同时减少欺诈和错误的风险。通过在财务管理中采用区块链技术，会计人员可以更好地追踪交易、核实信息，并确保数据的完整性和准确性。

区块链在会计领域的应用案例中，最引人注目的是智能合约的使用。智能合约是一种基于区块链技术的自动化协议，能够根据预定条件自动执行合同条款。这种技术在财务流程中可以用于处理支付、审核和结算等事务，从而减少人工干预和出错的风险。例如，在供应链中，智能合约可以自动核实货物到达情况并根据合同条款进行付款，减少了供应链上的摩擦。

在会计核算领域，区块链技术为企业提供了一种安全且可追溯的交易记录方式。通过将所有交易记录在区块链上，会计人员可以更方便地进行审计和核查。这种记录方式也能提高财务数据的可追溯性，使得监管机构和审计师能够更容易地验证财务报告的准确性。

区块链技术还在资产管理中展现了其潜力。通过将资产代币化并记录在区块链上，企业可以更方便地跟踪资产的所有权和交易历史。这种方式不仅提高了资产交易的透明度，还为企业提供了新的融资和投资机会。尤其是在数字化资产领域，区块链技术正成为资产管理的关键工具。

智能化技术在会计领域的应用现状显示出明显的创新趋势。人工智能和机器学习正在被广泛应用于财务数据分析和预测。通过自动化处理大量数据，这些技术可以识别出趋势和异常情况，为会计人员提供有价值的洞察和建议。例如，人工智能可以帮助识别潜在的财务风险，并提供相应的应对策略。

云计算也是会计领域智能化技术应用的一个重要方面。通过将财务数据存储在云端，企业可以实现数据的实时访问和共享。这种方式有助于提高财务流程的效率和灵活性。云计算还为会计部门提供了更强大的计算能力，以便处理复杂的财务分析和预测任务。

机器人流程自动化（RPA）在会计领域的应用现状表明了其在提高效率方面的潜力。RPA 技术可以自动执行重复性任务，如发票处理、账单核算和数据输入。这种自动化有助于减少人为错误，提高工作效率，让会计人员有更多时间专注于更具战略意义的工作。

会计领域的智能化技术应用还面临一些挑战，如数据隐私和安全问题。随着越来越多的财务数据存储和处理在数字化环境中，企业必须采取有效的措施保护数据的机密性和完整性。会计从业人员需要不断提升自己的技术技能，以适应智能化技术的快速发展。

1. 区块链技术在资产管理与跟踪中的应用

区块链技术在资产管理与跟踪中日益受到关注。这一技术为资产交易和记录提供了可靠、透明和不可篡改的解决方案。通过去中心化的账本系统，区块链能够确保资产交易的准确性和安全性，从而大大提高了资产管理的效率和可信度。

资产跟踪是区块链技术在资产管理中的一个关键应用领域。通过在区块链上记录资产的所有权和交易历史，企业可以实时跟踪资产的流动，确保资产的来源和去向清晰明确。这有助于提高资产流动的透明度，减少欺诈和误报的风险。

区块链技术还可以帮助简化复杂的资产交易流程。通过智能合约的应用，资产交易可以实现自动化执行和结算，减少人工干预，提高交易效率。这种自动化交易方式不仅降低了交易成本，还大大减少了错误和延迟。

智能化技术在会计领域的应用现状展现了强大的创新潜力。随着人工智能、大数据和区块链技术的融合，会计行业迎来了新的发展机遇。通过智能化系统，会计工作可以实现自动化处理，提升效率和准确性。

区块链在财务记录和审计方面表现出显著优势。通过在区块链上记录财务数据，会计师可以确保数据的完整性和准确性。审计工作也变得更加便捷，因为区块链上的数据是透明和可验证的，可以直接供审计人员查阅和核实。

智能化技术为会计人员提供了更强大的数据分析工具。通过机器学习和数据挖掘算法，会计师可以从海量的财务数据中提取出重要的信息，为企业的财务决策提供支持。这种数据驱动的分析有助于企业更好地理解自身的财务状况和市场趋势。

区块链在资产证券化和金融产品设计中展现了潜在的优势。通过区块链上的智能合约，资产证券化可以实现自动化执行，降低了中介参与的需求。这种方式可以提高金融产品的透明度和流动性，为投资者提供更多选择和保障。

智能化技术在会计信息披露方面也发挥了重要作用。通过智能系统，会计信息可以更快速地生成和披露，为利益相关者提供及时的财务报告。这种高效的信息披露有助于提高市场的透明度和稳定性。

区块链技术在供应链财务管理中也展现了广阔的应用前景。通过在区块链上记录供应链中各环节的交易和合同，企业可以提高供应链的透明度和可追溯性。这不仅有助于加强供应链管理，还能提高供应链融资的效率和可靠性。

智能化技术的应用在税务处理和申报方面带来了革命性的变化。通过智能系统，税务计算和申报可以实现自动化和实时化，大大减少了会计师的工作量和出错概率。这种高效的税务处理方式为企业节省了时间和资源。

2. 区块链技术在审计与透明度提升中的应用

区块链技术的出现为审计与透明度提升带来了革命性的变革。区块链作为一种去中心化的分布式账本技术，能够确保数据的完整性和不可篡改性。这种特性为审计过程提供了可靠的依据，使审计师能够直接验证交易的真实性和完整性，而不必依赖第三方。这不仅提高了审计的效率，还增强了对财务数据的信任度。

在企业财务管理中，智能化技术的应用正在迅速发展。自动化会计软件和数据分析工具使财务团队能够更加高效地处理日常账务和报表。通过实时数据监控，财务部门可以迅速发现和纠正问题，提高财务运作的准确性和及时性。这种自动化的处理还可以减少人为错误的风险，确保财务数据的准确性。

区块链技术在提升透明度方面具有明显优势。通过在区块链上记录交易信息，可以确保数据的公开和可追溯性。这对于企业的合规和诚信至关重要，因为所有相关方都可以实时查看和验证交易记录。这种透明度有助于建立信任，并确保企业的行为符合道德和法律要求。

智能化技术在会计领域的应用也在不断拓展。机器学习和数据分析技术正在被用来自动化会计流程，例如分类账目和识别交易模式。这有助于会计师更专注于战略性工作，如财务分析和决策支持。智能化工具还可以帮助识别异常交易和潜在风险，进一步提高会计工作的效率和准确性。

在供应链管理中，区块链技术可以确保供应链的透明度和追溯性。通过在区块链上记录产品的生产、运输和销售信息，企业可以确保每个环节的透明度。这有助于提高供应链的可靠性，减少欺诈和违规行为。审计师可以通过区块链追踪供应链中的所有交易，确保合规性和真实性。

会计领域的数字化转型也包括采用智能化软件来处理复杂的税务问题。智能化税务工具可以自动化税务计算和申报流程，确保税务合规和准确性。这不仅节省了会计师的时间，还降低了税务风险，提高了企业的税务管理水平。

在财务报告方面，区块链技术可以确保数据的完整性和可信度。通过在区块链上存储财务报告，企业可以确保报告数据的不可篡改性。这使得利益相关者可以更信任企业的财务报告，增强了信息的透明度和可靠性。

智能化技术在会计领域的应用还包括风险管理和合规。通过数据分析和预测模型，会计师可以识别潜在的财务风险和合规问题。这有助于企业提前采取措施，降低风险并确保合规。这种风险预测和管理可以提高企业的财务稳定性和长期发展能力。

区块链技术的另一个重要应用是智能合约。智能合约是一种自执行的协议，基于预先设定的规则和条件。在会计领域，智能合约可以自动执行财务交易，如支付和结算。这种自动化的合同执行提高了效率，减少了人为干预的机会，确保交易的公正和透明。

尽管区块链和智能化技术在会计和审计领域具有巨大潜力，但也面临一些挑战。例如，技术的复杂性和成本可能阻碍小型企业的采用。区块链技术的监管和标准化仍需进一步完善，以确保其广泛应用的可行性和合法性。

第三节　智能化财务管理与会计转型的意义与价值

一、智能化财务管理与会计转型的意义

（一）提升财务决策效率与准确性

提高财务决策的效率和准确性对于企业在当今快速变化的商业环境中保持竞争力至关重要。智能化财务管理通过利用先进的技术，如人工智能和大数据分析，为企业提供了强大的工具，以更迅速地处理和分析大量数据。这有助于企业在关键时刻做出明智的决策，提高了财务管理的整体效率。

智能化财务管理在提升财务决策的准确性方面表现尤为突出。通过实时数据的分析和预测，财务团队可以更好地识别市场趋势和机会。先进的算法和预测模型还可以帮助企业提前预见潜在风险，为风险管理和规划提供依据。这样，企业可以在决策过程中充分考虑多种因素，做出更加准确的财务判断。

在智能化财务管理的背景下，会计转型的意义日益凸显。传统会计主要关注数据录入和核算，而现代会计则需要具备更高的分析和预测能力。智能化工具的引入改变了会计的工作方式，使他们能够更专注于数据分析和战略规划。这种转型不仅提高了财务部门的效率，也增强了会计人员在企业战略中的作用。

智能化财务管理还带来了财务流程的优化。通过自动化和数字化工具，企业可以显著减少手工操作，提高财务工作的准确性。这种流程优化不仅减少了出错的机会，还加快了财务数据的处理速度，使企业能够更迅速地作出决策。

在企业财务决策中，实时数据的可用性至关重要。智能化财务管理通过云计算和数据分析技术，实现了财务数据的实时获取和处理。这种实时数据的可视化和分析，为企业提供了快速应对市场变化的能力，使得财务决策更加灵活和及时。

会计转型的意义在于为企业提供更深入的财务洞察力。通过掌握智能化工具，会计人员可以更有效地分析财务数据，并提出有价值的战略建议。这种转型不仅提高了会计人员的价值，还为企业提供了更好的财务规划和预测能力。

在智能化财务管理的支持下，企业能够更好地优化资源配置，提高经营效率。通过数据分析和预测，财务团队可以为企业制定更准确的预算和规划。这有助于企业在资源有限的情况下，最大限度地发挥资源的潜力。

智能化财务管理还可以提高企业的风险管理能力。通过对财务数据的实时监控和分析，企业可以更早地识别潜在风险，并采取措施加以应对。这种风险管理能力的提高对于企业在竞争激烈的市场中保持稳定至关重要。

智能化财务管理和会计转型的另一个重要意义是提高财务报告的质量。通过数据自动化和一致性的保证，财务报告的准确性和透明度得以提高。这有助于企业在内部和外部的监管要求下保持合规性。

智能化技术还带来了财务数据的安全和隐私保障。通过数据加密、访问控制等手段，企业可以确保财务数据的安全。这种安全性不仅保护了企业的机密信息，也增强了财务报告的可信度。

会计转型的意义还体现在人才培养上。随着智能化技术的普及，会计人员需要不断更新技能，适应新的技术和工作要求。企业和教育机构需要共同努力，为会计人员提供持续的培训和发展机会。

智能化财务管理在提升财务决策效率与准确性方面起到了重要作用。通过持续学习和创新，企业可以充分利用这些技术，为决策提供更好的支持。这不仅有助于企业在市场中取得优势，也推动了会计行业的发展。

在智能化财务管理和会计转型的过程中，企业需要保持开放和灵活的心态。通过积极探索和引入新的技术和方法，企业可以不断提升其财务管理水平，为未来的增长和发展提供坚实的基础。

（二）降低风险与提高合规性

智能化财务管理与会计转型在降低风险和提高合规性方面具有重要意义。随着企业运营的日益复杂化和监管环境的不断变化，财务管理面临着诸多风险和合规挑战。智能化技术的应用为会计领域提供了强有力的工具，帮助企业有效应对这些挑战，并确保运营的稳定性和合规性。

智能化技术通过自动化财务流程和数据分析，显著降低了人为错误的风险。传统的财务流程依赖于人工输入和处理数据，这往往导致错误和不准确的数据。智能化财务管理系统通过自动执行日常任务，如数据输入、核对和报表生成，减少了人为错误的机会，从而提高了财务数据的准确性和可靠性。

数据分析和预测是智能化财务管理的一大优势。通过对大量财务数据进行分析，企业可以更好地识别潜在的风险和问题。例如，机器学习模型可以预测现金流问题或识别财务异常。这种预警机制有助于企业在风险发生之前采取相应措施，降低风险对企业的影响。

在合规性方面，智能化财务管理提供了更高效的解决方案。通过实时监控财务数据，企业能够及时发现可能的合规问题，并采取相应的纠正措施。智能化系统可以根据最新的法律法规和合规要求自动更新财务流程和政策，确保企业始终保持合规状态。

智能化财务管理在风险管理方面提供了强大的工具。通过自动化风险评估和监控，企业可以及时发现风险，并采取适当的风险缓解措施。例如，系统可以通过分析交易数据识别欺诈行为，并及时向相关人员发出警报。这种实时风险监控有助于企业更好地保护其资产和利益。

提高透明度是智能化财务管理的一大优势。通过将财务数据实时共享和可视化，企业可以更好地理解其财务状况和运营表现。这种透明度不仅有助于内部决策和管理，还能增强外部利益相关者对企业的信任。智能化系统可以确保数据的完整性和不可篡改性，进一步提高了数据的可信度。

智能化技术在合规性方面还可以帮助企业进行审计和监管报告。通过自动化生成报告和记录交易，企业可以更容易地满足监管机构的要求。这种简化的审计流程减少了企业在审计过程中所面临的压力和时间成本，提高了合规性和监管效率。

在实施智能化财务管理与会计转型的过程中，企业应重视员工培训和发展。由于智能化技术要求会计人员具备新的技能，如数据分析和技术操作，企业应提供相关培训和学习机会，帮助员工适应新的工作方式。企业应建立开放的沟通渠道，以便员工能够分享他们在工作中遇到的问题和挑战，推动整体团队的进步。

二、智能化财务管理与会计转型的价值

（一）提升企业竞争力与创新能力

智能化财务管理与会计转型为提升企业竞争力和创新能力提供了显著价值。随着技术的进步，企业能够通过智能化手段更有效地处理财务数据，实现更准确的财务预测和分析，从而在市场竞争中保持领先地位。

智能化技术在财务管理中的应用为企业提供了前所未有的效率和灵活性。传统的财务流程往往耗时耗力，而智能化系统通过自动化和实时化数据处理，显著提升了工作效率，降低了错误率。这种改进使财务团队能够更专注于战略性任务，为企业提供更好的支持。

企业在竞争激烈的市场中需要准确的洞察力。智能化财务管理使得企业能够通过大数据和先进分析技术，从海量数据中提取出有用的见解。这些见解有助于企业识别市场趋势、客户需求和潜在机会，从而制定更有效的战略和业务计划。

通过智能化转型，会计部门能够更好地支持企业的创新。智能系统可以帮助会计师快

速生成和分析财务报告，为企业的研发和创新项目提供及时的财务数据。这种数据驱动的支持有助于企业更准确地评估创新项目的潜力和风险。

实时财务数据的获取和分析使得企业能够更快速地做出决策。智能化财务系统为管理层提供了全面而准确的财务信息，使得决策过程更加高效。这种高效的决策机制有助于企业迅速响应市场变化，提高竞争力。

智能化财务管理还能促进企业资源的优化配置。通过分析和预测财务数据，企业可以更好地分配资金、人员和其他资源，实现最佳的投资组合。这种资源优化的能力有助于企业在竞争中保持优势，并实现长期可持续发展。

财务部门的转型为企业带来了更高的风险管理能力。智能化技术可以实时监控财务数据和业务流程，及时识别潜在的风险和问题。这种主动的风险管理方式有助于企业提前采取措施，避免财务和业务上的损失。

智能化会计转型在内部控制和合规性方面表现出色。智能系统可以监控财务流程的合规性和准确性，确保企业遵守相关法规和政策。这种加强内部控制的能力不仅降低了合规风险，还提高了企业在市场中的信誉。

会计部门的智能化转型还推动了企业财务报告的透明度和准确性。通过实时数据分析和自动化生成，会计师能够更快速地提供准确的财务报告，为利益相关者提供及时的信息。这种透明度和准确性有助于提高企业在投资者和监管机构中的信任度。

（二）增强财务信息透明度与监管合规性

财务信息透明度和监管合规性是现代企业管理中的关键课题。通过提高财务信息的透明度，企业可以建立更高的诚信度，并获得利益相关者的信任。这种透明度有助于促进公开和公平竞争，同时保障投资者和客户的权益。为了达到这些目标，智能化财务管理与会计转型为企业提供了强有力的支持。

智能化财务管理通过实时数据分析和监控，提高了企业财务信息的透明度。自动化系统可以即时处理和分析财务数据，确保信息的准确性和及时性。这使得利益相关者能够更快速地获取重要的财务信息，为决策提供更好的依据。

在监管合规性方面，智能化财务管理可以显著提高企业的合规水平。先进的财务软件可以自动执行合规检查，确保企业遵守相关法律法规和行业标准。这不仅减少了合规风险，还提高了企业的声誉和可信度。

智能化财务管理还通过自动化流程降低了人为错误的风险。传统财务管理中，人工输入和处理数据可能导致错误和不一致。智能化工具可以自动识别和纠正这些错误，确保数据的准确性和一致性。

在数据安全和隐私方面，智能化财务管理也为企业提供了更好的保护。先进的安全措施和加密技术确保了财务数据的保密性，防止数据泄露和滥用。这有助于建立投资者和客户对企业的信任。

智能化财务管理为企业提供了更好的财务分析和预测工具。通过机器学习和数据分析技术，财务团队可以更准确地预测未来的市场趋势和财务状况。这有助于企业制定更有效的战略和资源分配方案，确保长期发展和稳定。

在内部控制和风险管理方面，智能化财务管理提供了实时监控和分析。企业可以通过自动化工具监控资金流动、交易活动和其他财务指标。这种实时监控有助于识别潜在风险并及时采取措施，降低财务风险。

智能化会计转型为财务团队带来了更多的灵活性和效率。通过自动化会计流程，会计师可以从繁琐的任务中解脱出来，将精力集中在更具战略意义的工作上。这包括财务规划、战略咨询和业务发展支持。

在财务报告和披露方面，智能化技术可以提高数据的准确性和一致性。先进的报告生成工具可以自动化财务报表的编制，确保信息的完整性和及时性。这有助于满足监管要求，并向投资者和利益相关者提供更可靠的信息。

智能化财务管理在合规性方面也展现出优势。通过自动化工具，企业可以实时监控和管理税务合规、会计准则和法规要求。这不仅降低了合规风险，还确保了企业在监管机构和公众中的良好形象。

尽管智能化财务管理和会计转型带来了许多好处，但也面临一些挑战。例如，技术的复杂性和成本可能阻碍一些企业的采用。数据隐私和安全问题需要得到重视，以确保企业的合规性和声誉。

第四节 智能化财务管理与会计转型的挑战与机遇

一、智能化财务管理与会计转型的挑战

（一）技术更新换代带来的系统集成难题

技术的不断更新换代为企业带来了许多好处，但也引发了一系列系统集成难题。在智能化财务管理的背景下，企业需要处理不同系统之间的数据兼容性问题。这些系统通常是由不同供应商开发的，可能在数据格式、协议和标准上存在差异。确保各种系统之间的顺

利集成和数据交换成为企业面临的一项重大挑战。

技术更新的快速发展也使得现有系统在不久的将来可能变得过时。企业在选择智能化财务管理工具时，需要确保这些系统具有足够的灵活性和可扩展性，以适应未来技术的发展。这要求企业在技术投资上更加谨慎，同时需要与供应商保持密切联系，以便及时更新和升级系统。

在系统集成的过程中，数据安全和隐私保护是企业需要特别关注的领域。由于财务数据的敏感性，确保数据在不同系统之间传输时的安全性至关重要。企业需要采用加密、访问控制等措施，确保数据的保密性和完整性。

智能化财务管理与会计转型面临的另一个挑战是传统系统的淘汰。许多企业在引入智能化系统时，可能仍然依赖于一些传统的财务管理系统。这些系统与新的智能化系统之间的兼容性可能存在问题，从而影响数据的流动和集成。

在新旧系统的过渡阶段，企业可能面临数据迁移的问题。将大量的数据从旧系统迁移到新系统可能会产生数据丢失或数据质量问题。为避免这种情况，企业需要制定详细的迁移计划，确保数据的完整性和准确性。

智能化财务管理还面临着与其他业务系统的集成难题。现代企业通常拥有多个业务系统，如人力资源、供应链和销售管理系统。这些系统之间的数据共享和集成对于企业的整体运营至关重要。由于各系统的数据结构和格式不同，实现无缝集成可能存在技术和管理上的挑战。

会计转型面临的另一个挑战是培训和技能提升。智能化财务管理要求会计人员具备更多的技术和数据分析能力。会计人员可能对新的技术和系统不熟悉，需要企业提供持续的培训和支持，以便他们能够适应新角色。

技术更新换代还可能导致企业内部流程和工作方式的变化。会计人员可能需要调整他们的工作方式，以适应新的系统和技术。这种变化可能会引发抵触和不适应，因此企业需要采取积极的措施，帮助员工顺利过渡。

智能化财务管理与会计转型面临的另一个挑战是技术成本。引入智能化系统可能需要企业在硬件、软件和人力资源上进行大量投资。这对于一些中小企业来说可能是一个较大的负担，可能导致他们对智能化技术的采用进程较慢。

随着技术的不断更新，会计行业也面临着法规和合规性方面的挑战。新的技术可能会带来新的合规要求，企业需要确保其财务管理系统符合相关法规。这需要企业与监管机构保持密切联系，及时了解和遵守最新的合规标准。

在智能化财务管理和会计转型的过程中，企业还需要注意客户和供应商的期望。新系统的引入可能影响到企业与外部合作伙伴的数据共享和合作。企业需要与外部合作伙伴沟通，确保新的系统能够顺利集成并满足对方的期望。

技术更新换代带来的另一个挑战是对会计行业就业结构的影响。随着智能化系统的引入，一些传统会计工作可能被自动化取代。这对会计从业者来说可能带来不确定性，因此行业需要重视人才转型和再培训。

面对这些挑战，企业需要采取一系列措施来应对。企业需要制定全面的技术战略，确保新旧系统之间的兼容性和数据流动。企业需要提供持续的员工培训，帮助会计人员适应新的技术和工作方式。企业需要与供应商和监管机构保持密切联系，确保新系统的合规性和安全性。

（二）缺乏智能化财务管理与会计领域的专业人才

智能化财务管理与会计领域面临的一个重大挑战是专业人才的缺乏。随着技术的迅速发展，企业需要更多掌握智能化技术和数据分析能力的会计专业人士。现有的人才库往往无法满足这种需求，这对企业的智能化转型构成了障碍。

传统的会计教育与智能化财务管理之间存在差距。很多会计专业的课程内容仍然侧重于传统的会计原则和流程，而对数据分析、人工智能和云计算等新兴技术的培训较为不足。这导致很多从业者在进入职场时缺乏所需的技能，无法顺利适应智能化财务管理的工作要求。

人才短缺不仅影响企业的智能化转型进程，还可能导致运营效率的降低。企业在没有足够专业人才的情况下，难以有效地实施和维护智能化财务管理系统。这可能导致系统运行不稳定，无法充分发挥其潜力，从而影响企业的财务管理效率和质量。

为了应对人才短缺的问题，企业需要采取积极措施。企业可以与教育机构合作，开发符合实际需求的课程和培训项目，为会计专业学生提供更全面的技能培训。通过这种合作，企业可以为未来的工作岗位培养合适的人才。

企业还可以通过内部培训和发展计划，提高现有员工的智能化技术能力。通过提供相关培训和认证，企业可以帮助会计专业人士提升技能，并增强他们对新技术的熟悉度。这种培训不仅有助于提高员工的工作效率，还能增强他们对智能化财务管理的理解和应用。

引进外部专业人才是另一种解决人才短缺的策略。企业可以招聘具有数据分析、人工智能和信息技术经验的人才，补充会计部门的技能结构。这些外部专业人士可以为企业带来新鲜视角和创新思维，推动智能化财务管理的发展。

鼓励员工持续学习和创新也是解决人才短缺的一种方法。通过创建学习型组织，企业可以激发员工的学习兴趣，并提供相应的资源和机会。让员工参与新技术的应用和创新项目，不仅有助于他们的成长，还能为企业带来新的思维和解决方案。

引导人才进行职业转型是企业应对人才短缺的一个策略。通过制定职业发展计划，帮助员工从传统会计转型到智能化财务管理领域。这种转型需要时间和资源，但对企业来说是一个长期的投资，可以为企业带来持续的发展动力。

与外部机构和专业协会合作是另一个解决人才短缺的途径。企业可以通过参与行业会议、研讨会和工作坊，与其他组织和专家建立联系。通过这种合作，企业可以获得更多的行业信息和技术支持，为智能化财务管理提供新的思路和解决方案。

二、智能化财务管理与会计转型的机遇

（一）云计算、区块链等新兴技术的广泛应用前景

新兴技术的广泛应用为财务管理与会计领域带来了前所未有的机遇。云计算、区块链等技术正迅速改变企业的运营模式，提高了工作效率和数据透明度。企业通过采用这些技术，不仅能提升竞争力，还能为未来的持续增长奠定坚实基础。

云计算技术为企业的财务管理和会计提供了无缝的基础架构支持。通过云平台，企业能够随时随地访问财务数据，实现更高的灵活性和实时性。这使得财务团队可以更快地响应市场需求，并及时提供决策所需的信息。

区块链技术在财务管理和会计领域的应用潜力不容忽视。其去中心化、不可篡改的特性为数据记录和交易提供了可靠的解决方案。这种技术的使用有助于确保数据的真实性和完整性，提高了企业与客户、供应商之间的信任度。

智能化财务管理与会计转型中，人工智能的作用日益突出。通过机器学习和数据挖掘算法，财务团队能够从大量数据中提取出重要的见解。这些见解有助于企业更好地理解市场趋势和客户需求，从而制定更有效的战略和业务规划。

云计算的普及使得财务部门能够更好地应对数据增长和存储需求。通过云端存储和计算能力，企业可以降低 IT 基础设施的成本，并获得强大的数据处理能力。这种技术优势为财务管理的创新和发展提供了坚实的支持。

区块链在供应链管理中的应用前景广阔。通过在区块链上记录供应链中的各个环节，企业可以提高供应链的透明度和可追溯性。这种改进有助于降低供应链风险，并提高整个供应链的效率和可靠性。

人工智能在会计领域的应用促进了财务流程的自动化。通过智能化系统，会计工作可以实现快速而准确的处理。这种高效的财务流程有助于财务团队从事务性工作中解脱出来，专注于更具战略意义的任务。

云计算为财务团队提供了更高的协作效率。通过共享云平台，财务数据和报告可以方便地与其他部门和团队共享。这种无缝协作有助于企业实现跨部门的数据整合和协同，提高整体工作效率。

区块链技术在智能合约领域的应用为企业提供了自动化的交易和合约执行。这种技术的使用降低了交易成本和错误率，同时提高了交易的速度和准确性。这种高效的交易方式为企业带来了更多的业务机会和竞争优势。

智能化技术的应用为财务部门提供了更多的风险管理工具。通过实时监控和分析数据，财务团队可以及时识别潜在风险，并采取措施进行预防。这种主动的风险管理方式有助于企业保持稳定的运营环境。

（二）用户需求多样化带来的市场机遇

用户需求多样化带来了丰富的市场机遇，让企业能够创新和拓展自己的产品和服务。随着消费者对个性化和定制化体验的追求，市场逐渐转向灵活的供应和服务方式。这种趋势给企业带来了机会，使其可以根据不同的市场细分提供定制化解决方案，提升客户满意度。

在财务领域，智能化管理和会计转型也迎来了难得的机遇。随着数字化和智能化技术的不断发展，财务部门得以转型，摆脱传统的、手工密集型的财务操作。这为财务团队提供了更多的时间和资源来进行战略性工作，为企业创造更大的价值。

多样化的用户需求为企业提供了创新的动力。为了满足不同用户群体的期望，企业可以通过数据分析了解客户的行为和偏好。智能化财务管理可以为企业提供实时的财务数据分析，使其在产品开发和市场推广中做出明智决策，抓住市场机遇。

智能化会计转型也为企业提供了改善财务流程和管理的机会。通过引入自动化和数字化技术，会计流程得以简化和优化。这种转型提高了财务团队的工作效率，降低了错误的风险，同时使其能够更好地支持企业的战略目标。

市场上的多样化需求还为企业提供了新的收入来源和增长机会。智能化财务管理可以帮助企业快速评估和跟踪新的市场机会。这种能力有助于企业及时调整业务策略，抓住市场中的新机会，实现盈利增长。

通过智能化工具，财务管理可以更加灵活地应对市场波动。实时数据分析和监控让企业能够快速识别市场趋势和变化，调整财务策略。财务团队可以及时调整预算和资源分配，以适应市场动态，确保企业的竞争力。

多样化的需求也推动了商业模式的创新。企业可以利用智能化财务管理更好地评估和管理不同业务模式的财务影响。例如，订阅服务、按需服务和共享经济等新兴商业模式都要求企业具备灵活的财务管理能力。

智能化会计转型为企业提供了更好的风险管理和合规工具。通过自动化和实时监控，财务团队可以更好地识别和应对潜在风险。这种能力对于在多样化市场环境中保持稳定和合规至关重要。

在用户需求多样化的市场环境中，企业需要灵活的定价和成本控制策略。智能化财务管理可以帮助企业更好地理解产品和服务的成本结构，并制定有竞争力的定价策略。这种能力有助于企业在不同市场细分中保持竞争力。

智能化技术还为企业提供了更好的客户关系管理和数据分析工具。通过整合客户数据，企业可以更好地了解客户需求并提供定制化服务。这种能力有助于企业在多样化的市场中建立长期的客户关系，增强客户忠诚度。

在新的市场机遇中，智能化财务管理还可以为企业提供预测和规划工具。通过机器学习和数据分析，财务团队可以预测市场需求和趋势。这种前瞻性洞察有助于企业提前制定战略规划，确保在未来市场中的竞争优势。

智能化会计转型还为企业提供了更多灵活的财务报告和披露方式。通过实时数据生成和分析，企业可以更准确和及时地向利益相关者披露财务信息。这种透明度不仅有助于建立信任，还可以提高企业的声誉和市场地位。

第二章　智能化技术在财务管理中的应用

第一节　大数据在财务管理中的应用与价值

一、大数据在财务管理中的应用

（一）利用大数据技术对财务数据进行深度分析

大数据技术在财务管理中的应用已经引起了广泛关注。通过大数据技术，企业可以对大量财务数据进行深度分析，从而获得更详细、更有价值的洞察。这种分析有助于企业更好地理解财务数据背后的趋势和模式，为战略决策提供坚实的依据。

利用大数据技术进行财务数据分析，企业能够识别潜在的机会和风险。这种分析可以揭示出市场趋势、客户行为和竞争对手的动向。通过对这些信息的深入研究，企业可以调整其经营策略，以更好地适应市场变化并保持竞争力。

在财务预测和预算编制方面，大数据技术发挥着关键作用。通过分析历史数据和当前市场状况，企业可以预测未来的财务表现。这种预测可以帮助企业制定更准确的预算和规划，确保资源的有效分配。

大数据技术还可以提高企业的成本管理能力。通过深入分析成本数据，企业可以识别出成本驱动因素，并制定相应的成本控制策略。这有助于企业在竞争激烈的市场中保持价格优势，提高盈利能力。

在财务审计和合规方面，大数据技术也具有重要意义。通过对财务数据的全面分析，企业可以更好地识别潜在的财务违规和风险。这种分析有助于企业及时发现问题并采取措施，从而提高财务报告的透明度和准确性。

大数据在财务管理中的应用还包括现金流管理。通过分析企业的现金流数据，财务团队可以更准确地预测现金流的波动。这有助于企业及时采取措施，确保资金的充足性，并提高资金使用效率。

大数据技术还可以帮助企业优化供应链管理。通过对供应链数据的分析，企业可以识别供应链中的瓶颈和效率低下之处。这种分析有助于企业优化供应链流程，降低库存和物流成本，提高供应链的响应速度。

通过大数据技术，企业还可以提高客户管理能力。通过分析客户购买行为和偏好，企业可以更好地了解客户需求，并制定更有效的营销策略。这种客户洞察力有助于企业提高销售额和市场份额。

在风险管理方面，大数据技术为企业提供了强大的工具。通过对市场和行业数据的分析，企业可以更好地识别和评估潜在风险。这种风险分析有助于企业制定更有效的风险管理策略，保护企业免受市场波动和不确定性的影响。

大数据技术还可以帮助企业优化财务流程。通过对财务流程的数据分析，企业可以识别出流程中的瓶颈和改进空间。这有助于企业简化财务流程，提高工作效率和数据质量。

在投资决策方面，大数据技术为企业提供了宝贵的支持。通过对市场和行业数据的分析，企业可以更准确地评估投资机会。这种分析有助于企业做出明智的投资决策，降低投资风险，提高投资回报。

通过大数据技术，企业还可以提高决策的速度和灵活性。通过实时数据分析和预测，企业可以及时了解市场变化并做出相应的调整。这种灵活性有助于企业在竞争激烈的市场中保持优势。

大数据技术还可以帮助企业提高财务报告的质量和透明度。通过对财务数据的深入分析，企业可以确保财务报告的准确性和完整性。这有助于企业在监管和合规要求下保持合规，并提高投资者和利益相关者对企业的信任。

在资源配置方面，大数据技术为企业提供了更好的支持。通过分析资源使用数据，企业可以优化资源配置，提高资源使用效率。这有助于企业在资源有限的情况下最大限度地发挥资源的潜力。

通过大数据技术，企业还可以提高员工绩效管理能力。通过对员工绩效数据的分析，企业可以识别出员工的优势和劣势，并采取相应的激励和培训措施。这有助于企业提高员工满意度和生产力。

（二）大数据技术支持成本结构分析与优化

大数据技术的应用为成本结构分析和优化提供了强有力的支持。随着企业业务范围的扩大和数据量的增加，传统的成本分析方法逐渐暴露出其局限性。大数据技术通过处理海量数据，提供了更深入、更全面的成本分析工具，为企业优化成本结构提供了新的机遇。

企业在运营过程中产生大量数据，这些数据中蕴含着关于成本的宝贵信息。通过运用大数据技术进行分析，企业可以识别出影响成本的关键因素。例如，通过分析生产线数据，可以发现哪些环节导致成本上升，哪些流程需要优化。这种数据驱动的分析有助于企业准确定位成本问题，采取有效的改善措施。

实时数据分析是大数据在财务管理中的一个重要应用。通过实时监控成本数据，企业能够及时发现和应对异常情况。例如，系统可以实时分析库存水平、生产效率和销售数据，快速识别成本异常。实时数据分析不仅有助于企业做出及时调整，还能提高企业对市场变化的反应能力。

预测分析是大数据在成本结构优化中的关键应用。通过历史数据和趋势分析，企业可以预测未来的成本变化。这种预测为企业制定预算和战略规划提供了重要参考。通过提前识别潜在的成本风险，企业可以采取措施，确保财务的稳定性和可持续性。

数据可视化是大数据技术在成本分析中的一项重要工具。通过将复杂的数据转换为易于理解的图表和图形，企业可以更直观地了解成本结构。这种可视化的方式不仅便于管理者进行决策，还能提高整个团队对成本结构的理解，从而促进成本优化。

大数据技术还为企业提供了成本削减的机会。通过数据分析，企业可以发现供应链中的瓶颈和浪费，并采取措施提高效率。例如，通过分析采购数据，企业可以优化供应商选择，降低采购成本。通过分析物流数据，企业可以优化运输路线和库存管理，提高运营效率。

数据挖掘技术在成本分析和优化中也发挥着重要作用。通过挖掘数据中的模式和关系，企业可以更深入地了解成本驱动因素。例如，通过分析销售数据和生产数据，企业可以识别出哪些产品组合最有利可图，从而调整生产和销售策略，提高整体盈利能力。

大数据技术在财务管理中的应用还面临一些挑战。例如，数据隐私和安全问题是企业必须重视的方面。随着企业收集和处理大量数据，保护数据的机密性和完整性至关重要。企业需要确保数据质量和准确性，以确保分析结果的可靠性。

为充分利用大数据技术的潜力，企业需要投资于相关基础设施和人才。高性能的数据处理和存储系统是大数据分析的基础，而数据科学和分析人才是实现有效数据分析的关键。通过持续投资于技术和人才，企业可以在成本分析和优化方面取得更大的进展。

二、大数据在财务管理中的价值

（一）大数据分析为决策提供更全面的数据支持

大数据分析在决策支持方面具有无与伦比的重要性。通过处理大量、多样化的数据源，企业能够获得前所未有的洞察力。这些洞察力有助于企业在市场上做出更加明智和准确的决策，进而保持竞争优势。

财务管理领域通过大数据分析实现了重大转型。以往，财务管理主要依赖于历史数据和预设模型，但大数据分析引入了实时数据和复杂的数据处理方法。这使得企业能够更准确地预测财务趋势，提升预算和规划的可靠性。

大数据技术为财务部门带来了前所未有的全面视角。通过整合和分析企业内部的财务数据，以及外部的市场和行业数据，财务团队可以全面了解企业的运营状况。这种全面的数据支持为企业制定战略计划和调整方向提供了坚实的基础。

通过大数据分析，财务管理能够更好地识别和预测风险。先进的分析算法可以发现数据中的异常模式或潜在风险，从而及时采取预防措施。这种风险管理能力有助于企业保持稳定的财务状况，并保护资产和投资。

财务部门通过大数据技术实现了流程优化和成本降低。通过分析企业的财务数据和业务流程，财务团队可以识别出效率低下的环节和资源浪费。这种数据驱动的优化不仅减少了成本，还提高了企业的整体绩效。

大数据分析在决策制定中提供了更多的灵活性和准确性。财务团队可以通过实时分析财务数据和市场变化，快速调整战略和行动。这种敏捷的决策机制有助于企业及时抓住商机，适应市场变化。

在供应链管理中，大数据分析展现出巨大的价值。通过对供应链数据的分析，企业可以优化库存管理和物流调度，提高供应链的效率和可靠性。这种改进有助于降低运营成本，并提高客户满意度。

大数据分析在投资和融资决策中提供了关键支持。通过分析市场趋势和财务数据，企业可以更好地评估投资机会和融资方案。这种数据驱动的投资和融资策略有助于企业在市场中保持竞争力。

通过大数据分析，财务团队能够更准确地预测现金流和盈利能力。实时监控和分析财务数据有助于企业识别资金短缺或盈余的风险，采取措施确保企业的财务稳定和持续发展。

大数据在财务报告和披露方面也发挥了重要作用。通过实时数据分析和自动化报告生成，财务团队可以更快速地提供准确的财务报告。这种高效的信息披露有助于提高企业的透明度和信誉。

（二）降低风险与增强合规性

降低风险与增强合规性是现代企业财务管理的重要目标，大数据在这一领域发挥着关键作用。通过对海量数据的分析和处理，企业可以更准确地识别和评估潜在风险，采取有效措施进行风险控制。大数据技术也能帮助企业及时了解并遵守监管政策和法规，提高合规性。

数据分析技术为企业提供了预测和识别风险的能力。通过对财务数据的深入挖掘，企业可以识别趋势和异常活动。这些信息对于风险评估和预测至关重要，财务团队可以利用这些洞察力制定风险管理策略，避免潜在的财务问题。

大数据在内部控制中起着至关重要的作用。通过实时监控交易数据，企业能够识别不合规或异常的行为。这样的监控可以及时发现问题，并在问题扩大之前采取行动，确保企业运营的稳健性和合规性。

对监管合规性的要求越来越高，大数据技术为企业提供了确保合规的工具。通过对法规和政策的实时更新，以及对相关数据的持续分析，企业可以迅速调整自身的合规程序，确保符合法规要求。这种及时响应的能力增强了企业的合规性。

风险管理的一个重要方面是信用风险和市场风险的评估。通过对客户和市场数据的分析，企业可以更准确地评估信用风险和市场风险。这种风险评估有助于企业制定更明智的业务决策，降低潜在的财务损失。

大数据技术在欺诈检测和防范方面也具有重要价值。通过对交易数据的分析和模式识别，企业可以及时发现异常交易和潜在欺诈行为。这有助于企业保护自身的利益，并维护客户和投资者的信心。

大数据在合规审计方面提供了更多支持。通过自动化和数据分析，企业可以更高效地进行合规审计。这不仅提高了审计的准确性，还节省了时间和人力资源，提高了审计过程的整体效率。

大数据技术为企业提供了全面的财务洞察力。这种洞察力有助于企业了解自身的财务健康状况，识别潜在的财务问题，并采取行动纠正。这种主动的财务管理有助于确保企业的长期稳定和可持续发展。

实时数据分析让企业更灵活地应对市场波动和变化。通过及时了解市场趋势和客户需求，财务团队可以调整财务计划和资源分配。这种灵活性有助于企业在竞争激烈的市场中保持领先地位。

大数据还为企业提供了优化财务流程的机会。通过对财务流程的分析，企业可以识别流程中的瓶颈和不效率之处。通过优化流程，企业可以提高财务运营的效率，降低成本，提高整体盈利能力。

在应对合规风险方面，大数据技术也提供了实时监控和报告工具。通过持续监测合规情况，企业可以及时发现和纠正问题。这种持续监控有助于降低合规风险，确保企业的法律和道德合规。

大数据在定价策略和市场定位方面也发挥着重要作用。通过对市场数据和竞争对手的分析，企业可以制定更科学的定价策略。这种策略可以帮助企业在不同市场细分中保持竞争力，提高盈利水平。

1. 大数据技术识别风险并进行预警

大数据技术在识别风险和预警方面的价值不可小觑，尤其是在财务管理领域。随着企业业务日益复杂，数据量呈现指数级增长。大数据为财务管理提供了强有力的工具，通过分析大量数据，帮助识别潜在的财务风险并提前采取行动。

大数据技术能够通过对历史数据的分析，识别财务风险的早期征兆。通过对财务交易、财务报表和市场趋势的分析，管理者可以发现异常模式，进而采取措施以防范潜在风险。这种预警系统不仅有助于保护公司的资产，而且可以降低因财务问题而造成的损失。

大数据在财务管理中的应用还可以提高财务决策的准确性和效率。通过分析实时数据，管理者可以对当前的财务状况有更全面的了解，做出更明智的决策。例如，大数据可以帮助公司预测现金流，确保公司在短期和长期内的财务稳定。

大数据技术的另一个优势是可以帮助企业防范欺诈行为。通过实时监控和分析交易数据，大数据可以识别异常交易模式，及时发现可能的欺诈行为。这种实时预警系统可以保护企业免受潜在的财务损失和信誉损害。

在财务规划和预算编制方面，大数据技术也扮演着重要角色。它可以帮助公司通过分析市场和行业趋势，预测未来的财务需求和挑战。通过建立精确的预算和预测模型，企业可以更好地规划资源，减少不必要的开支。

在企业的财务运营中，数据驱动的洞察力可以帮助优化财务流程。通过对各个流程的详细分析，大数据技术可以帮助识别效率低下的环节，提供改进的建议。这有助于提高企业的生产力，降低运营成本。

与此大数据还可以支持企业进行更精准的成本控制。通过对供应链、生产流程和销售数据的综合分析，企业可以更好地了解其成本结构，从而制定更有效的成本管理策略。这种精确的成本控制对于企业的长期盈利和竞争力至关重要。

大数据在财务管理中的应用还包括对客户行为的分析。通过对客户交易历史和行为数据的分析，企业可以识别客户的偏好和购买模式。这有助于定制化的营销策略，从而提高销售业绩和客户满意度。

为了充分利用大数据的优势，企业需要建立健全的数据治理和数据安全体系。数据质量和数据隐私是大数据应用成功的关键。只有确保数据的准确性和完整性，才能为财务决策提供可靠的依据。

2. 数据分析提高合规性与监管透明度

大数据在财务管理领域发挥着越来越重要的作用。通过数据分析，提高合规性与监管透明度，为组织提供了前所未有的洞察力。这些洞察力不仅可以帮助企业遵守法律法规，还能确保财务操作的透明性和准确性。利用先进的数据分析工具，财务管理能够更好地预测风险、识别潜在问题，并采取预防性措施。

从数据整合的角度看，数据分析能帮助组织将财务数据与其他业务数据进行关联。这种关联性为财务管理提供了全局视角，从而使决策者能够更深入地理解业务流程和资金流动。这种全局视角有助于识别和防止潜在的财务违规行为，提高财务管理的合规性。

通过监控和分析交易数据，组织能够及时发现异常情况。借助大数据技术，财务团队可以设定预警机制，及时发现不合规或可疑的交易。这种主动监控不仅能降低违规风险，还能增强组织的声誉和信任度。数据分析还可以优化资源分配，提高运营效率。

大数据在提高监管透明度方面的作用也不容忽视。通过全面分析财务数据，监管部门可以更准确地审查组织的财务状况，确保其遵守相关法律法规。透明度的提升有助于建立信任，尤其是在与投资者、合作伙伴和客户的关系中。

在实际应用中，大数据分析为财务审计提供了强有力的支持。借助机器学习和数据挖掘技术，审计人员可以更快速地识别潜在风险点和异常情况。这种技术的应用不仅提高了审计效率，还能保证审计结果的准确性和可靠性。

随着大数据技术的不断发展，财务管理中利用大数据的方法和策略也在不断演进。例如，通过实时数据分析，企业可以更好地预测市场趋势，调整财务策略。这种预测能力不仅有助于保持竞争优势，还能在监管要求的约束下实现创新。

为了充分发挥大数据在财务管理中的价值，组织应采取多种策略来保护和管理数据。这包括确保数据的隐私和安全，建立完善的数据管理流程，以及培养数据分析人才。这些策略不仅有助于提高合规性，还能确保监管透明度的持续提升。

尽管大数据在财务管理中的应用潜力巨大，但也面临一些挑战。数据质量和数据治理是关键问题。确保数据的准确性和一致性对于分析结果的可靠性至关重要。合规性和隐私保护需要得到重视，以避免数据泄露和违规行为。

大数据分析不仅可以帮助企业更好地应对复杂的监管环境，还能为企业提供新的发展机会。通过利用数据分析发现的趋势和模式，企业可以调整业务策略，优化财务流程。这些调整有助于提高企业在市场中的竞争力。

从长远来看，大数据在财务管理中的应用将继续推动行业的发展。通过不断探索和创新，大数据将进一步改变财务管理的方式，提高合规性与监管透明度。通过与新兴技术的结合，财务管理将变得更加高效和准确。

第二节　人工智能技术在财务决策中的作用

一、人工智能技术在财务决策中的作用分析

（一）基于机器学习算法进行财务预测与趋势分析

金融领域的预测与趋势分析对企业的战略决策具有关键意义。借助机器学习算法，财务预测与分析的准确性和效率大大提高。人工智能技术的进步为财务决策带来了新的视角和方法，从而优化了商业战略的制定过程。

应用机器学习算法的一个主要优势在于能够处理大量复杂的财务数据。这些数据来自多种来源，包括交易记录、财务报表、市场数据等。机器学习模型通过训练能够识别数据中的模式，进而进行趋势预测。这种分析不仅快速，而且相对准确，有助于企业做出及时的战略调整。

财务预测与趋势分析中常用的机器学习技术包括时间序列分析、回归分析和分类分析。这些技术的使用方式各有不同。例如，时间序列分析用于预测未来的财务指标，如销售额和利润。回归分析可以帮助理解多个变量之间的关系，从而预测未来的收益。而分类分析则可以用于识别潜在的风险和机遇。

人工智能技术在财务决策中的另一个重要应用是风险管理。通过预测市场波动和可能发生的风险，企业可以提前制定应对策略。例如，通过分析市场和经济数据，机器学习算法可以帮助企业识别潜在的市场风险，并采取适当的对冲策略。

基于机器学习算法的财务分析还有助于优化投资策略。通过识别高潜力投资机会，企业可以将资源分配到更有前景的项目上。人工智能还可以帮助企业实时监控市场情况，及时调整投资组合以适应市场变化。

在成本控制方面，机器学习技术能够帮助企业识别生产和运营过程中的 inefficiencies。通过分析财务数据，机器学习模型可以找到节约成本的机会。例如，机器学习算法可以分析供应链数据，识别出物流过程中的瓶颈，从而优化供应链流程。

客户行为预测是人工智能在财务决策中的另一个应用领域。通过分析客户数据，机器

学习算法可以预测客户的购买趋势和偏好。这有助于企业制定更有效的营销策略，提高销售额和利润。

人工智能技术在财务决策中的应用并非没有挑战。数据质量问题可能影响机器学习模型的准确性。模型可能面临过拟合或欠拟合的问题，这需要在模型训练过程中进行适当的调整。为了确保财务预测的准确性和可靠性，数据科学家需要不断调整和优化机器学习模型。

另一个挑战是机器学习算法的解释性问题。许多机器学习模型，如深度学习模型，通常是“黑盒子”模型，这意味着难以解释其预测结果。这可能对财务决策者理解模型的结果和做出相应的战略决策产生挑战。

尽管面临挑战，机器学习算法在财务预测与趋势分析中展现了巨大的潜力。通过结合专业知识和先进的技术，企业可以充分利用这些工具来优化财务决策，提高运营效率，并保持竞争优势。

（二）人工智能技术识别与评估潜在风险因素

随着人工智能技术的不断发展，其在财务决策中的作用日益受到重视。它不仅能够提高财务数据分析的效率，还可以通过对潜在风险因素的识别与评估，帮助企业做出更明智的财务决策。探讨人工智能在财务决策中的应用和影响，了解它如何识别与评估潜在风险因素，这对于企业的未来发展至关重要。

AI 技术通过处理大量的数据，为财务决策提供准确的预测。它可以从庞杂的财务数据中提取有用的信息，识别出潜在风险。这种数据驱动的分析不仅可以提高决策的准确性，还能帮助企业提前做好应对各种风险的准备。

在财务风险管理领域，人工智能技术表现出了卓越的能力。通过机器学习和数据挖掘，AI 能够监测各种财务指标和市场趋势，并及时发现潜在的风险点。例如，AI 可以预测市场波动、货币风险和信贷风险，从而帮助企业采取适当的措施规避风险。

智能技术在审计和合规领域也发挥着重要作用。AI 可以自动识别和报告潜在的违规行为，帮助企业遵守法规和标准。这不仅有助于避免法律风险，还能维护企业的声誉。通过数据分析和模式识别，AI 技术还能检测财务数据中的异常情况，及时发出警报。

在企业财务规划方面，人工智能技术能够通过对历史数据和市场趋势的分析，为企业提供科学的预测。这种预测有助于企业在预算编制和资源分配时做出更加准确的决策。尤其是面对市场的不确定性，AI 技术可以提供实时数据分析和预测，帮助企业应对不断变化的环境。

随着金融市场的快速变化，人工智能技术可以实时监测市场动态。通过对数据的持续分析，AI 能够帮助企业在市场变化中找到机遇，并及时调整策略。这种敏捷性在竞争激烈的市场中显得尤为重要。

人工智能在财务风险评估中还可以通过分析客户和供应商的数据，识别潜在的信贷风险。通过对客户信用历史、交易行为和市场数据的分析，AI 可以帮助企业评估客户和供应商的信用风险，从而做出更加明智的商业决策。

智能技术在优化投资组合方面也有着不可忽视的作用。AI 通过分析不同资产的风险和收益，可以帮助投资者制定出更好的投资策略。通过实时监控市场变化和资产表现，AI 技术能及时调整投资组合以实现最佳收益。

人工智能技术还可以在财务预测和预算编制中发挥作用。通过对历史数据的分析，AI 能够预测未来财务趋势，帮助企业制定合理的预算和规划。这种预测不仅能够提高预算的准确性，还能为企业制定长远的战略规划提供依据。

在内部控制和监督方面，人工智能可以通过分析财务数据和业务流程，发现潜在的漏洞和问题。这种数据驱动的分析有助于提高企业的内部控制水平，降低运营风险。

人工智能技术的广泛应用还带来了许多伦理和法律挑战。企业需要在应用 AI 技术时谨慎对待数据隐私和道德问题。确保数据的使用和处理符合相关法律法规，并维护客户和员工的隐私权。

二、人工智能技术在财务决策中的应用研究

（一）优化资产配置与投资决策

人工智能技术在财务决策中的作用日益突出，尤其在优化资产配置和投资决策方面展现出显著的潜力。随着金融市场的不断发展，人工智能通过处理大量数据和复杂的模型，为企业和投资者提供了高效的决策支持。

人工智能技术通过自动化和智能化的数据分析，帮助投资者在海量信息中识别关键趋势和模式。通过机器学习和深度学习等技术，人工智能可以从金融市场的数据中提取出潜在的机会和风险，为投资决策提供可靠的依据。

人工智能还能够进行多维度的资产配置优化。通过模拟和分析各种投资组合，人工智能可以帮助投资者找到风险与收益的最佳平衡点。这种个性化的资产配置方案，有助于提升投资组合的整体绩效，并减少市场波动带来的不确定性。

人工智能技术在财务决策中还具备实时监控和调整的能力。通过不断分析市场动态和

经济数据，人工智能可以及时调整投资策略，以应对市场的快速变化。这种灵活性对于保护资产和实现长期收益至关重要。

在投资组合管理中，人工智能技术也展现出卓越的表现。它可以对各种资产的相关性进行分析，从而确定最佳的资产组合。这有助于分散投资风险，避免过度集中在某一特定资产类别上，保持投资组合的稳定性。

人工智能技术还能帮助投资者评估不同的投资方案。通过模拟和预测，投资者可以提前了解不同投资策略的潜在收益和风险。这种前瞻性的评估有助于投资者在决策过程中更加冷静和理性。

在资产定价和估值方面，人工智能技术同样发挥着重要作用。通过分析历史数据和市场趋势，人工智能可以准确地预测资产的未来价格。这对于投资者选择合适的买入和卖出时机，提高投资收益非常有益。

人工智能在投资决策中也可以帮助投资者规避情绪化决策。通过数据驱动的分析和模型，人工智能可以减少投资者因情绪波动而导致的决策失误。这有助于保持投资策略的一贯性和稳定性。

在私人投资管理领域，人工智能为投资者提供了个性化的服务。通过分析个人的财务状况和投资目标，人工智能可以定制化投资建议和策略。这种个性化服务有助于满足不同投资者的需求，提高投资体验。

随着人工智能技术的不断进步，财务决策将变得更加智能化和精准化。未来，人工智能有望与其他前沿技术，如区块链和物联网等，结合起来，进一步提升财务管理和投资决策的效率和质量。

（二）提升财务运营效率

人工智能技术在财务决策中正发挥着越来越重要的作用，为组织提升财务运营效率提供了有力支持。通过运用先进的人工智能算法，财务部门能够更准确地分析和预测财务数据，从而在制定决策时做出更加明智的选择。人工智能在财务领域的应用，正在改变传统财务管理方式，为企业带来更大的灵活性和竞争优势。

在数据处理方面，人工智能通过自动化和智能化的方式处理大量的财务数据。人工智能可以快速整理、分类和分析数据，为财务团队节省大量时间和人力。这种效率提升使得财务部门能够专注于更重要的战略性工作，而不是繁琐的事务性操作。

预测分析是人工智能在财务决策中表现突出的领域之一。通过分析历史数据，人工智能模型能够预测未来的财务趋势和风险。这些预测帮助企业在决策中更好地规划预算、分配资源，并制定有效的财务策略，以应对不断变化的市场环境。

在财务合规性方面，人工智能有助于实时监控和识别潜在的违规行为。通过分析交易数据，人工智能可以发现异常情况，并发出警示信号。这种预警机制有助于确保财务操作的合法性和透明度，从而维护企业的声誉和利益。

人工智能技术在优化财务流程方面也发挥着关键作用。通过自动化处理和智能化决策，财务流程变得更加高效。例如，人工智能可以自动处理发票、对账单等事务，减少人工干预和错误。这种流程优化不仅节省时间，还降低了成本。

在成本控制方面，人工智能可以帮助企业识别浪费和不必要的支出。通过分析财务数据，人工智能能够找出效率低下或资源浪费的领域，为企业提供改进建议。这种成本控制能力有助于提升企业的盈利能力。

人工智能技术还能帮助企业加强风险管理。通过分析大量的财务数据，人工智能能够识别潜在风险，并提供有效的风险缓解策略。这种风险管理能力为企业提供了更大的安全保障，帮助其应对各种不确定性。

财务决策中的人工智能应用还包括实时报告和数据可视化。通过这些工具，财务团队能够实时监控企业的财务状况，及时了解关键指标。这种实时洞察力有助于企业在决策过程中快速反应，提高应变能力。

在投资和筹资决策中，人工智能也表现出巨大的潜力。通过分析市场趋势和投资风险，人工智能能够为企业提供最佳的投资和筹资策略。这种智能化的建议有助于企业在市场中保持竞争优势。

人工智能在财务决策中的应用并不局限于当前阶段。随着技术的不断进步，未来人工智能将在财务领域发挥更广泛的作用。组织需要持续投资于人工智能技术，培养相关人才，以充分利用人工智能为财务管理带来的价值。

1. 自动化财务流程与决策支持

自动化财务流程与决策支持在当今的商业环境中变得越来越重要。随着技术的不断发展，财务管理已经从传统的手工操作转变为依靠先进工具和系统来提高效率和准确性。智能化的自动化系统不仅能简化财务流程，还能为决策提供可靠的数据支持。这一转变在财务部门的运营中起着关键的作用，并有助于企业实现更好的绩效和竞争力。

在财务数据的采集和处理过程中，自动化技术可以显著提高准确性和效率。通过使用人工智能和机器学习算法，系统可以快速识别和分类大量的财务数据。这种自动化数据处理不仅减少了人为错误的可能性，还能够及时提供最新的数据报告，为决策者提供重要的见解。

对于预算和预测等关键财务活动，自动化工具可以提供有效的支持。利用先进的分析和预测模型，系统能够根据历史数据和市场趋势做出准确的预算和预测。这种数据驱动的方法不仅能减少不确定性，还能帮助企业制定更有针对性的战略计划。

账单支付和账户管理是财务部门日常工作中的重要环节。自动化系统可以实现无缝的账单支付流程，确保及时准确地处理账单，并自动更新账户状态。这种自动化的管理方式不仅提高了效率，还减少了财务部门的工作负担，让他们能够专注于更有价值的任务。

报表和财务报告的生成是财务部门的重要任务之一。借助自动化技术，财务人员可以快速生成各种类型的报表和报告。这些报告不仅准确且及时，为管理层提供了清晰的财务状况和绩效评估。这种高效的报表生成过程对企业的管理和战略制定至关重要。

风险管理和合规性是财务部门的主要职责之一。自动化系统可以实时监控交易和业务活动，识别潜在的风险和违规行为。通过及时发现和解决问题，企业可以降低风险，提高运营的稳定性。自动化的合规性检查也确保了企业遵守法规和政策。

在决策支持方面，自动化技术可以提供强大的数据分析工具。通过对财务数据的深入分析，决策者可以获得有价值的见解和趋势。基于这些分析结果，企业可以更好地制定战略，优化资源分配，提高整体绩效。这种数据驱动的决策支持对于企业的长期发展至关重要。

财务流程的自动化还可以提高与其他业务部门的协同合作。自动化系统可以与供应链、销售和人力资源等部门的数据进行整合，提高信息共享的效率。这种跨部门的协作有助于企业实现更全面的业务管理，提高整体效率。

自动化财务流程不仅在技术上有所突破，还在管理层面带来了变革。企业可以通过重新设计工作流程和职责分配，提高整体运营效率。这种以数据为导向的管理方式有助于企业更好地应对市场变化，保持竞争优势。

在未来，自动化技术将在财务领域继续发挥关键作用。随着人工智能和数据科学的不断发展，自动化系统将变得更加智能和全面。企业需要持续关注这些技术的创新，并将其应用于财务流程和决策支持中，以实现更高水平的效率和竞争力。

2. 人工智能技术提高财务运营效率与精准度

随着科技的迅速发展，人工智能技术在各个领域的应用都逐渐深化，财务运营也不例外。人工智能技术正在改变传统财务流程，提高了效率和准确度。在过去，财务运营需要大量的人力和时间来处理复杂的数据和流程，但通过人工智能技术的引入，这些繁重的任务可以得到更快速、准确的解决。

借助自动化的账务处理系统，财务部门能够高效地处理日常账务。AI 技术能够从各种来源获取财务数据，并在不经过人为干预的情况下对其进行整理和分类。这样的自动化流程减少了人为错误的可能性，同时大大加快了数据处理的速度。

智能报表与分析工具可以将财务数据转化为有意义的信息。通过 AI 算法，财务数据可以实时分析并生成各种报表，为企业的战略决策提供数据支持。这种智能分析能够帮助企业及时识别市场趋势和潜在风险，提高决策的精准度。

人工智能技术在风险管理方面展现出巨大的潜力。通过对大量历史数据的分析，AI 能够预测可能的财务风险，如市场波动、信用风险等。提前识别风险有助于企业采取预防措施，保护自身利益。

审计工作是财务运营的重要组成部分。AI 技术可以帮助审计人员快速检测异常情况，并自动生成审计报告。这样的技术辅助不仅节省了时间，还提高了审计结果的准确性。

人工智能还可以在预算和财务预测方面提供支持。基于历史数据和市场趋势，AI 能够准确预测未来的财务状况，为企业提供有力的指导。这样的预测不仅有助于企业制定合理的预算，还可以在经营过程中及时调整策略。

税务管理是企业财务运营中的一个复杂环节。AI 技术能够帮助企业自动处理税务申报和缴纳，确保符合相关法规。自动化的税务管理可以减少错报的风险，避免潜在的罚款和法律问题。

供应链和采购管理方面，人工智能同样发挥着重要作用。通过实时监控供应链数据，AI 可以识别潜在的问题，如供应商违约或原材料短缺。及时采取措施应对这些问题，保障了企业生产的连续性。

客户账单和付款管理方面，AI 可以自动生成账单并跟踪付款情况。智能系统可以识别客户的支付行为，及时提醒和催缴，从而提高企业的资金流动性和现金流管理。

企业财务数据的安全性是运营中至关重要的一部分。人工智能技术可以增强数据安全，识别和防止潜在的网络攻击和数据泄露。确保数据的安全性，不仅保护了企业的利益，也维护了客户的信任。

人力资源管理是财务运营的一部分，AI 技术可以帮助企业优化薪酬和福利管理。通过对员工绩效的分析，企业可以更公平地分配薪酬，激励员工的工作积极性。

在成本控制方面，人工智能提供了新的思路。通过对生产和运营数据的分析，AI 可以发现不必要的开支和浪费，提供降低成本的建议。这有助于企业在竞争激烈的市场中保持优势。

第三节　区块链技术在财务数据安全与审计中的应用

一、区块链技术在财务数据安全中的应用

（一）区块链技术的去中心化特性保障数据安全

区块链技术凭借其独特的去中心化特性，为财务数据安全提供了强有力的保障。去中心化意味着数据不再依赖单一的服务器或机构，而是分布在整个网络中。这种架构大幅降低了数据被篡改或被攻击的风险，因为攻击者需要同时控制多数节点才能篡改数据，这几乎是不可能的。

在财务数据管理领域，区块链技术以其透明性和不可篡改性为企业和个人提供了强大的数据安全保障。通过链上的分布式账本，所有交易记录都可以在链上清晰地查看，并且无法轻易修改。这种特性有助于减少财务欺诈和虚假交易的风险。

区块链的加密技术为财务数据提供了更高层次的安全保护。交易在链上经过加密后，只有拥有正确密钥的人才能访问。这一层级的安全性保障了交易的机密性，使得财务数据在传输和存储过程中始终处于安全状态。

智能合约在区块链中的应用进一步增强了财务数据的安全性。这些自动化的合约执行在满足特定条件时可以自动触发交易或行动，减少了人为干预的可能性。通过这种方式，交易流程更为透明和可信。

区块链技术也促进了财务数据的可追溯性。每一笔交易都会产生一条链上的记录，这些记录形成了一条完整的交易轨迹，便于审计和监管。这种可追溯性不仅有助于提高数据的可信度，还为监管部门提供了强大的工具。

从数据备份和恢复的角度看，区块链技术也表现出了卓越的优势。因为数据在多个节点上进行分布式存储，即使某个节点出现问题，数据仍然可以从其他节点恢复，这确保了数据的完整性和可用性。

在金融领域，区块链技术的应用不仅提高了效率，还降低了交易成本。由于去除了中间环节，交易时间大大缩短，且费用也随之降低。这对金融机构和用户而言都是显著的优势。

虽然区块链技术在财务数据安全方面具有许多优势，但仍需注意一些挑战。比如，尽管数据的安全性得到了保障，但智能合约的错误编写可能导致严重后果。这就要求专业的

审计和监管机制来确保合约的准确性。

区块链技术的普及还面临着法规和标准的不确定性。各国对区块链技术的监管态度和方式各不相同，这对区块链在财务领域的应用带来了一定的挑战。

（二）区块链上的数据加密与哈希算法防止数据篡改

区块链技术的出现改变了许多领域对数据管理和安全的看法。在财务数据安全领域，区块链的应用变得越来越重要，尤其是其能够有效地防止数据篡改。通过使用数据加密和哈希算法，区块链为财务数据提供了强大的保护，确保数据的完整性和可靠性。

区块链中的数据加密技术至关重要。加密技术确保只有授权用户才能访问特定数据。这对于财务数据尤其重要，因为这些数据通常涉及敏感信息，如账户详细信息和交易记录。通过加密数据，区块链确保了数据在传输和存储过程中的安全性，防止了未经授权的访问。

区块链技术还依赖于哈希算法来保护数据的完整性。哈希算法是一种将数据转换为固定长度摘要的函数。这种摘要作为数据的“指纹”，用于验证数据在区块链中的完整性。通过比较哈希摘要，区块链可以检测数据是否被篡改。如果数据被修改，哈希摘要也会改变，从而发出警报。

接着，区块链技术通过其链式结构进一步增强了数据安全性。每个区块都链接到前一个区块，这样形成了一个不可更改的链条。由于每个区块都包含前一个区块的哈希值，任何对数据的篡改都会破坏链条的完整性。这种设计使得篡改数据变得极其困难，从而保障了财务数据的安全。

在财务领域，区块链还可以实现数据的透明和可追溯性。这种特性对于财务数据的审计和监管非常重要。通过记录所有交易的详细信息并将其保存在区块链上，审计和监管机构可以轻松追踪和验证每一笔交易。这种透明性有助于防止欺诈和不正当行为。

区块链的智能合约技术为财务数据的管理提供了创新的方式。智能合约是自动执行的协议，当满足特定条件时，它们会自动执行预定义的操作。这种自动化过程确保了交易的准确性和效率，同时减少了人为干预的风险。

区块链的去中心化特性进一步提升了财务数据的安全性。由于区块链中的数据分布在多个节点上，任何单一节点的故障或攻击都不会影响整个系统的数据完整性。这种去中心化的特性使得区块链更具韧性和抗攻击性。

在财务数据管理中，区块链技术还能够提供实时数据同步和核对的能力。这种实时性确保了数据的一致性和准确性，从而减少了财务报告中的错误。这对于企业和机构的决策至关重要，因为它们依赖于准确的数据做出战略决策。

与此区块链的抗篡改特性为财务数据提供了长久的保护。由于区块链中的数据一旦记录便无法更改，财务数据的历史记录保持不变。这种稳定性有助于维护财务数据的可靠性和可信度。

尽管区块链在财务数据安全方面有诸多优点，但也存在一些挑战。例如，区块链技术的复杂性可能导致实施难度较高。数据加密和哈希算法虽然确保了数据的安全，但可能会对数据的可用性产生一定影响。在使用区块链时，需要平衡安全性和可用性之间的关系。

二、区块链技术在财务审计中的应用

（一）区块链技术实现数据的全程追溯与溯源

区块链技术为数据的全程追溯与溯源带来了革命性的创新。这一技术通过提供不可篡改的数字分类账，使得数据在整个生命周期中都可以进行可靠的记录和验证。对于供应链、金融交易和资产管理等领域，区块链的应用有助于确保数据的真实性和透明度。这种技术的引入为各个行业提供了新的信任基础，使企业和消费者可以更加放心地参与商业活动。

在供应链管理中，区块链技术提供了一种全面且透明的方式来追踪产品的来源和路径。通过在每个关键节点上记录数据，区块链可以确保产品在供应链中的每一步都受到严格监控。这种能力不仅提高了质量保证，还为消费者提供了对产品来源的更深入了解，增强了他们对产品的信任。

在食品安全领域，区块链技术的应用尤其具有重要意义。通过将每个食品的生产、加工和分销记录存储在区块链上，可以快速追溯食品的来源。这种透明性和可追溯性对于预防食品安全问题和迅速解决潜在问题至关重要，能够有效保护消费者的健康。

在金融领域，区块链技术能够实现交易的实时记录和验证。这种技术不仅提高了金融交易的透明度，还降低了欺诈和错误的风险。通过分布式账本的方式记录交易，金融机构可以更好地管理风险，并为监管部门提供更详尽的审计线索。

在财务审计中，区块链技术提供了一种全新的数据验证和审计方法。审计人员可以通过访问区块链上的交易数据，确保数据的真实性和完整性。这种技术的应用减少了传统审计过程中可能出现的人为错误和数据篡改问题，从而提高了审计的可靠性。

区块链技术在智能合约方面的应用也给财务审计带来了新的机遇。智能合约是一种在区块链上自动执行的合同，它可以根据预设的条件自动进行交易和分配。这种智能合约的应用可以减少审计过程中的人为干预，提高效率，并确保交易的透明度和合规性。

在资产管理领域，区块链技术提供了一种可靠的方式来记录和验证资产交易。通过使用区块链，企业可以追踪资产的所有权和历史记录。这种方式不仅提高了资产管理的准确性，还为审计提供了更详尽的数据来源，方便审计人员进行验证。

区块链技术的分布式性质有助于保护数据的安全性和隐私。由于数据存储在多个节点上，并且受到加密保护，区块链技术可以防止数据泄露和篡改。这种安全性为财务审计提供了一个可靠的数据源，确保审计结果的准确性和完整性。

区块链在财务审计中的应用还可以提高整个审计流程的效率和速度。传统审计往往需要大量的时间和人力来核查数据，而区块链技术的自动化和实时记录能力可以显著缩短审计的时间周期。这种效率的提升有助于企业更及时地获得审计结果，从而进行相应的调整和改进。

随着区块链技术的不断发展，其在财务审计中的应用前景将更加广阔。未来，区块链可能会与其他技术，如人工智能和大数据分析，结合起来，为财务审计提供更深入的见解和分析。这种综合应用将进一步提升财务审计的准确性和有效性。

（二）审计过程的透明化与效率提升

区块链技术正日益成为一种革命性的工具，被广泛应用于财务审计过程。通过提供透明和不可篡改的记录，区块链有助于提高审计过程的透明度和效率。传统审计往往依赖人工核查和纸质记录，这不仅耗时耗力，而且存在数据篡改和人为错误的风险。区块链技术的引入改变了这种现状，为审计工作带来了诸多益处。

区块链为审计流程提供了全新的数据管理方式。它通过分布式账本技术确保了数据的一致性和完整性。每一笔交易或记录在区块链上都经过加密处理，并按照时间顺序链式存储，形成了一个不可更改的历史记录。这种方式使审计人员能够轻松追踪和验证每一笔交易，提高审计效率。

区块链技术提升了财务数据的透明度。由于区块链上的记录是公开的，并且分布在不同的节点上，因此数据的获取和核实更加容易。审计人员可以实时查看和核对数据，而不必担心数据被篡改。这种透明度有助于提高审计结果的可信度。

通过智能合约，区块链进一步简化了审计流程。智能合约是一种自动执行的程序，能够在满足特定条件时自动执行交易。这使得审计人员能够自动验证和处理相关交易，减少了人为干预，提高了审计效率。

在防范财务欺诈方面，区块链技术也发挥着关键作用。其透明性和不可篡改性可以有效防止数据伪造和篡改，帮助审计人员识别和揭露潜在的欺诈行为。这有助于维护企业和投资者的利益，提高市场的信任度。

区块链技术还在审计中促进了协同工作。由于区块链上的数据是共享的，审计人员可以与其他部门和合作伙伴实时共享信息。这种协作方式使审计工作更加顺畅，提高了审计的整体效率。

通过降低审计成本，区块链为企业带来了实际的经济利益。传统审计需要大量的人工和时间，而区块链的自动化和实时数据验证减少了这些需求。企业可以将节省下来的资源投入到其他重要领域。

安全性方面，区块链技术为审计提供了可靠的保障。通过加密和分布式存储，数据的安全性得到极大增强。审计人员可以在确保数据安全的前提下进行审计，而无需担心数据泄露或被篡改。

监管机构也开始关注区块链在审计中的应用。区块链的透明度和可追溯性符合监管要求，有助于审计结果的合规性。监管部门可以更容易地监控企业的财务状况和合规性。

尽管区块链在财务审计中展示出了诸多优势，但仍存在一些挑战。例如，技术的复杂性和相关人才的短缺可能成为实施区块链的障碍。区块链的隐私问题和数据治理也需要得到妥善处理。

1. 区块链技术提高审计过程的透明度与可追溯性

区块链技术在财务审计领域的应用正逐渐显现出其独特的优势。通过在区块链上记录交易和财务数据，审计人员能够更加直接地访问这些数据，并保证其真实性。由于区块链的透明性和不可篡改性，所有交易和操作均被完整地记录下来，为审计提供了可靠的数据来源。

在审计过程中，区块链所提供的实时数据访问能力大幅提高了审计效率。审计人员不再需要等待数据报告或访问单独的数据库，而是可以随时查询链上的数据。这种实时的透明性有助于加快审计流程，缩短审计周期。

数据在区块链上以分布式方式存储，使得所有数据都可以被清晰地追溯。每一笔交易的详细记录，包括交易方、时间和金额等信息，都在链上得到保存。这为审计人员提供了一个完整的交易轨迹，便于追踪异常交易和审查财务行为。

区块链技术通过智能合约的引入进一步优化了审计过程。智能合约能够自动执行预先设定的规则和条件，在交易中实现自动化的合规检查。这种自动化的机制为审计人员提供了更多的保障，确保所有交易符合规定。

区块链的不可篡改性增强了审计数据的可靠性。一旦数据被记录在链上，它们就无法被轻易修改或删除。这为审计人员提供了一个高度可信的基础，确保审计结果的准确性和公正性。

在区块链上进行审计还带来了更高的安全性。数据经过加密后被存储在链上，并且通过共识机制来确保数据的一致性。这种分布式安全架构大幅降低了数据被篡改或泄露的风险。

区块链技术为审计的协作性提供了新的可能性。不同的审计团队或审计机构可以通过链上的共享数据进行协同合作。这种协同方式有助于提高审计的全面性和准确性，并减少重复工作。

尽管区块链技术在财务审计中的应用具有显著的优点，但仍面临一些挑战。例如，区块链上的数据量可能较大，审计人员需要具备一定的技术能力来处理这些数据。相关的培训和技术支持对提高审计效率至关重要。

区块链的标准化和监管也在审计应用中发挥着重要作用。不同国家和地区对区块链的监管政策各异，这可能对跨境审计工作产生影响。建立统一的国际标准和监管框架将有助于解决这一问题。

2. 智能合约简化审计流程

区块链技术在财务审计领域的应用正逐渐成为一种创新的手段，通过智能合约的使用，它为审计流程提供了新的可能性。智能合约是一种自动执行的代码，它根据预定义的规则和条件自动执行交易和操作。这种技术能够显著简化财务审计流程，提高效率和透明度。

智能合约通过自动化执行来消除审计过程中的人为错误和不确定性。在传统审计流程中，审计人员需要手动检查和验证大量数据，这不仅费时费力，还可能导致人为错误。而智能合约在满足特定条件时自动执行，确保了交易的准确性和一致性，从而降低了错误风险。

智能合约能够提供实时的审计数据和报告。通过在区块链上记录每一笔交易和操作，审计人员可以即时获取有关交易的信息。这种实时数据的可用性使得审计人员可以更快地识别和解决潜在问题，从而提高了审计效率。

智能合约的透明性对财务审计具有重要意义。由于智能合约代码在区块链上是公开且透明的，审计人员可以轻松地查看和验证合约执行情况。这种透明性有助于防止欺诈和不正当行为，确保交易的合法性和合规性。

智能合约还可以实现审计流程的自动化。传统审计流程中，许多步骤需要人工干预和审查，而智能合约可以根据预先设定的规则自动执行和记录操作。这种自动化不仅节省了时间和资源，还提高了审计的准确性和效率。

与此智能合约的不可篡改性为财务审计提供了强有力的支持。因为智能合约记录在区块链上的数据无法被篡改，审计人员可以放心地依赖这些数据进行审计。这种不可篡改性确保了审计数据的完整性和可靠性。

在复杂的财务审计中，智能合约能够简化审计的追溯和验证过程。通过记录详细的交易和操作历史，智能合约使得审计人员能够轻松地追踪每一笔交易。这种追溯性为审计提供了强大的工具，可以更准确地识别问题和异常。

智能合约的标准化也有助于简化审计流程。通过使用标准化的智能合约模板，审计人员可以更容易地理解和审查合约。这种标准化不仅减少了审计的复杂性，还提高了审计的一致性。

虽然智能合约在财务审计领域有许多优势，但也面临一些挑战。例如，智能合约代码的安全性和可靠性需要得到充分保障。智能合约的实施和管理可能需要专业知识和技术支持。在使用智能合约进行审计时，需要采取适当的措施确保安全和合规。

第四节　云计算在财务管理中的实践与效果分析

一、云计算在财务管理中的实践分析

（一）云计算平台提供的大规模数据存储空间

大规模数据存储空间在云计算平台上的应用，为企业的财务管理提供了极大的便利。这种平台提供了无限扩展的数据存储能力，能够处理庞大的财务数据集。通过在云端存储数据，企业可以减少对本地服务器的依赖，降低基础设施维护成本。云计算平台还提供了高度可定制的数据存储选项，满足企业不同层面的财务管理需求。

云计算的分布式特性为财务数据的高可用性提供了保障。在不同地理位置的数据中心之间进行数据备份和同步，确保数据在任何情况下都能保持完整和可用。这种数据分布不仅提高了系统的容错能力，还增强了业务连续性的保障。

实时的数据分析是现代财务管理的关键部分。云计算平台提供了强大的计算和处理能力，可以对大量财务数据进行即时分析。这种实时分析能力使财务团队能够快速做出决策，提高工作效率。云计算还支持基于人工智能和机器学习的分析，为企业提供更深入的洞察力。

借助云计算平台，财务部门可以更轻松地与其他部门和团队共享数据。这种无缝的协作环境有助于加速信息流动，提高决策的速度和质量。云平台的权限控制和数据隔离机制

保证了数据的安全性和隐私性。

云计算在财务管理中的实践还体现在预算和预测的准确性上。通过对历史数据的分析，企业可以更好地制定预算，并利用云计算的预测模型，准确预测未来的财务走势。这种精准的预测能力有助于企业制定更有效的战略规划。

云计算的灵活性和可扩展性，使企业能够根据实际需求调整存储和计算资源。这种灵活性使得财务管理部门可以在不增加硬件投入的情况下，及时调整数据存储和处理能力，从而降低了运营成本。

在数据安全和合规性方面，云计算平台通常提供强大的安全措施和合规工具。企业可以利用这些功能，确保财务数据在存储和传输过程中得到充分的保护。这为企业在财务管理中使用云计算提供了坚实的基础。

云计算为企业提供了实时数据备份和恢复的能力，确保财务数据在意外情况发生时能够及时恢复。通过在云端存储数据，企业可以实现更快速的灾难恢复，减少业务中断时间。这种可靠性是现代财务管理不可或缺的。

云计算平台的自动化和流程优化能力进一步提高了财务管理的效率。通过自动化工具，企业可以简化财务流程，例如账单处理、发票管理和费用报销。这些流程的优化不仅减少了人工错误，还提高了工作效率。

（二）采用云端财务管理软件的实践

云端财务管理软件的实践在现代企业中得到了广泛的应用，革新了传统的财务管理方式。随着云计算技术的不断成熟，企业越来越多地转向基于云端的财务管理软件，以提高效率、降低成本和增强数据安全。这种软件通过提供灵活、便捷的财务管理工具，正在彻底改变企业的运作模式。

传统的财务管理往往依赖于本地部署的财务软件，这种方式在数据管理和维护方面存在许多挑战。云端财务管理软件消除了这些问题，使企业能够在任何地方、任何时间访问财务数据。通过云端平台，企业的财务部门可以实现实时数据分析和报告，从而为决策提供更准确的依据。

使用云端财务管理软件可以显著降低企业的硬件和维护成本。由于数据和软件都存储在云端，企业不再需要昂贵的服务器或专门的 IT 团队来维护系统。这种转变有助于企业将更多的资金和资源投入到核心业务活动中，提高整体竞争力。

云端财务管理软件的一个关键优势是其灵活性。企业可以根据自身需求定制软件的功能模块，并随时调整，以满足不断变化的业务需求。这种灵活性使得企业可以在不断变化的市场环境中保持敏捷，并快速响应客户的需求。

数据安全和隐私是云端财务管理软件的另一个重要考虑因素。云服务提供商通常采用最先进的安全措施，如数据加密和多因素身份验证，来保护企业的数据。这些措施确保了财务数据的安全性，降低了数据泄露和恶意攻击的风险。

云端财务管理软件还支持企业实现财务部门的数字化转型。通过将数据和流程集中在一个平台上，企业可以实现自动化操作，如发票处理和工资管理。这种自动化不仅提高了效率，还减少了人为错误的可能性，进一步提升了财务管理的质量。

在全球化的商业环境中，云端财务管理软件为跨国企业提供了便利。通过支持多币种和多语言操作，这些软件使企业能够在不同国家和地区开展业务时保持财务管理的一致性。这有助于企业在全球市场中保持竞争优势。

与传统的财务管理软件相比，云端财务管理软件提供了更强的可扩展性。企业可以根据需求的变化，轻松调整软件的规模和功能。这种可扩展性使企业能够在增长阶段保持灵活性，不必担心软件的限制。

实时报告和分析是云端财务管理软件的另一个显著优势。通过直接从云端数据中提取信息，企业可以随时生成最新的财务报告。这种实时性为管理层提供了及时的信息，使其能够更好地制定战略决策。

云端财务管理软件还促进了团队协作。由于所有数据和操作都集中在云端，团队成员可以随时随地访问相同的信息。这有助于提高工作效率，并加强财务部门与其他业务部门之间的沟通与协作。

二、云计算在财务管理中的效果分析

（一）减少硬件设备投资与维护成本

在现代商业环境中，云计算技术的应用已经成为许多企业降低成本、提升效率的关键策略之一。在财务管理领域，云计算提供了许多明显的优势，使企业能够在减少硬件设备投资与维护成本的获得更灵活和高效的服务。通过将财务管理迁移到云端，企业可以实现更为透明、动态的财务监控和分析。

云计算显著降低了企业在硬件设备上的投资。传统的财务管理方式依赖于昂贵的本地服务器和数据存储设备，这不仅需要一次性投入大量资本，还需要不断的升级和维护。云计算通过提供按需服务，让企业可以根据实际需求租用存储和计算资源，从而减少了设备投资，并且这种灵活性使得企业可以更加有效地分配资源。

云计算简化了系统维护的复杂性。传统的财务管理系统需要企业自行承担设备维护、软件更新和安全补丁的责任，而云计算则由服务提供商负责这些任务。这种外包模式使企业可以专注于核心业务，而不是在硬件和软件维护上浪费时间和人力。

在财务数据的存储和管理方面，云计算为企业提供了安全性和可靠性。云服务提供商通常具备先进的数据保护措施，包括备份、加密和访问控制，这些措施可以确保企业的财务数据安全无虞。这种高度安全的环境使得企业能够放心地将敏感的财务信息存储在云端。

利用云计算进行财务管理，还能够实现数据的实时访问和共享。通过云端，企业的财务团队可以随时随地查看财务数据，并与其他部门和团队共享信息。这种实时的数据访问和协作能力有助于企业做出及时的财务决策，并提高整体运营效率。

在节约维护成本方面，云计算的优势同样明显。传统的财务管理系统需要定期进行硬件和软件的维护，这可能导致系统停机和业务中断。而云计算通过集中化的维护和支持服务，能够有效减少维护成本，确保系统的稳定运行。

云计算还为财务管理带来了灵活性和可扩展性。企业可以根据自身需求调整云服务的规模和配置，这有助于满足不同阶段的业务需求。云计算还支持数据分析和人工智能等高级功能，帮助企业在财务管理中获得更深入的洞察力。

（二）数据安全与灵活性提升

近年来，云计算技术在财务管理领域产生了显著影响，数据安全与灵活性的提升成为企业关注的重点。随着云服务的日益成熟，许多企业开始采用云计算来优化财务管理流程，从而提高效率和降低成本。

云计算在财务管理中的一个主要优势是数据存储和访问的灵活性。通过云平台，财务数据可以从任何地方、任何设备上轻松访问，这对于全球化运营的企业来说尤为重要。财务人员可以实时查看和分析数据，从而作出更准确的决策。云计算还提供了方便的协作环境，使团队成员可以共同处理财务问题。

云计算为财务管理提供了更高的数据安全保障。通过多层次的安全措施，如加密、身份验证和访问控制，云服务提供商能够保护敏感的财务数据免受未经授权的访问和数据泄露。这种安全保障不仅提高了数据的机密性和完整性，也增强了客户和利益相关者对企业的信任。

自动化和人工智能技术在云计算中的应用大大提升了财务管理的效率。云计算平台可以通过自动化流程来处理日常财务任务，如账单支付和报表生成。这不仅减少了人力资源的投入，还减少了人为错误的可能性。与此人工智能技术可以分析大量财务数据，识别趋势和异常，帮助企业进行战略性决策。

云计算还提供了可扩展性，使企业能够根据需求调整其财务管理系统。无论是增加存储容量还是调整计算能力，云服务都可以根据企业的业务变化进行快速响应。这种灵活性使得企业能够适应市场的动态变化，提高竞争力。

成本控制是企业关注的重要方面，而云计算在财务管理中为企业提供了优化成本的机会。通过按需付费的模式，企业可以根据实际使用量支付费用，避免了对硬件和软件的过度投资。云服务提供商通常会提供定期的维护和升级服务，减轻了企业的维护负担。

云计算在财务管理中的作用不仅仅局限于数据存储和处理，还包括了风险管理。通过云计算平台，企业可以实时监控财务数据，及时发现和解决潜在风险。这种实时监控的能力对于防范财务欺诈和错误至关重要。

云计算的协作功能为财务管理团队提供了更高的工作效率。团队成员可以通过共享文件和协作工具共同处理财务问题，提高了沟通和合作的效率。这样的协作环境有助于提升团队的生产力和决策质量。

随着云计算技术的不断发展，财务管理领域将继续受益于新的技术创新。例如，区块链技术的应用可以进一步提高数据的透明度和可信度，有助于财务管理中的审计和合规工作。通过结合云计算和区块链技术，企业可以实现更加安全和可靠的财务管理。

尽管云计算在财务管理中带来了许多好处，但企业在采用云服务时仍需注意数据隐私和合规性问题。企业应与云服务提供商紧密合作，确保其财务数据的存储和处理符合相关法律法规和行业标准。企业还应制定严格的数据管理政策，以保护敏感信息的安全。

1. 云计算平台的数据备份与安全控制措施

云计算平台在数据备份与安全控制方面，为企业提供了可靠且先进的解决方案。通过在多台分布式服务器上备份数据，云计算平台确保数据在任何时候都能得到恢复。这种分布式数据存储的特性大大减少了数据丢失的风险，即使一部分服务器出现问题，也不会影响到整体数据的完整性。

在数据安全控制方面，云计算平台采用了多层次的防护措施。平台在数据传输和存储过程中使用加密技术，确保数据在网络上的安全。平台还提供了严格的访问控制机制，确保只有授权的人员才能访问敏感数据。

企业通过使用云计算平台，可以快速建立数据备份策略。这种灵活性使得财务部门能够根据业务需求调整备份频率和存储策略，确保关键数据得到及时保护。实时备份和增量备份的功能进一步提高了数据恢复的速度和效率。

云计算在财务管理中的效果表现出显著的积极影响。云计算提供了高效的财务数据处理能力。借助强大的计算资源，企业可以快速分析和处理大量财务数据，为决策提供及时的支持。这种高效性有助于企业在竞争激烈的市场环境中保持领先地位。

云计算的协作功能增强了财务部门与其他业务部门的沟通与合作。通过共享数据和实时协作，企业可以更好地整合各部门的资源，提高整体工作效率。这种协作也有助于减少信息不对称，提高决策质量。

在财务数据的保密性和合规性方面，云计算平台提供了强有力的保障。企业可以通过平台的权限控制和审计机制，确保数据仅供授权人员访问。这种安全措施不仅保障了企业的机密数据，也符合监管部门的合规要求。

借助云计算的可扩展性，企业可以根据业务增长调整财务数据存储和处理能力。这种灵活性使得企业可以应对各种突发状况，不再需要提前大量投资于硬件设备。这样一来，财务管理部门可以更专注于核心业务，而不是花费过多时间和资源在基础设施维护上。

云计算的成本效益是财务管理中值得关注的一个方面。通过按需付费模式，企业可以根据实际使用量支付费用。这种模式不仅降低了运营成本，还为企业提供了更多的资金流动性，为其他战略投资提供了空间。

财务管理中实时数据的获取和分析是云计算的重要优势。云计算平台提供的实时数据更新和分析工具，使财务部门能够快速获取最新的信息。这种实时性使企业可以更加及时地调整战略，优化资源配置。

在数据备份和恢复方面，云计算平台的高可靠性为企业提供了可靠的保障。通过多地数据备份和快速恢复机制，企业可以在意外情况发生时迅速恢复业务。这种可靠性对于财务部门处理突发事件和紧急情况非常重要。

云计算还为财务管理中的自动化提供了机会。通过云计算平台上的自动化工具，企业可以简化财务流程，例如账单处理和费用报销。自动化的应用不仅提高了工作效率，还减少了人工错误。

2. 云计算技术带来的财务数据访问灵活性与即时性的分析评价

云计算技术在财务数据访问和实时性分析方面带来了巨大的进步，为企业的财务管理提供了全新的可能性。这种技术通过云端存储和管理财务数据，使得企业能够随时随地访问数据，并进行即时性分析。这种灵活性和即时性为财务部门提供了更多的决策支持和效率提升的机会。

在数据访问方面，云计算技术使得财务数据的获取更加便捷。通过将财务数据存储在云端，企业可以通过互联网连接访问数据，而不受地理位置的限制。这种无处不在的访问方式为企业的全球化运作提供了极大的便利，并有助于财务部门在不同地区的团队之间共享信息。

即时性分析得益于云计算技术的强大数据处理能力。实时数据流的处理和分析可以提供即时的财务见解，使得管理层能够快速了解企业的财务状况。这种及时性有助于企业在市场中保持竞争力，迅速作出反应，并抓住新的商业机会。

在财务报告的生成上，云计算技术简化了流程。企业不再需要手动整理和分析数据，而是可以通过云端系统自动生成最新的财务报告。这种自动化报告减少了错误的风险，并节省了财务团队的时间，使其能够专注于更高价值的任务。

云计算技术还支持复杂的数据分析，帮助企业深入挖掘财务数据。通过高级分析和机器学习算法，财务部门可以发现潜在的趋势和模式，为战略规划提供依据。这种分析能力有助于企业在竞争激烈的市场中做出明智的决策。

在多维度分析方面，云计算技术提供了强大的工具。财务数据可以与其他业务数据整合，形成全面的分析视角。这种综合分析有助于企业更好地理解业务表现和财务状况之间的联系，从而做出更有效的调整。

云计算技术也促进了财务数据的共享与协作。通过云端平台，团队成员可以同时访问和编辑财务数据，促进团队之间的沟通和合作。这种协作模式增强了财务部门与其他部门之间的联系，提高了整体业务运作的效率。

在数据安全方面，云计算技术提供了先进的保护措施。通过加密、身份验证和访问控制等手段，云端财务数据的安全性得到保证。企业可以放心地在云端存储和处理敏感数据，同时享受即时性分析的便利。

云计算技术的灵活性还体现在数据存储和管理方面。企业可以根据需求选择合适的存储方案，并轻松调整容量。这种灵活性使得企业能够根据业务增长和变化调整财务数据管理策略。

即时性分析也增强了企业的风险管理能力。通过实时监控财务数据，企业可以更早地发现潜在风险，并采取行动应对。这种快速的反应能力有助于企业在市场波动中保持稳健。

第三章 智能化技术在会计领域的应用

第一节 人工智能在会计核算中的应用与效果

一、人工智能在会计核算中的应用

（一）利用人工智能技术对会计数据进行智能分类

随着科技的不断进步，人工智能在各行各业的应用日益广泛，尤其是在财务和会计领域。利用人工智能技术对会计数据进行智能分类，成为企业实现高效财务管理和数据分析的重要手段。通过将人工智能引入会计数据处理，企业可以实现更准确、更快速的数据分类和分析，提升财务工作的整体效率。

人工智能在会计数据智能分类方面展现了强大的自动化能力。传统的会计数据分类通常需要会计人员手动处理，这个过程既繁琐又容易出错。而通过人工智能算法，系统可以根据大量的历史数据和分类规则，自动将会计数据进行分类和整理，避免了人为错误的风险。

智能分类在会计数据处理中的应用还带来了时间成本的显著降低。人工智能技术能够快速分析大量数据，并将其分类到合适的会计科目中。这种自动化的处理方式，使企业能够大大减少数据分类的时间，从而将更多精力投入到战略性财务分析和决策上。

在数据一致性和准确性方面，人工智能也提供了可靠的解决方案。传统的会计数据分类可能受到会计人员经验和认知差异的影响，而人工智能通过训练有素的模型和严格的数据规则，确保分类过程的一致性和准确性。这为财务报告和决策提供了坚实的基础。

人工智能还能从会计数据中发现潜在的模式和异常。通过对大量会计数据的分析，人工智能算法可以检测出不符合常规的交易或数据异常。这些发现对于企业及时识别潜在风险和防范欺诈行为具有重要意义。

智能分类技术还可以帮助会计团队更好地应对法规和合规要求。人工智能可以根据最新的法规和政策，自动调整数据分类规则，确保会计数据符合监管要求。这不仅减轻了会计人员的工作压力，还降低了企业因数据合规问题而面临的风险。

在数据可视化和洞察力方面，人工智能为会计数据的呈现带来了革命性的变化。通过智能分类后的数据，企业可以更容易地生成直观的财务报表和可视化图表。这有助于管理层更清晰地理解财务状况，并在战略规划中做出更明智的决策。

利用人工智能技术对会计数据进行智能分类，还为企业的财务透明度和可追溯性提供了强有力的支持。每一笔交易的分类过程都可以被追踪和审核，确保数据的准确性和完整性。这种透明度有助于提升企业的信誉和公信力。

（二）自动识别与录入发票、凭证等会计数据

随着人工智能技术的不断发展，自动识别与录入发票、凭证等会计数据在会计核算领域中逐渐崭露头角。其应用不仅提高了会计工作的效率，还在很大程度上减少了人为错误。这种创新不仅有助于节省时间和人力成本，还可以帮助企业在复杂的数据环境中保持竞争力。

基于人工智能的光学字符识别（OCR）技术可以将纸质发票或凭证上的信息转换为数字格式。通过这种方式，会计人员可以省去手动录入数据的时间，将注意力集中在更具战略性的分析和决策工作上。自动化的识别过程减少了人为输入错误，确保数据的准确性和完整性。

人工智能的自然语言处理技术可以理解和处理各种复杂的语义结构。这在财务报告和其他文档的解读中尤为重要。通过对这些数据的分析，人工智能可以帮助识别出关键的财务指标，支持企业及时做出调整和决策。

自动分类与匹配是人工智能在会计核算中的另一个重要应用。利用机器学习算法，系统可以自动将凭证与相关账目相匹配。这一过程不仅提高了准确性，还可以节省大量时间。比如，在处理供应商账单时，系统可以快速将账单与相应的采购订单和付款信息进行核对，确保账目的准确性。

人工智能在异常检测与审计方面也显示出巨大的潜力。通过对历史数据的分析，人工智能可以建立起正常交易的模型，并快速识别出异常交易。这一功能在预防和发现财务欺诈方面至关重要，为企业的风险管理提供了有力的工具。

智能助理和对话式界面在会计核算中的应用也不可忽视。这些应用能够帮助会计人员

快速查询数据，执行各种财务操作，并提供相关的建议。这种人机交互的创新形式进一步提高了工作效率，并降低了会计人员的学习和操作门槛。

云计算和人工智能的结合为会计核算带来了新的机遇。云端数据存储与处理为人工智能技术的应用提供了强大的基础。通过在云端共享数据和模型，企业可以更好地协同工作，确保财务数据的一致性和可靠性。

二、人工智能在会计核算中的效果分析

（一）自动化数据录入减少人为错误

自动化数据录入能够大幅度减少人为错误。人工智能驱动的系统通过使用高级算法来分析和识别数据，这使得自动化过程比人工处理更精确。相较于人工录入，自动化系统能够更有效地处理大量数据，从而降低数据输入过程中发生错误的可能性。对于复杂的财务数据，这种精确度尤为重要。

借助人工智能技术，企业可以提高会计流程的效率。自动化数据录入通过直接从源头获取和处理信息，可以减少重复劳动和繁琐的人工操作。数据自动化的速度远高于手工操作，这意味着企业可以更快速地生成财务报表和进行决策分析。这种高效性使得企业能够更及时地响应市场变化。

除了减少人为错误和提高效率外，人工智能还可以帮助企业增强数据的可靠性和一致性。自动化系统确保数据按照统一标准和格式输入，这有助于确保信息的完整性和准确性。这样，企业在进行财务分析和报告时可以更有信心地使用数据作为决策依据。

人工智能在会计核算中的应用还体现在提高审计和监管合规性的方面。自动化系统可以实时监控和分析财务数据，识别潜在的问题和异常。这有助于企业及时发现可能的违规行为，并采取适当的纠正措施。这种预防性的监控能力可以帮助企业避免潜在的法律和财务风险。

自动化数据录入还可以降低企业的运营成本。通过减少人力投入和提高效率，企业可以将更多的资源投入到业务发展和创新中。这种成本节省不仅提高了企业的竞争力，也使其在市场中更具灵活性。

人工智能驱动的会计核算系统还可以提升企业的财务洞察力。通过自动分析和处理海量数据，企业能够更深入地了解财务状况和业务表现。这些洞察力有助于企业做出更明智的战略决策，从而提高其整体绩效。

尽管自动化数据录入在会计核算中具有众多优势，但也面临一些挑战。例如，系统的

开发和维护成本可能较高，特别是对于小型企业。人工智能系统需要持续更新和优化，以应对不断变化的商业环境和监管要求。企业在采用人工智能技术时，需要权衡这些挑战与优势，确保在合适的情况下部署自动化系统。

（二）降低人力成本与资源投入

随着科技的迅猛发展，人工智能（AI）已经逐渐渗透到各行各业，包括会计核算领域。AI在会计核算中的应用为降低人力成本和资源投入带来了显著的效果。通过自动化和智能化的处理，会计师事务所和企业能够提高效率，减少手工操作，同时确保数据的准确性和完整性。

AI可以有效地降低人力成本。传统会计核算依赖于大量的人工操作，如数据录入和账目核对，这需要雇佣大量的人员并耗费大量时间。AI系统可以自动执行这些任务，节省了大量的人力资源。通过自动化处理，企业可以将员工从繁琐的会计任务中解放出来，集中精力在更高价值的业务上，例如战略规划和财务分析。

人工智能在会计核算中的应用可以极大地提高效率。AI算法可以迅速处理大量数据，并进行复杂的分析。这种高效的数据处理能力有助于加速会计核算流程，使得企业能够在更短的时间内完成财务报告和核算工作。这种高效率不仅能够帮助企业及时作出决策，还能在竞争激烈的市场环境中保持领先地位。

AI技术可以增强数据的准确性和完整性。在传统会计核算中，人为错误是常见的问题，如数据输入错误或计算错误。AI系统可以通过机器学习算法和数据验证机制，自动识别和纠正错误，从而确保数据的准确性。这不仅减少了错误导致的财务风险，还提高了企业的信誉和公信力。

AI在会计核算中的应用也有助于优化资源投入。通过自动化流程，企业可以减少对昂贵的硬件和软件的依赖。AI系统通常是基于云计算技术，可以按需使用，这样企业可以根据实际需求灵活调整资源分配，降低固定成本。这种弹性使企业在财务方面更加敏捷和高效。

AI在会计核算中的创新还推动了智能审计的发展。传统审计需要审计师进行大量的手工核对和验证工作，这既耗时又容易出现错误。AI技术可以自动扫描和分析财务数据，识别潜在的异常或风险点，为审计师提供更精确的线索。这种智能审计不仅提高了审计工作的准确性，还大大缩短了审计周期。

在AI在会计核算中的广泛应用还促进了财务管理的智能化。通过数据分析和预测模型，AI可以为企业提供未来趋势的洞察力。这样，财务管理人员可以根据预测结果制定更有效的预算和财务计划，提高企业的竞争力。这种智能化的财务管理有助于企业更好地应对市场变化和挑战。

AI 在会计核算中的应用为数据安全提供了保障。会计数据涉及企业的财务状况和商业秘密，因此数据泄露或滥用可能对企业造成严重影响。AI 系统可以通过数据加密和访问控制等手段，确保数据的安全性和隐私保护。这样，企业可以放心地运用 AI 技术进行会计核算，而无需担心数据泄露的风险。

在应用 AI 的过程中，企业还需要注意一些挑战。例如，AI 系统的开发和维护需要一定的技术知识和专业能力。企业需要投资于技术人才的培训和引进，以确保 AI 系统的顺利运行。AI 算法可能会存在偏见和误差，企业需要对算法进行持续的监测和改进，确保其结果的公正和准确。

1. 自动化会计核算减少人力需求

人工智能在会计核算中的效果已经逐渐显现，它通过自动化、优化流程和提高准确性来改变传统的会计核算。随着技术的发展，自动化会计核算带来了极大的便利和效率，在减少人力需求的提高了工作质量。

自动化会计核算显著提升了会计流程的效率。通过机器学习和大数据分析，AI 系统可以快速处理大量的财务数据，并以此生成准确的报表和分析结果。传统的手工核算往往耗时耗力，而自动化系统能够以极高的速度完成核算任务，为财务部门节省大量时间和人力。

自动化会计核算提高了数据处理的准确性。人类在核算过程中难免出现错误，而 AI 系统能够根据既定规则进行核算，避免了人为因素导致的错误。这不仅确保了财务数据的准确性，还能帮助企业规避潜在的风险。

与此 AI 技术在会计核算中的应用还能有效降低人工成本。通过引入自动化会计系统，企业可以减少对人力的依赖，降低人工成本，并将人力资源转移到其他更具战略性的工作上。这样一来，不仅提高了财务部门的运作效率，还为企业节省了成本。

AI 技术也赋予了会计人员新的能力。通过机器学习和数据分析，AI 能够帮助会计人员进行更加深入的财务分析，提供数据驱动的洞察力。会计人员可以借助这些工具，更好地理解企业的财务状况，为企业决策提供更可靠的数据支持。

尽管自动化会计核算带来了许多优势，但也需要注意潜在的挑战。例如，AI 系统的应用需要高质量的数据支持，数据的准确性和完整性至关重要。财务部门还需确保 AI 系统的安全性，防止数据泄露或其他安全问题。

2. 人工智能技术降低会计软件的维护成本

随着人工智能技术的不断进步，会计软件的维护成本得以显著降低。这一变化为会计领域带来了全新的操作方式，也优化了会计核算流程中的诸多环节。通过借助人工智能技术，会计软件得以更加智能化、高效化和自动化，使得企业能够更有效地利用会计数据。

人工智能技术使得会计软件的自动化水平大大提高。过去，需要手动进行数据录入和校对，而人工智能的引入改变了这一现状。通过基于机器学习和自然语言处理等技术，会计软件能够自动识别和分类数据，将财务凭证和账目进行快速准确的匹配，从而减少了人工干预和潜在错误。

智能化的会计软件在异常检测和风险管理方面表现突出。通过对历史数据和模式的分析，人工智能能够快速识别潜在的财务问题，如异常交易或账务差异。这种预警机制有助于企业及时采取措施，降低风险并提高财务管理的透明度。

智能助理和对话式界面的引入是另一个显著的改进。人工智能支持的会计软件可以通过自然语言与用户进行交互，提供实时查询和操作支持。这种便捷的交互方式不仅使会计人员能够更高效地处理日常事务，还简化了学习和操作流程。

在数据存储和备份方面，人工智能技术与云计算的结合也带来了新的优势。会计数据可以安全地存储在云端，并通过人工智能技术进行实时分析和处理。这样一来，软件的维护和升级变得更加容易，数据的可访问性和可靠性也得到了提高。

机器学习算法在会计软件中的应用也大幅降低了维护成本。通过不断分析和优化数据处理流程，人工智能可以自动调整和改进系统，减少了人工干预的需要。这种自适应能力使会计软件更能适应不断变化的业务需求和法规要求。

通过预测性维护和自动化更新，人工智能技术还可以帮助会计软件提前识别和解决潜在问题。这种前瞻性的方法有助于避免系统崩溃或数据丢失等问题，提高了系统的稳定性和可靠性。

第二节　自然语言处理技术在财务报表分析中的应用

一、自然语言处理技术在财务报表分析中的应用分析

（一）文本数据提取与清洗

文本数据提取与清洗是自然语言处理技术在财务报表分析中的核心应用之一。随着企

业和组织产生的数据量不断增加，提取和清洗文本数据变得至关重要。这种技术不仅可以帮助企业处理大量的非结构化数据，还能将这些数据转化为有价值的信息，从而为财务决策提供依据。

在财务报表分析中，文本数据提取与清洗可以对复杂的财务数据进行结构化处理。许多财务报表中包含丰富的文字描述，例如管理讨论与分析、财务报告附注等。自然语言处理技术能够解析这些文本，提取关键的财务信息，如收入、支出、资产和负债等，从而为企业的财务状况提供全面的洞察。

数据清洗是文本数据提取中的一个关键步骤。通过清理噪音、重复和无关的信息，自然语言处理技术可以提高数据的准确性和一致性。这一过程确保了分析结果的可靠性，使企业能够更有效地做出财务决策。

自然语言处理技术在财务报表分析中还可以帮助企业识别潜在的风险和机会。通过分析财务报表中的文字描述，企业可以发现与业务绩效、监管合规和市场趋势相关的信息。这些见解有助于企业采取措施，确保财务稳健并抓住市场机遇。

随着自然语言处理技术的不断发展，企业可以更好地利用其在财务报表分析中的潜力。例如，机器学习和深度学习算法可以帮助企业更准确地分类和预测财务数据。这使企业能够更有效地管理风险，并优化其财务战略。

文本数据提取与清洗还可以促进企业在全球市场中的竞争力。通过分析来自不同国家和地区的财务报表，企业可以识别全球市场中的趋势和机会。这种全球视野有助于企业制定更全面的战略，提高其国际竞争力。

自然语言处理技术在财务报表分析中的应用还涉及与其他技术的结合，例如大数据分析和人工智能。通过综合利用这些技术，企业能够获得更全面的财务洞察力。这些洞察力有助于企业更好地规划财务战略，并应对不断变化的市场环境。

在实践中，文本数据提取与清洗还可以帮助企业提高财务报告的透明度和一致性。通过清晰的财务数据分析，企业可以更好地满足监管要求，并向利益相关者提供更准确的信息。这种透明度有助于建立信任，并增强企业的声誉。

尽管自然语言处理技术在财务报表分析中展现出巨大的潜力，但也面临一些挑战。例如，技术的开发和实施需要专业知识和资源。企业在采用自然语言处理技术时，需要确保其团队具备相关技能，并与技术提供商进行合作。

（二）情感分析与主题识别

自然语言处理（NLP）技术在财务报表分析中具有广泛的应用，特别是在情感分析和主题识别方面。借助 NLP，分析师可以从大量的财务数据和文本中提取出隐藏的信息，以便更准确地评估企业的财务状况和前景。这种技术的应用不仅提高了分析效率，而且提供了更全面的见解。

起初，情感分析在财务报表中可以帮助识别企业管理层的情绪和态度。通过对企业发布的财务报告、新闻稿和公告的语调和用词进行分析，NLP 技术可以揭示出企业对自身业绩和未来前景的真实看法。这种情感分析有助于投资者和分析师更准确地判断企业的财务健康和战略方向。

接着，主题识别是另一个关键应用领域。通过 NLP 技术，分析师可以从财务报表中提取出不同的主题和关键字，了解企业在报告中关注的主要问题和焦点。这种主题识别可以帮助分析师更快地掌握企业的战略和运营重点，并找出潜在的风险和机遇。

NLP 技术还可以用于审查企业财务报告中的潜在风险。通过对报告中的描述性语言进行分析，系统可以识别出企业可能面临的法律、市场或其他风险。这种风险识别有助于投资者和监管机构提前了解企业可能遇到的挑战，以便采取相应的措施。

NLP 技术还可以用于比较不同企业的财务报表。通过对同一行业中不同公司的财务报告进行分析，NLP 可以识别出各公司在战略和运营方面的异同。这种比较分析可以帮助投资者和分析师更好地理解市场趋势，并做出更明智的投资决策。

在应用 NLP 技术进行财务报表分析时，还可以通过机器学习算法来提高分析的准确性和效率。通过训练模型，NLP 技术可以识别出与财务绩效和风险相关的特定模式。这些模式可以用于预测企业的未来表现，为投资者提供有价值的参考。

应用 NLP 技术在财务报表分析中也面临一些挑战。例如，财务报表中的语言可能较为专业和复杂，需要特定的技术来正确理解。不同企业的报告风格和格式也可能有所不同，给 NLP 技术的应用带来一定的难度。为克服这些挑战，开发者需要不断优化和调整模型，以确保其适用于各种财务报告。

数据的多样性和复杂性也对 NLP 技术提出了更高的要求。财务报表通常包含大量的数字和文本信息，分析这些数据需要复杂的技术手段。通过结合其他数据源，如社交媒体、市场新闻和行业报告，NLP 技术可以提供更加全面和多角度的分析。

与此 NLP 技术在财务报表分析中的应用还需要关注数据安全和隐私保护。财务数据涉及企业的敏感信息，如财务业绩和商业计划。分析师在使用 NLP 技术时，应采取措施确保数据的安全性，并遵守相关的法律法规和道德准则。

二、自然语言处理技术在财务报表分析中的效果分析

（一）准确性与全面性提升

自然语言处理技术（NLP）在财务报表分析中正发挥着越来越重要的作用。借助这一技术，财务专业人员能够对大量财务数据进行更加高效和精确的分析。通过提升准确性和全面性，NLP 在财务报表分析中的效果显著改善了企业的决策和战略制定。

自然语言处理技术在数据解析方面展现出了卓越的能力。传统的财务报表分析往往涉及复杂的数字和术语，而 NLP 能够将这些复杂的信息转换成更易理解的语言。这种转换不仅有助于提高财务分析的准确性，还使得专业人员能够更直观地解读和传达数据。

NLP 在处理非结构化数据方面表现出色。财务报表中常常包含大量文本信息，如注释和附录，这些内容对于理解财务状况至关重要。NLP 技术可以快速、准确地提取这些非结构化数据，并将其与结构化数据相结合，为财务分析提供更全面的视角。

自然语言处理技术还能提高财务报表分析的效率。通过自动化处理和解析，NLP 减少了专业人员手工分析的时间，使他们能够将更多精力放在更复杂或策略性的重要任务上。这种效率的提升对企业的财务部门来说至关重要，尤其是在高压、快速变化的商业环境中。

在数据洞察力方面，NLP 提供了更多创新的机会。借助这一技术，财务分析人员能够更深入地挖掘财务数据的潜在意义，发现之前未被注意到的趋势和模式。这种新的洞察力不仅有助于企业识别机遇和挑战，还能为制定更明智的战略决策提供依据。

在应用 NLP 进行财务报表分析时，需要关注数据质量和模型训练。确保数据的准确性和可靠性是至关重要的，同时要注意 NLP 模型的训练和验证，以确保分析结果的可信度和可解释性。这些方面的管理对于 NLP 在财务报表分析中的有效应用至关重要。

（二）分析效率与及时性提高

随着自然语言处理技术在财务报表分析中的应用不断深入，分析效率与及时性得到了显著提高。这项技术为财务人员提供了更为便捷的工具和资源，使他们能够快速、准确地解读和处理大量数据，进而支持企业的决策和战略规划。

自动提取关键信息的能力是自然语言处理技术在财务报表分析中的一大优势。通过对财务报表的文本内容进行识别和分析，系统可以迅速提炼出关键指标和要点，如收入、利

润、支出等。这使得财务人员能够快速获得报告中的关键信息，节省了大量人工阅读和分析的时间。

自然语言处理技术使得数据分析和报告生成更加高效。通过将原始数据转换为易于理解的文本格式，财务人员可以更方便地与不同部门和利益相关者沟通。此类报告生成不仅简化了分析过程，还提高了信息传递的准确性和透明度。

自然语言处理技术还具备对大量数据进行分类和排序的能力。这种自动化的处理方式可以帮助财务人员更好地识别和跟踪不同类别的数据，如资产负债表、损益表等。这一功能有助于财务分析的全面性和精确性。

在趋势预测和数据挖掘方面，自然语言处理技术展现出了巨大的潜力。通过分析大量历史数据，系统可以识别出潜在的趋势和模式。这为财务人员提供了有力的参考，帮助他们做出明智的投资和经营决策。

在财务报告的交互性和可读性方面，自然语言处理技术也做出了贡献。通过生成更加易于理解的文本摘要和分析报告，财务人员可以更好地与其他部门合作，确保决策的全面性和一致性。这种易于理解的报告形式也有助于管理层快速掌握关键信息。

自然语言处理技术的自学习能力使得其在财务报表分析中愈发得心应手。系统可以根据新的数据和反馈不断优化自身，逐渐提高分析的准确性和及时性。这种持续改进的过程确保了财务分析的质量和效率。

在合规性和监管方面，自然语言处理技术的应用也带来了积极影响。通过对财务报告中潜在违规或异常信息的快速识别，系统可以为企业提供及时的预警。这样一来，企业能够更好地遵循法规和标准，减少潜在的合规风险。

1. 自动化文本数据处理提高财务报表分析效率

在当今数字化时代，自动化文本数据处理在财务报表分析中起到了关键作用。通过引入自然语言处理技术，企业可以更高效地分析和理解财务报表中的大量文本信息。这种技术不仅提升了财务分析的速度和准确性，还为企业提供了更加全面的财务见解。

自然语言处理技术在财务报表分析中的应用可有效识别和提取文本中的关键信息。财务报表通常包含丰富的文字内容，如管理讨论、附注等。这些文字部分往往蕴含了重要的财务数据和企业发展动态。通过自然语言处理，企业能够快速识别和提取这些关键信息，从而更好地理解企业的财务状况。

自动化文本数据处理还能提升财务报表分析的准确性。传统手动数据处理容易出错，而自动化技术通过高级算法和模型，可以识别和纠正文本中的错误或不一致之处。这种高精度的处理使得分析结果更具可靠性，为企业的决策提供了更坚实的基础。

通过自然语言处理技术，企业可以更快速地对财务报表进行分类和组织。自动化技术可以根据特定的分类规则，将报表中的信息进行归类。这种自动化分类不仅省时省力，还为进一步的财务分析奠定了基础。

除了提高分析效率，自动化文本数据处理还增强了财务报表的可读性和理解度。自然语言处理技术可以对复杂的财务数据进行结构化处理，将其转化为更易于理解的形式。这种改进有助于财务分析师更好地抓住关键数据点，做出准确的分析判断。

自然语言处理技术还可以通过语义分析、情感分析等手段，对财务报表中的语义内容进行深度挖掘。这种分析方式不仅能揭示企业的业务策略和市场表现，还能预测未来发展趋势。通过这种深入的语义分析，企业能够更准确地把握市场脉搏，制定相应的策略。

自动化文本数据处理为企业提供了更灵活和定制化的分析工具。自然语言处理技术可以根据企业的特定需求进行调整和优化。这种灵活性使得企业能够更好地应对不同类型和规模的财务报表，从而提供更有针对性的分析结果。

与其他数据处理技术的结合使自然语言处理技术在财务报表分析中展现出更大的潜力。例如，通过结合机器学习和大数据技术，企业可以更深入地分析和预测财务趋势。这种综合分析能力将为企业的财务规划和战略决策提供更全面的支持。

自动化文本数据处理在财务报表分析中还能提升审计和监管合规性。通过实时监控和分析财务数据，企业可以及时发现潜在的问题，并采取相应的措施。这种自动化的监控能力有助于企业保持合规，并避免潜在的法律和财务风险。

尽管自然语言处理技术在财务报表分析中展现出许多优势，但也需要克服一些挑战。例如，技术的实施和维护需要专业的知识和资源。数据隐私和安全问题也是企业在应用自然语言处理技术时需要考虑的重要因素。

2. 快速获取关键信息帮助企业及时调整决策与战略

自然语言处理（NLP）技术在财务报表分析中能够快速提取关键信息，为企业及时调整决策与战略提供了强有力的支持。通过对财务数据和文本的自动分析，NLP 技术能够帮助企业更迅速地理解财务状况和运营趋势，从而作出更加明智的决策。

NLP 技术的应用可以显著提高企业对财务报表中关键信息的提取速度。传统财务分析需要耗费大量时间来手工查阅和解读报告中的数据，而 NLP 技术能够迅速从财务报表和相关文件中提取出重要指标和数据。借助这种高效的信息提取，企业可以更及时地评估自身的财务状况，发现潜在的风险和机会。

NLP 技术还可以通过对财务报表的内容进行语义分析，帮助企业更深入地了解管理层的立场和策略。通过分析报告中的用词和语调，NLP 可以揭示出企业对当前业绩和未来前景的真实态度。这种洞察力对于企业决策者而言至关重要，因为它可以提供关于管理层信心和预期的额外线索。

与此 NLP 技术还能通过主题识别帮助企业确定财务报表中的关键议题。通过分析文本中的主题和关键词，NLP 可以揭示出企业在报告中关注的主要问题，如市场竞争、监管变化或运营挑战。了解这些关键议题有助于企业快速调整战略，以适应市场和监管环境的变化。

NLP 技术在财务报表分析中还可以通过数据对比和趋势识别提供额外的见解。通过将当前和历史数据进行比较，NLP 能够识别出财务指标的变化趋势，为企业提供关于业绩波动和潜在问题的预警。这种信息可以帮助企业采取提前行动，调整战略和运营计划。

而且，NLP 技术还可以协助企业实时监测市场和行业动态。通过对外部数据源的分析，如社交媒体、新闻和行业报告，NLP 能够提供关于市场趋势和竞争对手的最新信息。这种实时的洞察力有助于企业及时调整战略，保持市场竞争力。

NLP 技术在财务报表分析中的应用还能提高数据的准确性和一致性。通过自动化数据提取和分析，NLP 技术可以减少人为错误的发生，确保数据的准确性和可靠性。这对于企业在制定战略和决策时至关重要，因为准确的数据是做出正确判断的基础。

NLP 技术的应用还可以帮助企业优化财务分析流程。通过将自动化数据提取与分析集成到现有的财务系统中，企业可以简化工作流程，提高整体效率。这种优化可以让企业更专注于战略制定和高价值任务，而不是浪费时间在手工数据处理上。

NLP 技术在财务报表分析中的应用还可以支持企业的合规性和风险管理。通过对报告中的描述性语言和数字信息进行分析，NLP 技术可以帮助识别潜在的合规风险和财务异常。通过及时发现和应对这些问题，企业可以降低合规风险，并保持财务的透明度。

尽管 NLP 技术在财务报表分析中的应用效果显著，但在实践中仍需注意一些挑战。例如，NLP 模型的开发和训练需要结合行业知识，以确保分析的准确性。企业需要保护数据隐私和安全，避免数据泄露。

第三节　机器学习在会计审计中的实践与案例

一、机器学习在会计审计中的实践

（一）数据预处理与清洗

在会计审计中，数据预处理与清洗是确保机器学习模型准确性和可靠性的关键步骤。数据在进入模型之前通常会存在多样化问题，例如数据缺失、重复、错误或异常值，这些问题可能会导致模型产生误导性的预测或结论。通过有效的数据预处理和清洗，可以确保模型的输入数据质量，从而提高模型的表现和可解释性。

数据预处理包括数据收集、清洗和转换等一系列步骤。审计师需要从各种来源获取相关数据，包括财务报表、交易记录和其他业务数据。这些数据可能存在不一致、缺失值和异常值，因此需要进行清洗。常见的清洗方法包括删除缺失值、填补缺失值以及识别和修正异常值。

在数据清洗之后，下一步是数据转换。数据转换涉及将原始数据转换为适合模型训练的格式。例如，分类变量需要被编码为数字格式，连续变量可能需要进行标准化或归一化处理。通过这些转换，数据的可用性和一致性得到了提高，从而有助于模型的训练和预测。

特征工程是数据预处理的重要组成部分。特征工程是通过选择、创建和修改数据中的特征以提高模型性能的过程。审计领域中常用的特征工程技术包括特征选择、特征组合和特征提取。通过优化特征，模型可以更好地捕捉数据中的重要信息，提高预测准确性。

为了保证数据质量和一致性，审计师在预处理和清洗数据时需要遵循一系列原则。数据应该尽量完整和准确，以避免模型受到错误数据的影响。数据处理过程应该保持一致性和可重复性，以确保结果的可靠性。审计师还需要确保数据处理符合相关的法律和监管要求，以保护数据的隐私和机密性。

在机器学习模型训练中，数据清洗的质量对模型的性能和解释力有直接影响。通过消除噪音数据和错误数据，可以避免模型产生错误的预测。数据清洗也有助于提高模型的稳健性，使其在不同数据集上表现出更好的泛化能力。

随着数据量的不断增加，数据预处理和清洗的重要性日益凸显。大数据和机器学习技术的广泛应用使得审计师能够更全面地审查和分析财务数据，从而发现潜在的问题和风险。通过结合先进的数据预处理和清洗技术，审计师可以更好地利用机器学习模型进行会计审计，提高审计效率和准确性。

在实际应用中，审计师可以借助自动化数据清洗工具和算法来提高效率和精度。这些工具可以快速识别和修正数据中的问题，降低人工清洗的工作量。通过与其他数据源的交叉验证，审计师可以进一步提高数据的准确性和可信度。

（二）异常检测与风险评估

随着机器学习在会计审计中的应用逐渐普及，异常检测与风险评估的效率和准确性得到显著提升。这一技术不仅改变了会计审计的传统工作方式，还为企业提供了更为精准的风险管理工具，提升了财务透明度。

机器学习在异常检测方面的能力令人瞩目。通过分析大量历史财务数据，机器学习算法能够建立起正常交易的基准模型。当新的交易数据与模型不符时，系统会自动标记这些数据为异常。这种自动化的检测方式可以帮助审计人员及时发现潜在问题，提高审计工作的效率。

在风险评估中，机器学习通过对数据的深入分析，可以识别出潜在的风险因素。例如，通过分析财务数据和业务流程中的变化，系统可以预测可能的财务欺诈、业务中断或其他风险。这种前瞻性的风险评估为企业提供了宝贵的洞察力，有助于制定有效的应对策略。

机器学习的自适应能力是其在会计审计中的另一大优势。随着时间的推移，系统可以不断学习和更新自身的模型，以适应新的数据和变化的环境。这种灵活性确保了审计过程的持续改进和优化，提高了异常检测和风险评估的准确性。

机器学习可以协助审计人员进行数据分类和整理。通过将大量数据按照不同维度进行分类和排序，系统可以帮助审计人员更好地理解和分析数据。这一过程大大减少了手工整理数据的时间，提升了审计工作的效率。

在异常检测中，机器学习还可以通过识别潜在的模式和关联性来发现隐藏的风险。例如，系统可以通过分析不同账户之间的交易关系，识别出可能的财务不正行为。这种关联性分析为审计人员提供了更全面的视角，提升了审计工作的全面性。

机器学习在审计中的预测能力也是其一大亮点。通过分析历史数据和当前趋势，系统可以预测未来的财务表现和风险。这种预测能力为企业提供了重要的参考信息，有助于制定更科学的财务计划和风险管理策略。

在提高审计工作的自动化程度方面，机器学习也发挥了关键作用。通过将复杂的审计流程自动化，系统可以帮助审计人员更有效地处理庞大的数据集。这种自动化不仅减少了人工干预的时间，还提高了审计工作的准确性。

二、机器学习在会计审计中的案例分析

（一）交易异常检测

机器学习在交易异常检测中的应用体现在数据预处理和模型构建两个方面。在数据预处理阶段，审计师通常会收集大量的交易数据，这些数据可能包含各种格式和维度。在利用机器学习模型之前，审计师需要对数据进行清洗、规范和特征提取。这一过程对于构建高质量模型至关重要。

接下来，在模型构建阶段，常见的机器学习方法包括分类、回归和聚类等技术。这些方法可以帮助识别不同类型的交易异常。例如，分类模型可以根据历史数据预测哪些交易可能存在风险，回归模型可以评估交易金额的合理性，而聚类模型则可以将交易数据分组，以识别潜在的异常模式。

一个典型的机器学习在会计审计中的交易异常检测案例是基于监督学习的分类模型。审计师可以使用标记过的交易数据训练模型，然后利用该模型对新数据进行预测，识别可能存在异常的交易。这样做可以帮助审计师将注意力集中在高风险区域，提高审计效率。

另一种应用是基于无监督学习的聚类模型。此类模型不依赖于预先标记的数据，而是通过对交易数据的特征进行分析，自动识别出潜在的异常模式。例如，一种聚类模型可以将交易数据划分为不同的组，并标记出偏离正常组的数据。这种方法在没有先验知识的情况下识别交易异常，非常适合大数据环境。

机器学习在会计审计中的交易异常检测还有其他方法，例如深度学习和时间序列分析等。这些方法可以更深入地挖掘数据中的复杂模式，提高检测异常交易的准确性。深度学习特别适用于处理高维度数据和复杂非线性关系，时间序列分析则能够发现交易数据中的时间变化规律。

尽管机器学习在会计审计中的交易异常检测取得了显著进展，但也面临一些挑战。例如，数据隐私和安全问题需要得到妥善处理，模型的可解释性和透明度也需要审计师重视。机器学习模型的性能需要定期评估和更新，以确保其在不断变化的商业环境中保持准确性。

为了充分发挥机器学习在会计审计中的潜力，审计师需要具备相关的技术知识和技能。审计机构还应加强与技术专家的合作，共同探索新的方法和工具，以应对不断变化的挑战。

（二）准确性评估与自动化审计

在当今快速发展的技术环境中，机器学习正逐渐在会计审计领域中崭露头角，为提升准确性评估与自动化审计提供了创新的方法。借助机器学习的强大数据处理和分析能力，会计审计得以突破传统的人工方式，实现更高效、精确的审计流程。在此领域中，有许多值得关注的案例，展现了机器学习在会计审计中的潜力。

在风险评估方面，机器学习能够分析大量的财务数据和交易记录，以识别潜在的风险和异常情况。例如，通过对企业财务数据的分类和回归分析，机器学习算法可以预测企业的财务状况和运营风险，为审计师提供决策支持。这种数据驱动的方法有助于审计师更早地发现问题，从而采取相应的措施。

自动化审计的一个显著优势是减少了人工审计的时间和成本。通过机器学习算法对财务数据的快速分析，审计师可以更有效地检测出潜在的错误或欺诈行为。例如，机器学习模型可以根据历史数据建立交易模式，然后对新数据进行异常检测，从而及时发现可疑的交易。

在具体的案例中，许多大型企业已经开始应用机器学习技术进行审计。例如，一些金融机构利用机器学习模型来监控客户账户的交易活动，以识别潜在的洗钱行为或其他非法交易。这种技术不仅提高了审计的效率和准确性，还降低了金融机构的法律和合规风险。

机器学习在财务审计中的应用还包括对财务报表的自动分析。通过训练算法，机器学习模型可以快速识别出财务报表中的错误或不一致之处。这种自动化的审计方法有助于审计师更快地完成审计任务，并确保审计结果的准确性。

在机器学习技术的帮助下，审计师能够处理更大规模的数据，这对于大型企业或跨国公司来说尤为重要。通过对大量数据的快速分析，审计师可以更全面地了解企业的财务状况和运营情况。这种全方位的审计视角有助于发现潜在的问题，并为企业提供有效的风险管理策略。

机器学习还可以为审计师提供实时数据分析的能力。通过实时监控企业的财务活动，审计师可以立即发现和报告异常情况。这种实时审计方法有助于及时采取措施，防止潜在风险的扩散，保护企业的利益。

在企业内部控制评估中，机器学习算法可以帮助审计师评估企业的控制系统是否有效。通过分析历史数据和实际操作情况，机器学习模型可以识别出可能存在的控制缺陷。这种自动化的控制评估方法不仅提高了审计效率，还增强了企业内部控制的可靠性。

机器学习在会计审计中的应用还涉及到审计证据的收集与验证。通过对大量数据的自动化处理，审计师能够更有效地收集和验证审计证据。这有助于审计师做出更准确的判断，提高审计结果的可信度。

机器学习技术的应用也带来了审计工作的新挑战。例如，机器学习模型的可靠性和解释性是审计师需要关注的问题。审计师需要确保模型的预测结果是可靠的，并能够解释模型的决策过程。这对审计师的专业知识和技能提出了更高的要求。

第四节 虚拟现实技术在财务培训与教育中的创新

一、虚拟现实技术在财务培训与教育中的创新分析

（一）沉浸式学习体验

虚拟现实技术近年来在各个领域的应用日益广泛，尤其在财务培训与教育领域展现出极大的创新潜力。通过沉浸式学习体验，虚拟现实技术能够为学员提供更真实、更生动的财务学习环境。这种技术的应用有望彻底改变传统的财务培训方式，并为学员提供更加直观、互动性更强的学习体验。

在财务教育中，虚拟现实技术可以为学员模拟现实中的财务场景。通过虚拟场景，学员可以亲身体验复杂的财务决策过程，从而更深入地理解相关的财务理论和实务操作。这种真实的环境可以帮助学员更好地掌握财务知识，并为将来实际工作打下坚实的基础。

虚拟现实技术还可以为财务培训提供个性化的学习体验。通过根据学员的不同水平和需求定制培训内容，虚拟现实技术能够更好地满足每位学员的学习要求。例如，初级学员可以从基本的财务知识入手，而高级学员则可以通过模拟复杂的财务问题来提高他们的技能和应对能力。

虚拟现实技术能够为学员提供即时的反馈和评估。在虚拟现实环境中，学员可以实时看到自己决策的影响，并根据反馈进行调整。这种即时反馈有助于学员快速纠正错误，提升学习效率，并增加自信心。

虚拟现实技术也为财务教育带来了创新的互动方式。通过虚拟现实，学员可以参与团队合作的模拟项目，学习如何与他人协同工作。这种合作性学习不仅能培养学员的沟通和协作能力，还能帮助他们理解团队中的不同角色和责任。

在财务培训与教育中应用虚拟现实技术还可以提高学员的学习积极性和参与度。沉浸

式学习体验能够引起学员的兴趣，保持他们对学习的投入。通过真实的财务场景和互动活动，学员能够更加积极地参与培训过程，从而更有效地吸收和运用财务知识。

虚拟现实技术在财务教育中的应用还为学员提供了更安全的学习环境。通过虚拟现实，学员可以在不受现实世界风险的情况下尝试不同的财务决策。这种模拟环境可以让学员更加大胆地尝试新策略，锻炼他们的创新思维和问题解决能力。

虚拟现实技术在财务培训与教育中的应用也面临一些挑战。首先是技术成本和设备的可获得性。这种先进的技术可能对一些培训机构来说负担过重，尤其是中小型机构。学员可能需要适应虚拟现实技术的操作方式，这可能需要一定的时间和培训。

尽管面临这些挑战，虚拟现实技术在财务教育中的前景依然广阔。随着技术的不断发展和成本的下降，越来越多的培训机构将能够使用虚拟现实技术来提升财务培训的质量和效果。通过与其他教育技术的结合，虚拟现实有望成为未来财务教育的重要组成部分。

为了最大化虚拟现实技术在财务培训中的优势，培训机构需要制定科学的教学计划，结合虚拟现实技术与传统教学方法。培训机构还应关注学员的学习反馈，根据学员的需求和建议不断优化虚拟现实培训内容。

（二）实时反馈与个性化学习

虚拟现实技术正迅速渗透到各个行业，其中包括财务培训和教育领域。这种技术不仅改变了人们学习的方式，还带来了实时反馈和个性化学习的新理念。通过虚拟现实，财务学员可以在模拟的财务环境中进行实践，并立即获得反馈，这种方式大大提高了学习的效果。

这种沉浸式体验让学员更容易理解复杂的财务概念。通过虚拟现实模拟真实的财务情景，学员可以亲自参与到决策和分析的过程中，从而增强了他们对理论知识的掌握。虚拟现实还可以模拟历史或未来的财务环境，让学员在实际工作中能够更加自如地应对各种变化。

实时反馈是虚拟现实技术在财务培训中的一项重要优势。学员在虚拟环境中作出决策后，可以立刻得到反馈。这不仅有助于他们纠正错误，还可以帮助他们更快地掌握新的技能。这种即时反馈机制使得学习过程更加高效和直观。

个性化学习是现代教育的一个重要趋势，虚拟现实技术在这方面也展现出了巨大的潜力。每位学员都有不同的学习风格和节奏，通过虚拟现实，他们可以根据自己的需求定制学习计划。这种个性化的学习方式有助于提高学员的学习积极性和成效。

虚拟现实技术还提供了一个安全的环境，让学员可以尝试各种不同的财务策略和决策。通过这种方式，他们可以在没有风险的情况下学习和实验，从而积累实战经验。这种实践机会对于财务领域的学习者来说至关重要。

在财务培训中引入虚拟现实技术还可以促进学员之间的合作和沟通。在虚拟环境中，学员可以共同解决问题，分享经验和观点。这种合作学习的形式不仅有助于提高学习效果，还可以培养学员的团队协作能力。

虚拟现实技术还可以帮助学员更好地理解全球财务环境。通过虚拟模拟，学员可以体验不同国家和地区的财务状况和市场特点。这种全球视野的培养对于现代财务人才来说至关重要。

在培训和教育中使用虚拟现实技术还可以提升学员的动机和兴趣。沉浸式的学习体验让学员更投入，从而提高了他们的学习效果。这种新的学习方式能够打破传统教育的枯燥和乏味，让学员更主动地参与到学习过程中。

虚拟现实技术还可以帮助培训机构更好地评估学员的学习成果。通过对学员在虚拟环境中的表现进行数据分析，培训机构可以获得更详细的学员表现信息。这些数据可以帮助制定更有效的教学策略，提高培训效果。

尽管虚拟现实在财务培训中有许多优势，但也面临一些挑战。例如，开发和维护虚拟现实系统可能需要较高的成本。技术的复杂性可能对一些学员造成学习上的困难。培训机构需要平衡这些挑战，以确保虚拟现实技术在财务培训中发挥最佳效果。

二、虚拟现实技术在财务培训与教育中的应用案例分析

（一）财务模拟训练

虚拟现实（VR）技术近年来在教育和培训领域中崭露头角，尤其在财务培训与教育方面的应用逐渐受到重视。通过将学员置于真实情境下，虚拟现实可以创造出逼真的财务模拟环境，帮助学员掌握实际操作技能，提高他们对财务决策和策略的理解。接下来，将探讨虚拟现实技术在财务培训与教育中的应用案例，并分析其对培训效果的影响。

虚拟现实技术在财务培训中扮演着重要角色，它可以模拟真实的财务工作场景。学员可以通过 VR 设备进入虚拟的企业环境，处理真实业务中的财务问题。这种沉浸式学习体验让学员能够在安全的环境中尝试不同的策略和决策，从而提高他们的实践技能和决策能力。

虚拟现实技术在教育中的应用还包括财务模拟游戏和案例分析。这些游戏让学员参与到虚拟企业中，通过操作财务报表、预算和投资决策等，体验财务管理的全过程。通过这

种互动式学习，学员可以更直观地理解财务原理，并在模拟的风险和收益之间做出选择，提高其对财务管理的敏感度。

在另一个案例中，虚拟现实技术被用于模拟不同的经济环境和市场状况。学员可以在虚拟现实中体验不同的市场情景，如经济波动、政策变化等。这种模拟让学员能够在不受真实市场风险影响的情况下，进行实验性决策，培养应对各种经济环境的灵活性和适应性。

进一步探讨，虚拟现实在财务培训中还可以通过多玩家协作的形式，帮助学员提升团队协作和沟通能力。在虚拟的财务项目中，学员可以与他人一起合作完成任务，培养团队合作、沟通和领导能力。这种互动式训练可以使学员在模拟环境中获得宝贵的团队经验。

在教育环境中，虚拟现实技术还可以提供丰富的学习资源，如虚拟教室和在线研讨会。这些资源可以与传统教学方法结合，提供更广泛的学习选择和灵活性。学员可以在虚拟教室中与其他学员和导师进行实时互动，提高学习的深度和广度。

虚拟现实在财务培训与教育中的应用也面临一些挑战。技术成本和设备可及性是其中的一个问题，可能限制了部分学员的参与。确保学员在虚拟环境中安全学习，防止晕动症和其他潜在的健康问题，也是重要的考虑因素。

为了更好地利用虚拟现实技术进行财务培训，培训机构需要制定合适的课程和培训方案，确保内容与实际业务需求紧密结合。培训师需要接受专业的虚拟现实技术培训，以确保培训的有效性。

（二）实景案例演练

借助虚拟现实技术，学员得以模拟真实的财务工作环境，从而深入理解财务决策和分析的复杂性。例如，VR 技术可以创造一个虚拟的企业财务办公室，学员在其中可以扮演财务经理，负责管理公司的财务报表、预算制定和现金流分析。这样的场景式教学有助于学员掌握实际操作技能，提高对财务管理的实际理解。

在财务审计的培训中，虚拟现实技术同样展现出独特的优势。通过构建虚拟企业的财务记录，学员可以学习如何开展审计流程，识别异常和潜在的风险点。在这种模拟环境中，学员能够安全地实践审计技术，并积累经验，减少在实际工作中出错的风险。

VR 技术也为财务伦理与合规培训提供了创新的途径。学员可以通过虚拟场景体验各种道德和法律问题，例如商业贿赂、财务欺诈等。在模拟这些情境的过程中，学员需要做出决策，并承担相应的后果，从而加深对合规性和道德准则的理解。这种亲身体验式的培训有助于强化学员的伦理意识和责任感。

在财务预测和预算制定的培训中，虚拟现实技术能够为学员提供动态的学习环境。学员可以通过 VR 模拟经济环境和市场变化，从而学习如何进行财务预测和制定预算。这样的实景训练有助于学员培养应对不确定性和变化的能力，提高其在实际工作中的适应性。

在全球化背景下，VR 技术还可以帮助财务培训学员熟悉不同国家和地区的财务法规和会计准则。通过在虚拟现实中体验国际化的财务场景，学员可以更好地了解全球范围内的财务实践。这种多样化的培训环境有助于培养全球化视野和跨文化沟通能力。

VR 技术的另一个显著优势是提供即时反馈和个性化教学。在虚拟现实环境中，学员的每一次决策和操作都可以被记录和分析。通过这些数据，培训机构可以为学员提供及时的反馈，指出优点和不足，并根据学员的学习进度调整培训内容。这种个性化的教学方式有助于提高培训效果。

除了在课堂教学中的应用，VR 技术还可以用于远程财务培训。学员可以通过在线 VR 平台参与虚拟的财务培训课程，无论身处何地都能享受高质量的教育。这种灵活的培训方式扩大了财务教育的覆盖面，使更多的人能够获得专业的财务培训。

尽管虚拟现实技术在财务培训和教育中展现了巨大的潜力，但也存在一些挑战，如技术成本和设备的普及度等。随着 VR 技术的不断发展和成本的逐渐降低，这些挑战将逐渐得到克服。

第四章　智能化财务决策与预测

第一节　智能化财务决策模型与算法

一、智能化财务决策模型与算法分析

（一）数据驱动型决策模型

在现代商业环境中，数据驱动型决策模型正迅速成为主流。数据的收集、分析与应用为企业提供了新的视角，以更准确地做出财务决策。智能化财务决策模型与算法通过利用大数据、机器学习和人工智能，为企业提供优化决策过程的工具，增强其竞争力和效率。

利用数据驱动型决策模型，企业可以对市场趋势、客户行为和财务绩效进行深入分析。通过整合来自不同来源的数据，企业能够对自身的运营有更全面的了解，从而做出更明智的财务决策。数据分析还可以帮助企业预测未来的市场变化，为长期战略规划提供有力支持。

智能化财务决策模型采用先进的算法来处理和分析大量的数据。这些算法能够从数据中提取有价值的见解，并帮助企业做出更准确的预测。例如，时间序列分析可以预测销售趋势，而分类和聚类算法可以帮助企业识别客户群体的特征。

通过智能化算法，企业可以在财务管理中实现自动化和优化。基于数据的预测模型能够帮助企业更好地掌握库存、预算和现金流管理。例如，利用数据模型预测需求，可以优化库存水平，避免库存过剩或短缺的问题。

数据驱动型决策模型在风险管理中也发挥着重要作用。通过分析市场数据和历史趋势，企业可以识别潜在的风险，并采取相应的措施来规避这些风险。例如，基于数据的预测模型可以帮助企业识别汇率和利率波动的风险，并制定相应的对冲策略。

利用智能化财务决策模型，企业还可以优化其投资组合。通过对不同投资机会的风险和收益进行量化分析，企业可以选择最优的投资方案，最大化其投资回报。这种数据驱动

的投资决策方法可以帮助企业在复杂的金融市场中保持竞争优势。

数据驱动型决策模型还为企业的成本控制提供了新的方法。通过分析生产、物流和其他环节的数据，企业可以发现成本节约的机会。智能化财务模型可以根据这些分析结果提出具体的改进建议，帮助企业降低运营成本。

智能化财务决策模型还可以提高企业的财务透明度和合规性。通过实时监控和分析财务数据，企业可以确保其财务报告的准确性和及时性。这不仅有助于企业满足监管要求，还可以提升投资者和合作伙伴的信任度。

在应用数据驱动型决策模型时，企业需要注意数据质量和隐私保护。高质量的数据是准确预测和决策的基础，而确保数据的隐私和安全则是企业应对数据时代的重要责任。企业还需要关注数据模型的公平性和透明度，确保决策过程的公正性。

虽然数据驱动型决策模型和智能化财务算法带来了许多好处，但它们的应用也面临一些挑战。企业需要对模型进行持续监控和更新，以确保其准确性和有效性。培养具有数据分析和财务知识的专业人才也是实现数据驱动型决策的关键。

（二）专家系统与知识图谱

专家系统与知识图谱在智能化财务决策模型和算法领域发挥着关键作用。这些先进的技术能够帮助企业在复杂的财务环境中做出明智决策，并提高运营效率。通过结合专家系统和知识图谱，财务领域的智能化水平得到了显著提升。

专家系统是基于知识和规则的计算机程序，旨在模拟人类专家的决策过程。它们可以提供指导和建议，帮助企业应对财务决策中的挑战。专家系统通过分析大量数据和规则，识别潜在的风险和机会，为企业提供有价值的见解。

知识图谱作为一种结构化数据表示形式，将相关概念、实体和关系映射成一个网络。这种结构有助于理解财务领域的复杂性，并为智能化决策提供支持。知识图谱能够整合不同来源的数据，为企业提供全面的财务信息。

智能化财务决策模型依赖于专家系统和知识图谱的结合。这种结合使模型能够从大量数据中提取有价值的信息，并将其转化为可操作的洞察。通过这种方式，企业可以更好地预测市场趋势、评估投资机会和优化资源配置。

算法在智能化财务决策中扮演着重要角色。先进的算法可以分析大量财务数据，寻找隐藏的模式和关联。这种数据驱动的方法能够帮助企业做出更精准的预测和决策，从而提高盈利能力和竞争力。

结合专家系统和知识图谱，智能化财务决策模型可以更好地应对财务环境中的不确定性。通过综合分析各种数据来源，模型能够在不同情景下提供多样化的解决方案。这种灵活性对于企业应对市场波动和经济变化至关重要。

知识图谱的应用还可以提高专家系统的准确性和可靠性。通过整合和关联不同数据源，知识图谱可以为专家系统提供更全面的知识基础。这种数据的丰富性有助于提高决策模型的质量。

智能化财务决策模型的应用范围广泛，包括投资决策、风险管理和财务规划。专家系统和知识图谱的结合可以为企业提供定制化的决策支持。这种个性化的解决方案有助于企业实现长期的战略目标。

在财务决策中引入人工智能和机器学习技术进一步提升了专家系统和知识图谱的能力。这些技术可以自动更新和优化决策模型，使其始终保持最新的市场信息。这种自适应能力对企业的持续成功至关重要。

知识图谱的可视化也为财务决策提供了新的视角。通过图形化表示财务数据，企业管理者可以更直观地理解财务状况和趋势。这种可视化的工具有助于提升决策的透明度和沟通效率。

尽管智能化财务决策模型在企业运营中发挥着重要作用，但它们也面临一些挑战。例如，数据质量和隐私保护是必须关注的问题。模型的开发和维护也需要专业知识和技术支持。企业需要与技术专家合作，确保智能化财务决策模型的可靠性和有效性。

二、智能化财务决策模型与算法的应用案例分析

（一）风险管理与投资决策

智能化财务决策模型在风险评估中发挥着至关重要的作用。通过结合机器学习和大数据分析，这些模型可以识别并量化潜在风险。例如，风险评分模型利用历史数据评估投资组合的风险水平，从而帮助投资者做出更明智的决策。这些模型可以实时监控市场动态，及时调整投资策略，避免潜在的风险。

智能化算法在投资组合优化中也起到了重要作用。这些算法可以根据投资者的风险偏好和收益目标，构建最优投资组合。通过优化算法，如遗传算法和模拟退火算法，投资者可以在众多投资选择中找到最符合自身需求的组合，从而提高投资收益。

在另一个案例中，智能化财务模型被用于预测市场走势。这些模型利用大量的历史市场数据，通过深度学习和时间序列分析，预测市场趋势和价格波动。这种预测为投资者提供了参考依据，帮助他们在正确的时间进行买入或卖出决策。

智能化决策模型还在资产定价和估值中发挥着重要作用。通过运用多元回归分析和神

经网络等技术，这些模型可以准确评估资产的内在价值。投资者可以利用这些估值结果，识别出潜在的投资机会，并制定更为合理的投资策略。

另一个值得关注的应用是智能化财务决策模型在信用风险管理中的作用。这些模型通过分析借款人的财务数据和行为模式，评估其信用风险水平。金融机构可以根据这些评估结果，决定是否批准贷款以及设定适当的利率。这一应用大大提高了金融机构的风险控制能力。

智能化财务决策模型还被用于实时风险监控。通过持续分析市场和业务数据，这些模型能够及时发现异常情况，并发出预警。这种实时监控帮助企业和投资者迅速采取行动，避免潜在的财务损失。

尽管智能化财务决策模型与算法在风险管理和投资决策中取得了显著成果，但也面临一些挑战。例如，模型的准确性和稳定性需要在不同市场环境下进行验证。数据隐私和安全问题也是重要的关注点。

为了更好地利用智能化财务决策模型，企业和投资者需要注重模型的解释性和透明度，确保模型的决策过程可理解、可追溯。持续监控和更新模型，适应不断变化的市场和业务环境。

（二）财务规划与预算控制

随着人工智能和机器学习的不断发展，智能化财务决策模型和算法在财务规划与预算控制领域逐渐得到广泛应用。这些创新技术为企业提供了更高效、更精确的财务管理工具，从而提升了企业的竞争力和盈利能力。以下将探讨智能化财务决策模型与算法在财务规划与预算控制中的实际案例，以及其对该领域的影响。

在企业预算制定和监控过程中，智能化财务决策模型展现了卓越的能力。通过收集和分析历史数据和市场趋势，机器学习模型能够预测未来的收入和支出，帮助企业制定更加科学的预算计划。与传统的方法相比，这种数据驱动的预测方法更加精确，能有效减少预算制定中的偏差。

智能化算法在成本控制方面也表现出了显著的优势。通过分析不同部门和项目的成本数据，机器学习模型可以识别出潜在的浪费或效率低下的环节。基于这些发现，企业可以制定有效的成本削减策略，从而提高整体运营效率。

在现金流管理方面，智能化模型为企业提供了实时监控和预测的能力。通过对历史交易数据和市场波动的分析，机器学习算法能够预测未来的现金流动情况。这种预测为企业提供了及时采取措施的机会，确保企业在财务上保持稳定。

在实际案例中，许多企业已经成功应用智能化财务决策模型来提升财务管理水平。例如，一些零售企业利用机器学习算法对销售数据进行分析，从而预测库存需求。这种精准的库存管理有助于减少库存积压，提高销售效率。

在投资决策中，智能化模型提供了数据驱动的指导。通过对市场数据和经济指标的分析，机器学习算法能够识别出潜在的投资机会或风险。这种科学的方法帮助企业在复杂的市场环境中做出明智的投资决策，优化投资组合。

在财务风险管理领域，智能化决策模型同样发挥着重要作用。通过对企业运营数据的分析，机器学习算法可以识别出可能的财务风险，如信用风险或流动性风险。基于这些分析结果，企业可以采取预防措施，降低风险对业务的影响。

在供应链管理中，智能化模型为企业提供了全面的财务规划和控制工具。通过对供应链各个环节的数据分析，机器学习算法可以预测供应链的波动，帮助企业优化采购和生产计划。这种优化不仅降低了成本，还提高了供应链的灵活性。

智能化决策模型在税务筹划方面也展现出巨大的潜力。通过对税务法规和财务数据的分析，机器学习算法能够识别出最优的税务规划策略，帮助企业在合法合规的前提下最大限度地降低税务负担。这种数据驱动的税务规划方法提高了企业的财务效率。

在薪资和人力资源成本控制方面，智能化模型为企业提供了精准的预测和管理工具。通过分析员工绩效数据和市场薪资水平，机器学习算法能够帮助企业制定合理的薪资政策。这种科学的薪资管理方法有助于提高员工满意度和保留率。

1. 利用数据驱动型模型进行财务预测与规划

现代企业面临着复杂多变的商业环境，数据驱动型模型已成为财务预测与规划的关键工具。这些模型通过利用大数据和智能算法，帮助企业准确预测未来的财务趋势，并制定有效的财务规划。这些先进的模型在多样的行业中都有广泛的应用，以下是一些智能化财务决策模型与算法在实际案例中的应用。

零售业的公司通过数据驱动型模型优化库存管理。通过分析历史销售数据和市场趋势，企业可以预测未来的需求量，从而精确调整库存水平。这种预测不仅可以避免库存过剩或短缺，还能降低仓储和物流成本，提高资金的流动性和利用率。

制造业企业则利用数据驱动型模型进行生产计划和成本控制。通过对生产数据和供应链数据的分析，制造商能够预测原材料需求、生产进度和成本变化。智能化算法可以帮助企业优化生产计划，减少生产周期，并最大限度地提高生产效率。

金融行业也在积极应用智能化财务决策模型来进行投资组合优化和风险管理。通过分析市场数据和经济指标，投资机构可以预测市场走势，并制定适应市场变化的投资策略。利用数据驱动的模型，金融机构可以优化投资组合，降低风险，增加投资收益。

在能源行业中，企业使用数据驱动型模型预测能源需求和供应。通过分析气象数据、历史能源消费数据和经济指标，能源企业可以准确预测未来的能源需求。这有助于企业制定长期能源规划，提高能源供应链的稳定性和效率。

在房地产行业，数据驱动型模型被用来进行市场分析和定价策略。通过对房价、租金和其他市场数据的分析，房地产开发商和投资者可以预测市场趋势，制定最优的定价策略。这种智能化的决策方法可以帮助企业在竞争激烈的市场中保持领先地位。

保险行业也受益于智能化财务决策模型。通过分析客户数据和历史保险索赔数据，保险公司能够评估风险，制定精确的定价和承保政策。这种数据驱动的策略可以提高保险公司的盈利能力，并提供更好的客户服务。

在交通和物流行业，数据驱动型模型帮助企业优化运输路线和车辆调度。通过分析物流数据和交通流量数据，企业可以预测运输需求，并优化运输路线。这不仅可以提高物流效率，还能降低运输成本，增强企业竞争力。

教育行业通过数据驱动型模型进行预算规划和资源分配。通过分析学生数据和教育资源的使用情况，教育机构可以预测未来的学生人数和课程需求。这有助于机构合理分配资源，提高教育质量。

医药行业利用数据驱动型模型进行研发规划和生产管理。通过分析药物研发数据和市场需求数据，医药企业可以预测未来的市场需求，并优化研发和生产流程。这有助于企业加速新药的研发和上市，提高市场竞争力。

2. 基于专家系统的预算控制与成本管理

基于专家系统的预算控制与成本管理在财务领域中扮演着至关重要的角色。这种智能化方法通过先进的模型和算法，帮助企业更好地规划和管理财务资源，从而实现长期的战略目标。在预算控制和成本管理方面，专家系统和智能化财务决策模型的应用案例丰富多样，充分展示了其在实践中的价值。

专家系统通过模拟人类专家的决策过程，为企业提供预算控制方面的支持。这些系统能够根据企业的历史数据和市场趋势，制定准确的预算预测。通过使用先进的算法，专家系统可以不断调整预算，以适应实际情况，从而确保财务资源的高效利用。

在成本管理方面，专家系统提供了可靠的支持。通过分析企业的各项开支，系统可以识别出可能的节约空间。针对不同的成本类别，专家系统可以提出具体的优化建议。这种数据驱动的决策有助于企业减少不必要的开支，提高盈利能力。

一家制造企业通过引入专家系统来优化其生产成本管理。系统分析了生产流程中的各个环节，识别出效率较低的部分。基于系统的建议，企业调整了生产流程，减少了材料浪费，最终降低了生产成本。这一案例充分展示了专家系统在成本管理中的优势。

零售企业通过运用专家系统，实现了精细化的库存管理。系统根据销售数据和市场趋势，预测了未来的需求。通过调整库存水平，企业避免了过度库存和库存短缺的问题。这种精准的库存管理不仅降低了仓储成本，还提高了销售效率。

基于专家系统的智能化财务决策模型在预算控制方面也表现出色。企业通过引入此类模型，建立了实时的预算监控系统。该系统可以即时识别预算超支的情况，并提供纠正措施。这种实时监控有效地防止了财务风险的发生。

一家大型企业在实施重大项目时，利用智能化财务决策模型实现了预算控制的精准管理。模型通过模拟不同的情景，预测了项目的成本和收益。在项目执行过程中，系统实时监控各项开支，确保了项目在预算范围内顺利进行。

专家系统还可以帮助企业进行多维度的成本分析。通过将成本与业务指标相关联，系统能够识别出成本高昂的业务领域。企业可以根据这些分析结果，制定优化策略，提高运营效率。

在智能化财务决策模型的支持下，企业在采购环节实现了成本控制。模型通过分析供应商的报价和市场价格，帮助企业选择最具成本效益的采购方案。这种智能化的采购策略减少了原材料成本，提高了利润率。

基于专家系统的智能化财务决策模型在项目管理中也有广泛应用。通过对项目成本和进度的实时监控，系统可以帮助项目团队及时调整计划，避免了成本超支和工期延误。这种精细化的管理有助于项目的成功实施。

在专家系统的帮助下，企业还可以进行长远的财务规划。系统可以预测未来的财务状况，并提出相应的策略建议。通过提前制定应对措施，企业可以更好地应对市场变化，实现稳定增长。

第二节　数据驱动的财务预测与规划

一、数据驱动的财务预测分析与建模

（一）数据分析工具与技术

数据驱动的财务预测分析与建模正逐渐成为现代企业财务管理的重要组成部分。这种方法通过运用先进的数据分析工具和技术，帮助企业更准确地预测财务走势，并为战略决

策提供依据。接下来，探讨数据分析工具与技术在财务预测分析与建模中的应用案例，并分析其对企业财务实践的影响。

数据驱动的财务预测分析在基于历史数据的趋势预测中起到关键作用。通过使用时间序列分析技术，如ARIMA模型和指数平滑法，财务团队能够预测未来的财务状况。这种预测有助于企业制定合理的预算和现金流规划，确保财务健康。

数据分析工具在企业的运营和财务绩效评价中具有广泛应用。借助可视化工具，如数据仪表盘和图表，财务人员可以直观地展示关键绩效指标和趋势。这种直观的呈现方式有助于管理层快速理解企业的财务状况，并及时采取行动。

另一个案例是利用机器学习技术进行财务预测和建模。这些技术可以处理大量多样化的数据源，包括市场数据、业务数据和宏观经济数据。通过构建预测模型，如随机森林和支持向量机，财务团队能够更准确地预测收入、成本和利润等关键指标。

在供应链管理中，数据分析也发挥着重要作用。通过分析供应链数据，企业可以预测库存需求和采购成本。数据驱动的分析帮助企业优化库存水平，减少库存积压和短缺的风险，从而提高供应链效率。

另一个值得关注的领域是通过数据分析进行风险评估和管理。企业可以使用数据驱动的模型来预测潜在的信用风险、市场风险和运营风险。这些模型基于历史数据和行业趋势，帮助企业制定更好的风险管理策略。

在财务建模中，数据分析工具也可以帮助企业优化资本结构和投资决策。通过模拟不同的财务方案，如杠杆水平和股权结构，财务团队可以评估各种方案对企业财务绩效的影响。这种模拟为企业提供了多样化的决策选择。

尽管数据分析工具与技术在财务预测分析与建模中取得了显著进展，但也面临一些挑战。例如，模型的准确性和稳定性需要在不同市场环境下进行验证。数据质量和数据隐私问题也是重要的关注点。

为了更好地利用数据分析工具进行财务预测分析与建模，企业需要确保数据的准确性和完整性。财务团队需要持续学习和掌握最新的数据分析技术，确保模型和工具的应用有效性。

（二）建立财务预测模型

在现代商业环境中，数据驱动的财务预测分析与建模已成为企业管理的关键工具。通过运用各种数据源和先进的分析技术，财务预测模型可以帮助企业做出更加明智的决策，并在不确定的市场环境中保持竞争优势。以下将探讨数据驱动的财务预测分析与建模在不同方面的应用，以及它们对企业管理的影响。

在建立财务预测模型时，数据的质量和全面性至关重要。通过收集和整理企业内部数据和外部市场数据，财务模型能够准确地反映企业的实际状况。这包括销售数据、生产成本、市场趋势以及宏观经济指标等。借助这些数据，企业可以全面了解自身的运营情况，并建立可靠的预测模型。

在销售预测中，数据驱动的模型发挥了显著作用。通过分析历史销售数据和市场需求趋势，预测模型能够准确预测未来的销售业绩。这种预测不仅有助于制定合理的生产计划和库存管理策略，还能为企业的营销和销售策略提供指导。

在成本预测方面，模型的应用有助于企业优化生产和运营成本。通过分析过去的生产数据和供应链信息，预测模型可以识别出成本结构中的潜在问题和改进空间。基于这些预测结果，企业可以采取有效措施降低成本，提高整体效益。

现金流预测是财务预测分析的重要组成部分。通过对企业的收支数据进行分析，预测模型能够预测未来的现金流情况。这种预测为企业提供了及时采取措施的机会，以应对可能出现的现金流短缺或盈余，从而保持财务的稳定性。

在实际案例中，许多企业已经借助数据驱动的财务预测模型取得了显著成果。例如，零售业通过分析销售数据和市场趋势，建立了精准的库存预测模型。这样的模型帮助企业优化库存管理，避免库存积压和短缺的问题，提高了运营效率。

在投资决策中，数据驱动的预测模型为企业提供了客观的指导。通过对市场数据和行业趋势的分析，模型可以识别出潜在的投资机会和风险。这种科学的方法帮助企业在复杂的投资环境中做出明智的决策，优化投资组合。

智能化的财务预测模型还为企业提供了实时监控和调整的能力。通过数据分析，模型能够实时反映市场和企业内部的变化。这种动态的预测为企业提供了灵活的财务管理策略，确保企业能够及时调整计划应对市场波动。

在供应链管理中，数据驱动的预测模型可以帮助企业优化采购和生产计划。通过分析供应链数据，模型能够预测供应链各个环节的波动，帮助企业制定有效的采购和生产策略。这种优化不仅降低了成本，还提高了供应链的响应速度。

在建立数据驱动的财务预测模型时，选择合适的预测算法是至关重要的。常见的算法包括时间序列分析、回归分析、机器学习等。这些算法可以根据不同的数据特点和预测目标进行选择，从而提高模型的预测准确性。

在数据驱动的财务预测分析中，模型的评估与验证是确保预测准确性的重要步骤。通过测试模型的预测效果和调整模型参数，企业可以确保模型的稳定性和可靠性。这种持续的优化过程有助于提高预测的精确度。

二、数据驱动的财务规划目标设定与战略规划

（一）财务目标设定

数据驱动的财务规划目标设定与战略规划是企业实现可持续发展和竞争优势的关键所在。通过大数据分析和智能化算法，企业能够更科学地设定财务目标，制定长期的战略规划，以提高运营效率和财务绩效。以下是一些关于数据驱动的财务规划目标设定与战略规划的论述。

企业在设定财务目标时，可以通过数据分析了解市场趋势和消费者需求。这些数据可以来自销售数据、市场调研和客户反馈。通过深入研究这些数据，企业可以设定切实可行的销售和收入目标，从而确保企业在市场中的竞争力。

成本管理是企业财务规划的关键部分。通过数据驱动的分析，企业可以识别运营成本中的节约机会，并制定相应的目标。例如，通过对生产流程、供应链和物流数据的研究，企业可以设定降低生产成本的目标，提高效率并减少浪费。

现金流管理也是财务规划的重要方面。企业可以通过分析销售周期、付款条件和库存水平，设定优化现金流的目标。这有助于企业保持足够的流动资金以应对意外情况，并确保业务的稳定运行。

在设定投资目标时，数据驱动的方法可以帮助企业选择最优的投资机会。通过对市场数据和潜在投资机会的分析，企业可以设定目标以最大化投资回报，确保投资决策的合理性和科学性。

数据驱动的财务规划还可以帮助企业设定风险管理目标。通过分析市场数据和历史风险情况，企业可以预测潜在的财务风险，并制定相应的规避和应对策略。例如，通过设定明确的风险容忍度和监控机制，企业可以有效管理市场波动带来的风险。

企业在进行战略规划时，可以通过数据驱动的方法设定长期目标。例如，通过对市场趋势和竞争对手的分析，企业可以制定扩大市场份额或进入新市场的目标。这种规划有助于企业制定清晰的战略方向，并制定具体的行动计划。

在进行财务规划时，企业还可以设定提高客户满意度和忠诚度的目标。通过分析客户数据，企业可以了解客户的需求和偏好，并制定相应的战略。例如，通过改进产品或服务质量，企业可以提高客户满意度，并增加客户的重复购买率。

数据驱动的财务规划还可以帮助企业设定人力资源管理目标。通过分析员工绩效和工作环境数据，企业可以制定提高员工生产力和满意度的目标。这有助于企业保持高效的团

队，并促进员工的职业发展。

技术投资也是数据驱动财务规划中的重要部分。企业可以通过分析技术趋势和行业发展，设定投资于新技术和创新的目标。这有助于企业保持竞争力，并在行业内保持领先地位。

企业在数据驱动的财务规划中应注重不断监测和调整目标。通过持续跟踪实际绩效与设定目标的差异，企业可以及时调整战略和规划，以确保目标的实现和业务的持续增长。这种动态调整的能力是数据驱动财务规划的核心优势之一。

（二）战略规划与财务一致性

战略规划与财务一致性是企业成功的重要支柱之一。数据驱动的财务规划目标设定与战略规划之间的协调确保企业在市场中保持竞争力，并实现可持续发展。通过运用数据分析和智能化决策工具，企业能够更好地将财务目标与战略规划紧密结合，从而形成一个高效的运营框架。

有效的战略规划以明确的财务目标为基础。通过数据驱动的方法，企业可以分析过去的业绩和市场趋势，预测未来的财务状况。这种预测可以为战略规划提供重要参考，确保规划的目标与实际财务能力相匹配。

将财务规划与战略规划保持一致需要全面的数据分析。企业必须将内部财务数据与外部市场数据相结合，形成一个综合性的财务分析。这种分析有助于识别出潜在的机会和风险，从而为企业的战略决策提供指导。

在数据驱动的财务规划目标设定中，先进的算法和模型可以发挥关键作用。这些工具能够帮助企业优化资源配置，确保资金流动的稳定和高效。通过精确的财务预测，企业可以制定更具可行性的战略目标。

智能化决策工具在战略规划与财务一致性中起到了桥梁作用。通过整合多种数据来源，这些工具可以实时监控企业的财务表现与战略执行情况。这种监控有助于及时发现问题并做出调整，确保战略目标的实现。

数据驱动的方法还可以帮助企业设定合理的财务目标。通过分析过去的数据，企业可以确定哪些目标是切实可行的，哪些目标需要调整。这种基于数据的规划有助于企业更好地分配资源，提高战略执行的成功率。

企业在进行战略规划时，应考虑多种数据指标，例如销售额、市场份额和客户满意度等。这些指标可以反映企业在市场中的竞争力，并为战略规划提供参考。在设定财务目标时，这些指标也应得到充分考虑。

数据驱动的财务规划目标设定有助于企业应对市场的不确定性。通过模拟不同情景下的财务表现，企业可以提前制定应对策略。这种灵活性对企业在竞争激烈的市场中保持优势至关重要。

与战略规划相一致的财务目标设定可以增强企业的整体效率和效益。通过明确的目标和计划，企业可以更好地协调各个部门的工作，确保资源的有效利用。这种协同合作有助于企业实现战略目标。

在数据驱动的财务规划与战略规划过程中，企业需要保持持续的数据更新和分析。市场和业务环境不断变化，企业必须及时调整规划和目标，以保持竞争力。这种动态的调整是企业在市场中取得成功的关键。

智能化技术的运用也为战略规划与财务一致性带来了新的机遇。通过实时数据分析和预测，企业可以更好地掌握市场动态，并及时调整战略规划。这样的敏捷性有助于企业应对市场挑战，实现长期发展。

第三节　智能化财务报告与分析工具

一、智能化财务报告的技术实现

（一）技术框架与架构

智能化财务报告的基础在于数据的自动化采集和处理。通过集成各种数据源，如会计软件、ERP 系统和银行数据，企业可以实时收集财务信息。这种自动化数据采集减少了人工输入的错误，提高了数据的完整性和准确性。

紧接着，数据的整理与清洗是智能化财务报告的关键步骤。通过使用数据清洗工具，财务团队能够去除重复、错误或不完整的数据。这种数据质量管理是确保智能化财务报告可靠性的前提。

为了进一步实现智能化财务报告，企业需要建立灵活的数据架构。采用基于云计算的数据库和数据仓库，可以为财务报告提供可扩展性和高效的数据存储与处理能力。这种灵活的数据架构为财务报告的实时生成和分析奠定了坚实基础。

在智能化财务报告的制作过程中，数据可视化工具起到了重要作用。这些工具可以将复杂的财务数据转换为易于理解的图表和图形。通过定制化的仪表盘和可视化报告，管理层和投资者能够快速了解企业的财务状况，作出明智的决策。

智能化财务报告的技术实现还依赖于数据分析与挖掘技术。这些技术可以从海量数据中提取有用的信息，识别趋势和模式。例如，机器学习模型可以预测未来的财务绩效，并提供预警信息。这些预测和预警为企业的战略规划和风险管理提供了参考依据。

在另一个应用案例中，智能化财务报告可以通过自动化流程来生成和发布报告。例如，基于规则引擎的自动化报告生成系统可以根据预定义的模板和规则，快速生成标准化的财务报告。这种自动化流程大大缩短了报告制作的时间，提高了效率。

智能化财务报告还需要确保数据的安全性和合规性。通过采用数据加密、访问控制和审计追踪等技术，企业可以保护财务数据的机密性和完整性。这种安全措施对企业的合规报告和外部监管至关重要。

尽管智能化财务报告在技术实现方面取得了显著进展，但也面临一些挑战。例如，数据整合和清洗过程可能复杂且耗时。确保报告的透明度和可解释性对于财务报告的可信度至关重要。

为了更好地实现智能化财务报告，企业需要不断探索和采用最新的技术工具。与此财务团队需要加强技术培训，确保他们能够熟练使用这些工具。通过这种技术和技能的结合，企业可以持续提升财务报告的质量和效率。

（二）可视化与用户界面设计

智能化财务报告的技术实现为企业提供了一种全新的方式来呈现财务数据。借助数据可视化和用户界面设计，这些报告不仅更加直观和易于理解，而且为用户提供了丰富的互动体验。这种创新技术正在改变财务报告的呈现方式，使其更好地满足企业和决策者的需求。

在智能化财务报告中，可视化技术的应用显著提高了数据的可读性和理解度。通过将复杂的财务数据转换为图表、图形和仪表盘，用户可以快速抓住关键的财务指标和趋势。这种视觉呈现不仅缩短了数据分析的时间，还增强了用户对数据的理解。

交互式仪表盘是智能化财务报告中的重要组成部分。这些仪表盘允许用户根据自己的需求定制数据视图，从而深入了解特定的财务问题。用户可以通过点击、拖动或过滤数据，实时调整报告中的内容。这种互动性使用户能够更快地找到有价值的信息。

通过整合多种数据源，智能化财务报告为用户提供了全面的财务视角。例如，报告可以将企业内部数据与外部市场数据结合在一起，提供更全面的财务分析。这样的整合有助于用户更好地理解企业的财务状况以及外部环境对企业的影响。

先进的用户界面设计在智能化财务报告中起到了关键作用。通过简洁、直观的界面设计，用户可以更轻松地浏览和理解报告中的数据。这种设计不仅提高了用户的满意度，还使报告更适合不同层级的用户。

在具体的案例中，一些企业已经开始利用智能化财务报告来提升财务管理。例如，金融机构通过可视化技术实时监控市场和客户的财务数据，从而及时调整策略。这种灵活的报告工具帮助企业更好地应对市场变化。

数据驱动的故事讲述是智能化财务报告的一项重要特性。通过整合数据和情境，报告可以以讲故事的方式呈现财务信息。这种方式有助于用户更深入地理解数据背后的原因和影响，从而做出更明智的决策。

基于人工智能的财务分析是智能化财务报告的另一项重要特征。通过运用机器学习和自然语言处理等技术，报告可以自动生成解释和预测。这种自动化的分析为用户提供了有用的见解，并节省了时间。

实时更新是智能化财务报告的一个关键优势。通过连接实时数据源，报告可以随时更新数据，为用户提供最新的财务信息。这种实时性为决策者提供了及时采取行动的机会，提高了决策的准确性。

在用户界面的设计中，响应式设计是确保报告在不同设备上可用的重要策略。通过适应不同屏幕大小和设备，报告可以在手机、平板电脑和计算机等各种设备上无缝运行。这种灵活性为用户提供了便捷的访问方式。

在智能化财务报告的开发过程中，数据安全与隐私保护是必须考虑的重要因素。通过采用加密和访问控制等技术，报告可以确保用户的数据安全。这种保护措施不仅符合法规要求，还增强了用户对报告的信任。

二、智能化财务分析工具的功能特点

（一）数据提取与整合功能

智能化财务分析工具已经成为现代企业财务管理和决策的关键组成部分。这些工具的功能特点主要集中在数据提取与整合方面，通过先进的技术手段，帮助企业高效地收集和处理数据，以便进行深入的财务分析和决策。以下是智能化财务分析工具的功能特点的论述。

这些工具能够自动化地从各种来源提取数据。通过与内部系统和外部数据源的连接，财务分析工具可以实时获取各种类型的数据，包括销售、库存、供应链、市场、经济和金融数据。这种数据提取的自动化减少了人工干预的需要，提高了数据收集的效率和准确性。

数据整合是智能化财务分析工具的另一大优势。通过整合不同来源的数据，这些工具可以创建统一的数据视图，使企业能够更全面地了解其财务状况。这种数据整合还包括对不同数据格式和结构的处理，从而确保数据的一致性和可比性。

数据清洗与预处理是智能化财务分析工具的重要功能。工具能够自动识别和纠正数据中的错误和不一致之处，提高数据的质量。这一步骤确保了后续分析的准确性和可靠性，为企业决策提供坚实的基础。

智能化财务分析工具通常配备了数据可视化功能。通过图表、仪表盘和其他可视化元素，工具可以直观地展示财务数据。这种数据呈现方式有助于企业管理层和决策者快速理解数据中的关键趋势和见解。

这些工具还具备高级的分析功能，如预测分析、时间序列分析和情景模拟。通过这些分析功能，企业可以预测未来的财务表现，评估不同情景下的财务影响，并制定相应的战略计划。这种预测和模拟能力是企业做出明智决策的关键。

机器学习和人工智能技术的应用进一步增强了智能化财务分析工具的能力。这些工具可以通过学习历史数据和模式，提高预测的准确性，识别数据中的异常情况，并提出改进建议。这种智能分析为企业提供了前所未有的洞察力。

协作与共享功能也是智能化财务分析工具的特色。通过云端存储和共享功能，企业的不同部门和团队可以实时共享财务数据和分析结果。这种协作方式有助于跨部门的沟通和合作，提高企业整体的运营效率。

数据安全与隐私保护是智能化财务分析工具的重点关注领域。这些工具通常配备了强大的安全措施，如数据加密、访问控制和审计跟踪，以确保财务数据的安全和合规性。这对于保护企业的敏感数据和维护客户信任至关重要。

实时监控和报告功能是智能化财务分析工具的另一项重要特点。通过实时监控财务数据，企业可以及时发现问题并采取行动。这种实时报告功能可以帮助企业在财务管理中保持主动，并及时调整策略。

定制化和可扩展性是智能化财务分析工具的重要特点。企业可以根据自身的需求和业务特点定制工具的功能和界面。这种灵活性使得工具能够适应不同规模和行业的企业，满足其独特的财务分析需求。

（二）财务比率分析

智能化财务分析工具的实时数据处理能力显著提升了财务比率分析的速度。通过与各种数据源的集成，这些工具可以实时获取最新的财务数据，并立即进行比率分析。这种即时性让财务团队能够迅速了解企业的财务健康状况，及时调整战略。

接着，这些智能化工具提供丰富的可视化功能，使得财务比率分析更加直观和易于理解。通过各种图表、图形和仪表盘展示关键财务比率，分析人员和管理层可以更清晰地识别趋势和异常。这种直观的呈现方式有助于快速做出明智的决策。

在智能化财务分析工具的功能中，自动化计算和数据清洗是关键。工具可以自动计算各种财务比率，如流动比率、资产负债比率和盈利能力比率。这些比率的准确计算为企业的财务分析提供了可靠的数据基础。工具还可以对数据进行清洗和标准化，确保分析的准确性。

另一项重要功能是对财务比率的历史趋势和比较分析。这些工具可以追踪财务比率的历史变化，并与行业平均水平进行对比。这种纵向和横向的分析有助于企业评估自身的财务绩效和竞争力，发现潜在的改进机会。

智能化财务分析工具还具备自定义比率和指标的功能。财务团队可以根据企业的特定需求和业务特点，定义新的财务比率和指标。这种灵活性允许企业更好地监控关键绩效指标，并根据业务需求进行调整。

在数据挖掘和预测分析方面，智能化财务分析工具提供了强大的支持。这些工具可以通过机器学习和统计分析，预测未来的财务比率和趋势。这种预测能力为企业的战略规划和风险管理提供了重要参考。

智能化财务分析工具注重数据的安全和合规性。通过采用数据加密和访问控制等技术，工具可以保护财务数据的机密性和完整性。这对企业在合规报告和数据隐私保护方面至关重要。

尽管智能化财务分析工具在财务比率分析中取得了显著进展，但仍面临一些挑战。例如，确保数据的准确性和一致性，以及工具的解释性和透明度，是需要持续关注的问题。

为了充分利用智能化财务分析工具，企业需要加强财务团队的技术培训，使其熟悉工具的功能和应用。工具的持续更新和优化也至关重要，以确保其与最新的数据和技术保持同步。

第四节　智能化技术在财务风险管理中的应用

一、智能化技术在财务风险识别与评估中的应用

（一）数据挖掘与风险识别

智能化技术的应用首先体现在大数据分析上。通过分析大量财务和业务数据，这些工具可以识别潜在的风险因素，如现金流压力、应收账款问题和供应链中断等。这种数据驱

动的风险评估让企业能够提前识别和应对潜在的财务问题。

另一个重要的应用是基于机器学习的风险识别。机器学习模型可以通过训练大量历史数据，识别出与财务风险相关的模式和特征。例如，监督学习模型可以预测未来的违约风险或信用风险，从而帮助企业做出更准确的信贷和投资决策。

在无监督学习方面，聚类分析和异常检测技术在财务风险识别中起到了关键作用。这些技术可以自动发现数据中的异常模式或异常交易，提示财务团队进一步调查。这种能力在防范财务欺诈和错误方面尤其重要。

智能化技术还可以通过预测分析来评估财务风险。例如，通过时间序列分析和深度学习模型，企业能够预测未来的财务指标，如收入、成本和利润。这种预测有助于企业制定合理的预算和资金计划，降低财务风险。

在供应链和运营方面，数据挖掘技术可以帮助识别和评估相关的财务风险。例如，通过分析供应链数据，企业可以发现潜在的供应商问题、库存不足或物流延误。这种风险识别有助于企业采取预防措施，确保业务连续性。

智能化技术的另一个应用是实时监控和预警系统。这些系统通过持续监控财务和业务数据，及时发现风险并发出预警。这种实时监控提高了企业对财务风险的反应速度，减少了潜在损失。

在数据质量和合规性方面，智能化技术也发挥着重要作用。通过数据清洗和标准化，企业能够确保数据的准确性和一致性。这些技术可以帮助企业确保财务数据的合规性，满足监管要求。

尽管智能化技术在财务风险识别与评估中取得了显著成果，但也面临一些挑战。例如，模型的解释性和透明度是企业需要关注的问题。数据隐私和安全问题需要妥善处理，确保敏感数据的保护。

为了充分发挥智能化技术的优势，企业需要加强财务团队的技术培训，使其熟悉这些工具和方法。与技术供应商和数据科学家合作，确保模型和技术的持续优化和更新。

（二）智能化模型与风险评估

随着智能化技术的不断发展，财务风险识别与评估领域正经历一场深刻的变革。借助机器学习、数据分析和人工智能等创新技术，企业能够更早、更精确地识别和评估财务风险。这些智能化工具不仅提高了企业风险管理的效率，还增强了企业在不确定市场环境中的竞争力。

智能化模型在财务风险预测方面展现出了显著的优势。通过分析企业的历史数据和市场趋势，机器学习模型可以预测未来可能出现的财务风险。这些预测结果为企业提供了提前采取措施的机会，从而降低潜在风险的影响。

智能化技术还在信用风险评估中发挥了关键作用。通过对客户的财务数据和交易历史进行分析，智能模型可以评估客户的信用风险。这种科学的评估方法为企业提供了客观的决策依据，帮助企业选择可靠的客户，降低坏账风险。

在运营风险识别中，智能化模型提供了强大的工具。通过监控和分析企业的运营数据，机器学习算法能够识别出潜在的运营风险，如供应链中断或生产问题。这种实时监控为企业提供了及时采取措施的机会，提高了运营的稳定性。

在市场风险评估中，智能化技术为企业提供了全面的风险监控。通过对市场数据和经济指标的分析，智能模型可以识别出可能影响企业的市场风险。这些风险包括价格波动、利率变化等。通过提前识别这些风险，企业可以制定相应的对策，保护自身利益。

智能化技术还在合规风险管理中发挥了重要作用。通过分析法律法规和企业的合规数据，智能模型可以识别出可能存在的合规风险。这些模型有助于企业提前采取措施，确保合规性，避免法律和声誉风险。

在具体案例中，一些企业已经利用智能化技术成功识别和评估财务风险。例如，金融机构通过机器学习模型实时监控客户交易活动，识别潜在的洗钱或欺诈行为。这种实时监控大大提高了风险管理的效率和准确性。

智能化技术在内部控制评估中也表现出了显著优势。通过分析企业的内部控制数据，智能模型可以识别出控制系统中的缺陷。这种分析为企业提供了改进控制流程的机会，提高了企业内部控制的可靠性。

数据驱动的风险评估在供应链管理中也有广泛应用。通过分析供应链中的数据，智能模型可以识别出供应链中潜在的风险，例如供应商违约或原材料短缺。这种风险识别有助于企业制定应对策略，确保供应链的稳定性。

人工智能与自然语言处理技术在风险评估中的应用也逐渐增多。通过分析文本数据，如新闻报道和法规文件，智能模型可以识别出潜在的风险。这种方法扩展了风险识别的范围，为企业提供了更全面的风险评估。

二、智能化技术在财务风险应对与控制中的应用

（一）智能化决策支持系统

智能化决策支持系统是现代财务管理中重要的一环，通过利用人工智能、机器学习和大数据技术，这些系统在财务风险应对与控制中发挥着至关重要的作用。智能化技术的应

用为企业提供了新的视角和工具来预测、评估和应对各种财务风险。以下是关于智能化技术在财务风险应对与控制中的应用的论述。

企业通过智能化技术，可以实现财务风险的预测与评估。通过分析历史财务数据、市场趋势和经济指标，系统能够识别潜在的财务风险，如市场波动、信用风险和流动性风险。这种提前识别风险的能力有助于企业采取预防措施，降低风险带来的负面影响。

智能化决策支持系统还可以帮助企业制定风险管理策略。这些系统能够根据风险预测结果，模拟不同的应对方案，帮助企业选择最优的策略。例如，系统可以模拟不同市场波动下的财务表现，帮助企业制定合适的对冲和保值策略。

机器学习和数据分析技术的应用使智能化系统能够不断学习和改进。通过不断分析新的数据和趋势，这些系统可以动态调整风险预测模型和风险管理策略。这种灵活性使得企业能够及时应对市场变化和新的风险。

在信用风险管理中，智能化决策支持系统可以通过分析客户数据和历史信用记录，评估客户的信用风险。这种分析有助于企业制定科学的信用政策和贷款标准，降低信用损失的风险。

在流动性风险管理中，智能化系统可以帮助企业优化现金流和流动资产管理。通过分析销售周期、付款条件和资金流动情况，系统可以预测未来的现金流需求，并建议调整资金调度和储备策略。这有助于企业保持足够的流动资金，确保业务的稳定运行。

智能化技术在内部审计和合规性管理中也发挥着重要作用。这些系统可以通过分析财务交易数据，识别潜在的异常和违规行为。这有助于企业及时发现并纠正问题，降低合规风险，并维护财务透明度。

在供应链风险管理中，智能化决策支持系统可以帮助企业识别供应链中的潜在风险。通过分析供应商数据、物流数据和市场情况，系统可以预测供应链中断的风险，并制定应对方案。这种风险管理有助于企业确保供应链的稳定性和可靠性。

智能化技术在市场风险管理中也得到了广泛应用。通过实时监控市场数据和价格波动，系统可以帮助企业制定动态的市场风险管理策略。例如，系统可以建议调整投资组合或对冲策略，以降低市场波动带来的风险。

智能化决策支持系统还可以帮助企业提高员工的风险意识和培训效果。通过模拟真实的风险场景，系统可以帮助员工了解各种财务风险及其应对方法。这种培训方式有助于员工在实际工作中更加有效地识别和处理风险。

在未来，智能化技术在财务风险应对与控制中的应用将继续增长。这些系统将进一步发展，通过更先进的技术，如深度学习和自然语言处理，为企业提供更准确、更全面的风险管理方案。通过与其他技术的结合，如物联网和区块链，智能化系统将在财务风险管理中发挥更加重要的作用。

（二）智能化技术在风险应对与控制中的案例分析

智能化技术首先在风险监控与预警系统中得到了广泛应用。通过实时监控企业的财务和业务数据，这些系统能够及时发现潜在的风险，并向财务团队发出预警。例如，当现金流或流动性指标出现异常时，系统可以立即通知财务人员采取措施，避免资金链断裂。

在信用风险控制方面，智能化技术发挥了关键作用。机器学习模型可以评估借款人的信用风险，并预测违约概率。这些模型基于借款人的历史数据和行为特征，为金融机构提供更准确的信贷决策依据，降低贷款损失。

另一个重要的应用是供应链风险的控制。数据分析和预测技术可以帮助企业识别供应链中的潜在问题，如供应商质量、物流延迟或原材料短缺。通过及时调整采购策略和库存管理，企业可以避免供应链中断和生产延误。

在运营风险管理中，智能化技术也起到了积极作用。数据挖掘和异常检测技术可以发现业务流程中的问题，如财务错误、内部欺诈或操作失误。这种风险控制有助于企业加强内部监控，改进流程，提高运营效率。

在投资风险管理方面，智能化技术可以帮助投资者和企业做出更明智的投资决策。通过对市场数据和宏观经济数据的分析，预测模型可以提供市场走势和投资收益的预测。这些预测为投资者提供了参考依据，降低了投资风险。

智能化技术在合规风险管理中也发挥着重要作用。通过自动化合规检查和监控，企业能够确保财务操作和报告符合监管要求。这种技术帮助企业避免监管违规和罚款，维护企业声誉。

智能化技术还在企业的内部控制和审计中得到了应用。审计分析工具可以对企业的财务和业务流程进行深入审查，识别潜在的风险和问题。这些工具为内部审计提供了强大的支持，提高了审计的效率和准确性。

尽管智能化技术在财务风险应对与控制中取得了显著成果，但也面临一些挑战。例如，确保技术的解释性和透明度，对于财务团队理解和信任模型至关重要。数据隐私和安全问题需要得到妥善处理，确保敏感数据的保护。

为了充分利用智能化技术进行风险应对与控制，企业需要加强财务团队的技术培训，使其熟悉这些工具和方法。企业需要与技术供应商和数据科学家合作，确保模型和技术的持续优化和更新。

1. 风险投资组合优化

在现代金融投资领域，智能化技术已经成为风险投资组合优化的重要驱动力。借助先进的技术，投资者可以更好地识别、应对和控制财务风险，从而优化投资组合并提高整体收益。智能化技术在风险投资组合优化中的应用正在改变传统的投资策略，为投资者提供了新的机会。

在构建投资组合时，智能化技术能够分析海量数据，从而识别潜在的投资机会和风险。通过运用机器学习和大数据分析，投资者可以根据市场趋势和历史数据做出更精准的决策。这种数据驱动的方法提高了投资组合的多样性和稳定性。

在资产配置中，智能化技术为投资者提供了科学的方法论。通过分析不同资产类别的表现和相关性，智能模型可以为投资者提供最优的资产配置方案。这种科学的配置有助于分散风险，提高投资组合的回报率。

智能化的风险评估在投资组合优化中发挥着关键作用。通过对市场数据和经济指标的分析，智能模型能够识别出可能影响投资组合的风险。这种前瞻性分析为投资者提供了及时调整投资组合的机会，以降低风险。

在个性化投资策略方面，智能化技术能够根据投资者的目标和风险偏好量身定制投资组合。通过分析投资者的历史投资行为和偏好，智能模型可以为投资者提供个性化的投资建议。这种定制化的策略有助于满足投资者的独特需求。

智能化技术在动态调整投资组合方面也表现出显著优势。通过实时监控市场数据和投资组合的表现，智能模型可以及时识别出市场变化，并调整投资组合。这种动态调整提高了投资组合的灵活性，确保了投资者的收益。

在实际应用中，智能化技术已经在许多投资领域取得了显著成效。例如，一些对冲基金通过使用人工智能和机器学习模型，成功优化了投资组合。这些模型可以实时分析市场趋势，并做出快速的投资决策，增强了基金的业绩。

在投资组合的风险对冲中，智能化技术为投资者提供了强大的工具。通过运用金融衍生品和期权等工具，投资者可以对冲投资组合中的风险。这种对冲策略有助于保护投资者免受市场波动的影响。

智能化的投资组合优化还包括基于情绪分析的策略。通过分析市场情绪和新闻报道，智能模型可以预测市场波动。这种预测有助于投资者提前采取措施，降低市场情绪波动带来的风险。

在交易执行中，智能化技术为投资者提供了高效的方法。通过自动化交易系统，投资者可以在最佳时机执行交易。这种自动化的交易方式减少了人为错误，提高了交易效率。

2. 金融欺诈检测与防范

智能化技术在金融欺诈检测中发挥着至关重要的作用。传统的欺诈检测方法往往依赖于人工审核，效率低下且容易出现疏漏。而基于人工智能的欺诈检测系统能够通过大数据分析和机器学习算法，快速准确地识别出潜在的欺诈行为。例如，通过对交易数据、用户行为等信息的实时监控和分析，智能系统能够发现异常模式和规律，及时发出预警并采取相应措施，从而降低金融机构的欺诈风险。

智能化技术在金融欺诈防范方面也具有重要意义。通过建立智能化的风险评估模型，金融机构可以更加全面地评估客户的信用风险和交易风险，从而及时识别出潜在的欺诈行为。例如，利用机器学习算法对客户的历史交易数据进行分析，可以发现异常交易模式和异常账户行为，从而防范各种欺诈手段的发生。智能化技术还可以通过建立多维度的客户画像，全面评估客户的信用状况和交易行为，从而有效识别出风险客户，并采取相应的风险控制措施，保障金融机构的资金安全。

智能化技术在金融欺诈检测与防范中的应用还可以提高金融监管的效率和精度。传统的监管方法往往需要大量的人力物力进行审核和检查，成本高且效率低下。而基于人工智能的监管系统能够通过自动化的数据分析和模型建立，实现对金融市场的实时监控和风险预警，大大提高了监管的效率和精度。例如，监管部门可以利用智能化技术对金融机构的交易数据进行实时监控，发现异常交易行为并及时介入，从而有效维护金融市场的稳定和健康发展。

第五章　智能化会计信息系统建设与管理

第一节　智能化会计信息系统架构设计与实施

一、智能化会计信息系统架构设计

（一）系统需求分析与规划

智能化会计信息系统的架构设计首先需要考虑到其整体目标和功能需求。系统应该能够支持企业的财务核算、成本控制、财务分析等基本会计功能，并且具备智能化的特性，能够通过数据挖掘、人工智能等技术实现数据的自动分析和预测，为企业决策提供科学依据。

在架构设计中，必须考虑到系统的稳定性和安全性。稳定性意味着系统应该具备高可用性和容错性，能够在面对突发情况时保持正常运行；而安全性则是指系统应该能够保护企业的财务数据不受未经授权的访问和篡改。

智能化会计信息系统的架构设计还需要考虑到其灵活性和可扩展性。随着企业规模的扩大和业务的发展，系统需要能够灵活调整和扩展，以满足不断变化的需求。在设计阶段就需要充分考虑到未来可能的需求变化，采用模块化的设计思路，将系统划分为多个独立的模块，便于后续的扩展和维护。

智能化会计信息系统的架构设计还需要充分利用现代技术手段，如云计算、大数据、人工智能等。云计算技术可以提高系统的灵活性和可扩展性，降低企业的运维成本；大数据技术可以帮助系统实现海量数据的存储和分析，从而提高数据处理的效率和精度；而人工智能技术则可以赋予系统智能化的分析能力，实现自动化的财务分析和预测。

（二）架构设计原则与方法

架构设计应当以系统的可扩展性为核心。在当前快速变化的商业环境中，会计信息系统需要能够灵活应对不断变化的需求。采用模块化设计的方法，将系统分解成独立的组件，使得每个组件都能够独立扩展或替换，从而实现系统的可扩展性。

安全性是智能化会计信息系统架构设计中至关重要的一环。随着信息技术的迅猛发展，网络安全问题日益突出，会计信息系统必须具备高度的安全性，以保护用户的财务数据免受未经授权的访问和恶意攻击。在架构设计中应当采用多层次的安全措施，包括数据加密、访问控制、身份认证等，以确保系统的安全性。

智能化是当前会计信息系统发展的一个重要趋势。智能化技术如人工智能、大数据分析等已经在会计领域得到广泛应用，架构设计应当充分考虑如何将这些智能化技术融入到系统中，提升系统的智能化水平。例如，可以通过引入智能算法来优化会计数据的分析和处理过程，提高系统的自动化水平，从而减少人工干预，提升工作效率。

架构设计还应当注重系统的性能和可靠性。会计信息系统通常需要处理大量的数据，并且对数据的准确性和可靠性有着极高的要求，因此在架构设计中应当充分考虑系统的性能和可靠性，确保系统能够稳定高效地运行。

二、智能化会计信息系统实施

（一）实施准备与项目管理

在准备阶段，充分的前期调研和规划是确保项目成功的重要保障。企业应该深入了解自身的业务需求和现有的会计信息系统存在的问题与局限性，为后续的系统设计和选择提供有效参考。与业内专业的智能化会计信息系统供应商进行沟通与合作，充分了解市场上各种系统的特点和优势，以便选择最适合企业需求的系统。建立一个跨部门的项目实施团队，包括会计、信息技术和管理等相关人员，确保项目实施过程中各方面的需求都能得到充分考虑和满足。

在项目管理方面，科学的项目管理方法和有效的沟通协调是确保项目顺利进行的关键。项目经理需要制定详细的项目计划和时间表，明确每个阶段的任务和责任人，合理安排资源，确保项目按时完成。建立有效的沟通机制，确保项目团队内部和与外部供应商之间的信息畅通，及时解决项目中出现的问题和调整方案。及时的风险评估和应对措施也是项目管理的重要内容，项目团队需要密切关注项目进展情况，及时发现和解决潜在的风险，确保项目目标的实现。

（二）数据迁移与系统部署

数据迁移是智能化会计信息系统实施中的首要任务之一。在系统实施之前，企业需要将现有的会计数据从旧系统中迁移到新系统中，以确保数据的完整性和准确性。数据迁移涉及到数据的抽取、转换和加载等多个环节，需要精心设计和严格控制。例如，企业可以通过 ETL（抽取、转换、加载）工具将现有的会计数据从数据库中提取出来，并经过清洗和转换后导入到新系统中，以满足新系统的数据格式和结构要求。通过数据迁移，企业可以将历史数据无缝地迁移到新系统中，为后续的业务运营提供可靠的数据支持。

系统部署是智能化会计信息系统实施中的关键步骤之一。系统部署涉及到硬件设备的安装、软件程序的配置和网络环境的搭建等多个方面，需要充分考虑系统的性能、安全性和稳定性等因素。例如，企业可以选择将智能化会计信息系统部署在本地服务器上，也可以选择采用云计算平台进行部署，根据实际情况选择最适合的部署方案。在系统部署过程中，企业需要确保系统的各个模块能够正常运行，并且与现有的 IT 基础设施和业务流程相匹配，以确保系统的稳定性和可靠性。

智能化会计信息系统的实施还需要充分考虑数据安全和隐私保护等重要问题。在数据迁移和系统部署过程中，企业需要采取一系列措施来保护数据的安全性和隐私性，防止数据泄露和信息被篡改。例如，企业可以采用数据加密和访问控制等技术手段来保护数据的机密性和完整性，同时建立健全的数据备份和恢复机制，以应对意外事件和数据丢失的风险。企业还需要加强对系统的监控和审计，及时发现和处理安全漏洞和异常行为，保障系统的安全运行。

（三）系统测试与验收

系统测试是确保智能化会计信息系统质量的重要手段之一。在系统开发完成后，需要进行各种类型的测试，包括功能测试、性能测试、安全测试等，以验证系统是否符合预期的设计要求，并发现潜在的缺陷和问题。功能测试主要测试系统的各项功能是否正常运行，包括数据录入、处理、输出等功能；性能测试则测试系统在不同负载下的性能表现，如响应时间、吞吐量等；安全测试则测试系统的安全性，包括权限控制、数据加密等方面。

除了对系统进行各项测试外，系统验收也是系统实施过程中的重要环节。系统验收是由用户或相关利益相关者对系统进行全面评估和验证，以确保系统满足业务需求并能够正常运行。在进行系统验收时，需要制定详细的验收标准和验收方案，并由专业的验收团队进行评估和验证，最终确定是否可以正式上线使用。

在智能化会计信息系统实施过程中，应该采取有效的实施策略，确保项目顺利进行并达到预期目标。需要充分沟通和协调各方利益相关者，包括业务部门、技术团队、供应商等，明确项目目标和需求，并制定详细的实施计划和进度安排。应该加强项目管理和控制，及时发现和解决项目中的问题和风险，确保项目按时按质完成。需要加强培训和支持，确保用户能够熟练操作和使用新系统，并及时提供技术支持和维护服务，保障系统稳定运行。

第二节　数据集成与交互的智能化系统开发

一、数据集成与交互的智能化系统开发分析

（一）数据集成的重要性

数据集成在智能化系统开发中扮演着至关重要的角色。从不同来源获取的数据往往呈现出多样性和异构性，将这些数据有效地整合到一个统一的系统中成为了挑战。数据集成不仅仅是简单地将数据合并在一起，更重要的是确保数据的一致性、准确性和可靠性。只有通过有效的数据集成，智能化系统才能够基于全面、准确的数据进行运行和决策。

智能化系统的开发需要与用户进行频繁的交互，以获取反馈并不断优化系统性能。而数据集成与交互密切相关，因为用户的交互行为产生的数据是智能化系统的重要输入之一。例如，在智能化的会计信息系统中，用户可能通过输入财务数据、查询报表等方式与系统进行交互，这些交互行为产生的数据需要被及时地整合到系统中，以便系统进行进一步的分析和处理。

数据集成还有助于实现智能化系统的全面性和一体化。智能化系统通常需要从多个不同的数据源中获取数据，包括结构化数据、半结构化数据和非结构化数据等。通过有效的数据集成，可以将这些不同来源的数据整合在一起，形成一个统一的数据视图，为智能化系统提供全面的数据支持。这样一来，智能化系统就能够基于全面的数据进行分析和决策，提高系统的智能化水平和决策能力。

在智能化系统的开发过程中，数据集成还有助于提高系统的灵活性和可扩展性。随着业务的发展和需求的变化，智能化系统往往需要不断地对数据进行更新和扩展。通过有效的数据集成，可以将新的数据源快速地整合到系统中，从而实现系统的灵活性和可扩展性。这样一来，智能化系统就能够及时地适应业务的变化和需求的变化，保持系统的持续发展和竞争优势。

数据集成还有助于降低智能化系统的开发和维护成本。智能化系统通常涉及到多个不同的模块和组件，这些模块和组件往往需要与多个不同的数据源进行交互。通过有效的数

据集成，可以将这些模块和组件之间的数据交互过程进行优化，减少不必要的数据传输和转换，从而降低系统的开发和维护成本。

（二）智能化系统的设计与实现

在系统设计方面，合理的架构设计和功能规划是确保系统实现目标的重要保障。系统设计应充分考虑企业的实际需求和业务流程，结合现代信息技术的发展趋势，采用灵活、可扩展的系统架构，确保系统具备良好的适应性和扩展性。注重用户体验和界面设计，提高系统的易用性和用户满意度，提升用户对系统的接受度和使用效率。

在实现技术方面，选择合适的技术平台和开发工具对于系统的性能和稳定性至关重要。在数据集成方面，应采用先进的数据管理和处理技术，实现不同数据源之间的无缝集成和共享，确保数据的一致性和准确性。在交互方面，可以借助人工智能和自然语言处理等技术，实现智能化的用户交互和数据分析，提升系统的智能化水平和用户体验。

在智能化应用方面，充分挖掘数据的潜在价值，实现数据驱动的智能化决策和运营管理。通过数据分析和挖掘，发现业务的规律和趋势，为企业管理和决策提供科学依据和参考意见。结合人工智能和机器学习等技术，实现智能化的业务流程和运营管理，提升企业的运营效率和竞争力。

二、智能化系统开发流程与方法

（一）系统需求分析与规划

数据迁移是智能化会计信息系统实施中的首要任务之一。在系统实施之前，企业需要将现有的会计数据从旧系统中迁移到新系统中，以确保数据的完整性和准确性。数据迁移涉及到数据的抽取、转换和加载等多个环节，需要精心设计和严格控制。例如，企业可以通过 ETL（抽取、转换、加载）工具将现有的会计数据从数据库中提取出来，并经过清洗和转换后导入到新系统中，以满足新系统的数据格式和结构要求。通过数据迁移，企业可以将历史数据无缝地迁移到新系统中，为后续的业务运营提供可靠的数据支持。

系统部署是智能化会计信息系统实施中的关键步骤之一。系统部署涉及到硬件设备的安装、软件程序的配置和网络环境的搭建等多个方面，需要充分考虑系统的性能、安全性和稳定性等因素。例如，企业可以选择将智能化会计信息系统部署在本地服务器上，也可以选择采用云计算平台进行部署，根据实际情况选择最适合的部署方案。在系统部署过程中，企业需要确保系统的各个模块能够正常运行，并且与现有的 IT 基础设施和业务流程相匹配，以确保系统的稳定性和可靠性。

智能化会计信息系统的实施还需要充分考虑数据安全和隐私保护等重要问题。在数据迁移和系统部署过程中，企业需要采取一系列措施来保护数据的安全性和隐私性，防止数据泄露和信息被篡改。例如，企业可以采用数据加密和访问控制等技术手段来保护数据的机密性和完整性，同时建立健全的数据备份和恢复机制，以应对意外事件和数据丢失的风险。企业还需要加强对系统的监控和审计，及时发现和处理安全漏洞和异常行为，保障系统的安全运行。

（二）系统开发与实现

智能化系统开发的流程与方法是确保项目顺利进行并最终实现成功的重要保障。在开始系统开发之前，首先需要进行项目规划和需求分析，明确项目目标、范围和需求，确定系统的功能和性能要求，并制定详细的开发计划和进度安排。在规划和需求分析阶段，应该充分与业务部门和最终用户进行沟通和协调，确保系统能够满足业务需求并得到用户的认可。

系统开发流程一般包括需求分析、系统设计、编码实现、测试和部署等阶段。在需求分析阶段，需要详细分析和理解用户需求，并将其转化为系统功能和性能要求，为后续的设计和开发工作提供基础。在系统设计阶段，需要根据需求分析的结果进行系统架构设计和详细设计，确定系统的组成部分和各个模块之间的关系和接口，为编码实现和测试提供指导。

在实际的开发过程中，可以采用迭代开发或者敏捷开发等方法。迭代开发是指将整个开发过程划分为多个迭代周期，每个迭代周期都包括需求分析、设计、编码、测试和部署等阶段，以便及时发现和解决问题，保证项目按时交付。而敏捷开发则是一种基于迭代和逐步增量的开发方法，注重团队协作和快速响应变化，能够更灵活地应对需求变化和项目风险。

除了选择合适的开发流程和方法外，还需要使用适当的开发工具和技术支持。现代的智能化系统开发往往涉及到多种技术和平台，如云计算、大数据、人工智能等，因此需要具备相应的技术能力和工具支持。还需要充分利用开源软件和开发框架，加快开发进度，降低开发成本，提高系统质量和性能。

1. 敏捷开发方法与实践

智能化系统的开发在当今快速变化的商业环境中变得越来越重要，而敏捷开发方法和实践已经成为许多团队的首选。敏捷开发是一种迭代和增量式的开发方法，强调灵活性、合作和快速响应变化。在智能化系统的开发过程中，采用敏捷方法可以有效地应对需求的变化和技术的不断更新，提高系统的质量和用户的满意度。

敏捷开发方法注重团队合作和交付价值。在智能化系统的开发过程中，团队成员通常包括开发人员、设计师、测试人员等，他们密切合作，共同努力实现系统的功能和目标。通过频繁的沟通和合作，团队能够更好地理解用户需求，快速响应用户反馈，并及时调整开发计划和策略，确保系统能够及时地满足用户的需求。

敏捷开发方法强调迭代和增量式的开发。在智能化系统的开发过程中，团队通常会将整个开发过程划分为多个短期的迭代周期，每个周期通常持续几周到几个月不等。在每个迭代周期内，团队会集中精力开发和测试一部分功能，然后及时发布并收集用户反馈，根据用户反馈进行调整和优化。通过不断地迭代和增量式的开发，团队能够逐步完善系统，确保系统能够快速响应用户需求，并及时发布新的功能和更新。

敏捷开发方法注重用户参与和反馈。在智能化系统的开发过程中，团队通常会与用户密切合作，不断地收集用户需求和反馈，并及时调整开发计划和策略。通过与用户的密切合作，团队能够更好地理解用户需求，快速响应用户反馈，并确保系统能够真正满足用户的需求和期望。

敏捷开发方法注重持续交付和持续集成。在智能化系统的开发过程中，团队通常会采用持续集成的方法，将代码频繁地集成到共享代码库中，并通过自动化测试和部署流程确保代码的质量和稳定性。通过持续交付和持续集成，团队能够更快地发布新的功能和更新，降低发布风险，提高系统的质量和稳定性。

2. 持续集成与交付的最佳实践

在持续集成方面，建立稳定的集成环境和自动化的构建流程是确保持续集成顺利进行的重要前提。团队需要选择合适的持续集成工具和版本管理系统，建立持续集成服务器，并制定统一的代码提交和代码审查规范，确保代码的质量和一致性。建立自动化的构建和测试流程，包括代码编译、单元测试、集成测试等环节，实现代码的自动化构建和测试，及时发现和解决代码中的问题，确保代码的稳定性和可靠性。

在持续交付方面，建立自动化的部署和发布流程是确保持续交付顺利进行的关键环节。团队需要采用容器化和微服务架构等现代化的部署技术，实现快速、灵活的软件部署和发布。建立自动化的发布流程，包括自动化的构建打包、镜像构建、部署和回滚等环节，实现软件的快速、安全地发布到生产环境，降低发布风险和减少发布时间，提高软件交付的效率和质量。

在智能化系统开发流程与方法方面，结合持续集成与交付实践，建立适合智能化系统开发的流程和方法。团队需要充分了解智能化系统的特点和需求，结合现代软件开发的最佳实践，制定适合智能化系统开发的开发流程和方法，包括需求分析、设计、开发、测试、部署和运维等环节，确保智能化系统的开发过程和质量得到有效控制和保障。

第三节 智能化系统运维与管理策略

一、智能化系统运维策略

（一）自动化运维工具的选择与部署

选择合适的自动化运维工具对于企业的运维效率和管理水平至关重要。在选择自动化运维工具时，企业需要综合考虑多个因素，如系统的复杂度、运维需求、团队技能水平以及预算等。常见的自动化运维工具包括 Ansible、Chef、Puppet、SaltStack 等，它们都具有不同的特点和适用场景。例如，Ansible 以其简单易用的特点受到广泛欢迎，适用于快速部署和配置管理；而 Chef 和 Puppet 则更适用于复杂系统的自动化管理和配置。企业可以根据实际情况选择最适合自己的自动化运维工具，以提高运维效率和管理水平。

部署自动化运维工具需要充分考虑系统架构和运维需求。在部署自动化运维工具之前，企业需要对系统架构进行深入了解，确定自动化运维工具的部署方案和架构设计。例如，企业可以选择将自动化运维工具部署在本地服务器上，也可以选择采用云计算平台进行部署，根据系统的规模和复杂度选择最合适的部署方案。还需要考虑到系统的安全性和稳定性等因素，制定相应的安全策略和备份方案，确保系统能够稳定可靠地运行。

智能化系统运维策略需要结合自动化运维工具的特点和企业的实际情况进行制定。在制定运维策略时，企业需要考虑到系统的可用性、性能、安全性等方面的需求，制定相应的运维目标和策略。例如，可以通过自动化运维工具实现系统的自动化监控和报警，及时发现和处理系统故障和异常；通过自动化配置管理和更新，确保系统的稳定性和安全性。还可以利用自动化运维工具实现系统的自动化扩容和负载均衡，提高系统的性能和可扩展性，满足不断增长的业务需求。

智能化系统运维策略还需要注重持续优化和改进。随着业务的发展和技术的变革，智能化系统运维策略也需要不断调整和完善。企业可以通过持续监控和分析系统的运行情况，及时发现和解决问题，并不断优化和改进运维策略。例如，可以利用自动化运维工具实现系统的自动化容错和自愈，提高系统的可靠性和稳定性；通过引入自动化测试和持续集成等开发方法，加快系统的迭代和发布速度，提高运维效率和响应能力。通过持续优化和改进，企业可以不断提升智能化系统的运维水平，提高系统的稳定性和可靠性，为业务的持续发展提供有力支撑。

（二）监控与预警机制的建立与优化

建立和优化监控与预警机制是智能化系统运维中至关重要的一环。这一机制的设计和实施可以帮助运维团队及时发现和解决系统故障、性能问题以及安全威胁，从而保障系统的稳定运行和高效性能。在本论述中，将探讨智能化系统运维中监控与预警机制的建立与优化策略，包括其重要性、关键内容以及实施方法。

智能化系统运维中监控与预警机制的建立至关重要。这一机制能够帮助运维团队实时监控系统的运行状态、性能指标和安全情况，及时发现和定位问题，并采取相应的措施进行处理。通过建立监控与预警机制，可以有效降低系统故障和性能问题对业务的影响，提高系统的可靠性和稳定性。

监控与预警机制的建立需要考虑到系统的特点和业务需求。不同类型的智能化系统可能具有不同的监控对象和监控指标，因此需要根据实际情况制定相应的监控策略和预警规则。监控对象可以包括系统硬件、网络设备、应用程序、数据库等，监控指标可以包括CPU 利用率、内存使用率、网络流量、服务响应时间等。

在建立监控与预警机制时，需要选择合适的监控工具和技术支持。现代的监控工具和平台往往具有丰富的功能和灵活的配置选项，可以帮助运维团队实现对系统的全面监控和管理。常用的监控工具包括 Zabbix、Nagios、Prometheus 等，它们能够支持多种监控方式和报警机制，如邮件、短信、电话等。

监控与预警机制的优化也是智能化系统运维的重要任务之一。随着系统的运行和业务的发展，监控与预警机制需要不断优化和调整，以适应新的需求和变化。在优化过程中，可以根据实际情况对监控指标和预警规则进行调整，优化监控策略和报警逻辑，提高预警的准确性和及时性。

还可以引入机器学习和人工智能等技术，对监控数据进行分析和挖掘，发现潜在的异常和规律，从而改进预警机制和优化运维流程。通过不断优化监控与预警机制，可以提高系统的运维效率和管理水平，降低故障处理时间和成本，保障系统的稳定性和可靠性。

二、智能化系统管理策略

（一）数据驱动的决策与优化

数据驱动的决策与优化在智能化系统管理中扮演着至关重要的角色。随着大数据技术和人工智能的发展，越来越多的组织开始利用数据来指导决策和优化业务流程。数据驱动的决策与优化不仅能够帮助组织更好地理解市场和客户需求，还能够提高组织的运营效率和业务竞争力。

智能化系统管理策略的核心是数据驱动的决策。通过收集、分析和挖掘大量的数据，组织能够更好地理解市场趋势、客户需求、竞争对手的动态等信息，从而做出更加准确和及时的决策。例如，通过分析客户的购买行为和偏好，组织可以精准地推荐产品和服务，提高销售额和客户满意度。通过分析供应链数据，组织可以优化供应链管理，降低成本和提高效率。

数据驱动的决策还能够帮助组织发现潜在的商机和风险。通过对市场和客户数据的分析，组织可以及时发现市场的新趋势和机会，并迅速调整业务策略，抢占市场先机。通过对数据的监控和分析，组织也能够及时发现潜在的风险和问题，并采取相应的措施进行应对，降低风险的发生概率和影响程度。

除了帮助组织做出更好的决策外，数据驱动的优化也是智能化系统管理的重要策略之一。通过收集、分析和挖掘大量的数据，组织能够发现业务流程中的瓶颈和优化空间，并采取相应的措施进行优化。例如，通过分析生产数据，组织可以发现生产线上的瓶颈，优化生产流程，提高生产效率和产品质量。通过分析销售数据，组织可以发现销售渠道和产品的优势和劣势，调整销售策略，提高销售业绩。

数据驱动的优化还能够帮助组织提高运营效率和降低成本。通过分析业务流程和成本数据，组织可以发现运营过程中的浪费和不必要的成本，并采取相应的措施进行优化。例如，通过分析供应链数据，组织可以优化供应链管理，降低库存成本和物流成本。通过分析人力资源数据，组织可以优化人力资源管理，提高员工效率和满意度。

（二）安全与合规性管理

在安全管理方面，建立健全的安全管理体系和安全策略是确保智能化系统安全运行的重要保障。企业需要进行安全风险评估和安全漏洞扫描，及时发现和解决系统中存在的安全隐患。建立权限管理和访问控制机制，确保系统的数据和功能只被授权人员访问和使用，防止未经授权的人员获取系统敏感信息或操控系统功能。定期进行安全培训和演练，提高员工的安全意识和应急响应能力，及时应对各类安全事件和威胁，保障智能化系统的安全运行。

在合规性管理方面，确保智能化系统的合规性操作和符合相关法律法规是企业不可忽视的责任。企业需要建立完善的合规性管理制度和流程，确保系统的设计、开发和运行符合法律法规和行业标准，避免因为违反规定而导致的法律风险和处罚。建立合规性审计机制，定期对系统的运行情况进行审查和评估，确保系统的合规性操作和符合相关要求。与合规性监管机构建立良好的沟通与合作关系，及时了解和应对新的法律法规和政策变化，确保智能化系统的合规性运行。

在智能化系统应对策略方面，充分利用智能化技术和工具，加强安全与合规性管理。企业可以采用人工智能和机器学习等技术，实现对系统的智能化安全监控和风险预警，及时发现和阻止安全威胁和违规行为。利用大数据分析技术，对系统的数据进行深入挖掘和分析，发现潜在的安全风险和合规性问题，提出有效的解决方案和改进措施，确保智能化系统的安全与合规性。

1. 制定安全策略与流程

制定安全策略与流程是智能化系统管理的基础。安全策略与流程的制定需要综合考虑系统的特点、业务需求、法律法规和行业标准等因素。其中，安全策略主要包括信息安全政策、风险管理策略、安全培训和意识提升等方面，而安全流程则包括安全漏洞的发现与修复、事件响应与处置、安全审计与监控等环节。通过制定明确的安全策略与流程，可以帮助企业建立完善的安全管理体系，提高系统的安全性和稳定性。

智能化系统管理策略需要充分考虑安全性和便利性的平衡。智能化系统往往涉及到大量的敏感数据和关键业务，安全性是智能化系统管理的首要考虑因素。在制定智能化系统管理策略时，企业需要采取一系列措施来保障系统的安全性，如加强访问控制、加密敏感数据、建立安全审计机制等。还需要考虑到系统的便利性和用户体验，避免过多的安全限制影响用户的正常使用。例如，可以通过单点登录、多因素认证等技术手段提高系统的便利性，同时确保系统的安全性。

智能化系统管理策略需要注重持续监控和改进。随着业务的发展和技术的变革，智能化系统管理策略也需要不断调整和完善。企业可以通过持续监控系统的运行情况和安全事件的发生情况，及时发现和解决问题，并不断优化和改进系统的管理策略。例如，可以引入安全信息与事件管理系统（SIEM）来实现对系统的实时监控和安全事件的分析，及时发现和处置安全威胁。通过持续监控和改进，企业可以提高智能化系统的安全性和稳定性，保障系统的正常运行和业务的持续发展。

智能化系统管理策略还需要注重人员培训和意识提升。人为因素是智能化系统管理中的一个重要方面，员工的安全意识和操作规范直接影响着系统的安全性和稳定性。企业需要定期组织安全培训和意识提升活动，加强员工对信息安全的认识和理解，提高他们的安全意识和技能水平。例如，可以组织安全演练和模拟攻击活动，帮助员工了解常见的安全威胁和攻击手段，提高应对安全事件的能力。通过人员培训和意识提升，企业可以有效减少人为失误和安全漏洞的发生，保障系统的安全运行和业务的正常开展。

2. 部署安全防护工具与措施

智能化系统管理中部署安全防护工具与措施的重要性不言而喻。随着智能化系统在企业生产生活中的广泛应用，系统所面临的安全威胁也越来越多样化和复杂化。网络攻击、数据泄露、恶意代码等安全威胁时有发生，给企业的生产经营和信息资产带来了巨大的损失和风险。部署安全防护工具与措施，加强对系统的安全防护和监控，成为确保系统安全的必要手段。

部署安全防护工具与措施需要综合考虑系统的整体安全需求和实际情况。安全防护工具和措施的选择应该根据系统的特点、业务需求以及安全威胁的情况进行综合评估和分析，确保选择的工具和措施能够满足系统的安全需求并有效应对各种安全威胁。常用的安全防护工具包括防火墙、入侵检测系统、安全信息与事件管理系统、数据加密技术等，它们能够有效防御网络攻击、检测异常行为、保护数据安全等。

在部署安全防护工具与措施时，还需要注重安全意识和管理制度的建立。安全意识是保障系统安全的重要保障之一，只有员工具备了正确的安全意识，才能够有效地防范和应对安全威胁。企业应该加强安全培训和教育，提高员工的安全意识和技能，使其能够正确使用安全工具和措施，主动发现和报告安全问题。还需要建立健全的安全管理制度和流程，规范安全管理行为，明确安全责任和权限，加强对系统的监控和审计，及时发现和处置安全问题，确保系统的安全运行。

定期评估和优化安全防护工具与措施也是智能化系统管理的重要任务。随着安全威胁的不断演变和系统的不断更新，原有的安全防护工具和措施可能会出现漏洞或失效，因此需要定期评估和优化安全防护体系，及时更新和升级安全工具和措施，提高系统的抗攻击能力和安全性。

第四节　智能化系统安全与风险防范

一、智能化系统安全保障

（一）设计并实施合适的身份认证机制

确保智能化系统的安全性至关重要，而设计并实施合适的身份认证机制是保障系统安全的重要一环。身份认证机制用于确认用户或设备的身份，以确保只有经过授权的用户才能访问系统资源。在智能化系统中，合适的身份认证机制不仅可以防止未经授权的访问，还可以跟踪和记录用户的活动，有助于发现和应对潜在的安全威胁。

一种常见的身份认证机制是基于用户名和密码的认证方式。用户通过输入用户名和密码来验证其身份，系统然后将这些信息与存储在数据库中的用户信息进行比对。虽然这种认证方式简单易用，但密码的安全性有时会受到威胁，如密码被破解或盗用。在智能化系统中，通常需要采取额外的安全措施，如多因素认证（MFA），以提高系统的安全性。

另一种常见的身份认证机制是基于生物特征的认证方式，如指纹识别、虹膜扫描等。这种认证方式利用个体独特的生物特征进行身份验证，具有很高的安全性和准确性。在智能化系统中，可以通过集成生物特征识别技术来实现高度安全的身份认证，从而防止身份被冒用或盗用。

除了以上两种认证方式外，还有一种较为先进的身份认证机制是基于智能卡或USB密钥的认证方式。用户可以通过携带智能卡或USB密钥来进行身份认证，这些设备通常包含了加密算法和安全存储，能够确保用户身份的安全性。在智能化系统中，采用智能卡或USB密钥进行身份认证能够有效地防止未经授权的访问，提高系统的安全性。

随着区块链技术的发展，基于区块链的身份认证机制也逐渐受到关注。区块链技术具有去中心化、不可篡改等特点，能够为身份认证提供更加安全和可靠的解决方案。在智能化系统中，采用基于区块链的身份认证机制可以有效地防止身份被冒用或盗用，提高系统的安全性和可信度。

（二）使用加密技术保护敏感数据的存储与传输

保护敏感数据的存储与传输是智能化系统安全保障的重要方面，尤其是随着信息技术的不断发展，数据安全问题日益凸显。加密技术作为一种重要的安全手段，能够有效地保护数据的机密性和完整性，确保数据在存储和传输过程中不被未经授权的人员访问和篡改。本文将从加密技术在数据存储和传输中的应用、智能化系统安全保障中的重要性以及加密技术的最佳实践三个方面展开论述，深入探讨如何利用加密技术保护敏感数据的存储与传输，从而提升智能化系统的安全性。

在数据存储方面，加密技术可以有效地保护数据的机密性，防止未经授权的人员访问敏感数据。通过对存储在数据库、文件系统或云存储中的数据进行加密处理，可以确保即使数据泄露，也不会导致敏感信息的泄露。采用适当的密钥管理和访问控制机制，确保只有经过授权的用户才能够解密和访问加密数据，提高数据的安全性和可控性。结合数据备份和灾难恢复技术，确保加密数据的安全备份和及时恢复，防止因为数据丢失或损坏而导致的信息泄露和业务中断。

在数据传输方面，加密技术可以保护数据在传输过程中的安全性，防止数据被窃听和篡改。采用安全套接层（SSL）或传输层安全（TLS）等加密协议，对数据传输通道进行加密保护，确保数据在网络传输过程中的机密性和完整性。结合数字证书和身份认证技术，验证数据发送方和接收方的身份，防止中间人攻击和数据伪造，确保数据传输的安全可信。加强对传输通道的监控和日志记录，及时发现和应对异常情况，保障数据传输的安全性和稳定性。

在智能化系统安全保障方面，加密技术是确保系统安全的重要手段之一。智能化系统通常涉及大量的敏感数据，如用户个人信息、商业机密等，因此必须重视数据的保护和安全传输。通过在系统设计和开发阶段充分考虑数据安全需求，合理选择和应用加密技术，建立健全的数据安全管理制度和加密策略，加强对系统的安全监控和审计，确保系统在运行过程中敏感数据的存储和传输得到有效保护，提高系统的安全性和可靠性。

二、智能化系统风险防范

（一）定期进行漏洞扫描与评估

定期进行漏洞扫描与评估在当今数字化时代中显得尤为重要。随着信息技术的不断发展，网络安全风险日益增加，智能化系统的风险防范成为了一项迫切的任务。本文将探讨定期进行漏洞扫描与评估的必要性、方法以及其在智能化系统风险防范中的作用。

漏洞扫描与评估的必要性无可置疑。随着智能化系统的广泛应用，其中可能存在的漏洞和安全隐患也越来越多，定期进行漏洞扫描与评估可以及时发现这些问题，防范潜在的安全风险。网络攻击和数据泄露已经成为了常态，而漏洞扫描与评估可以帮助组织及时发现并修复系统中的漏洞，有效保护敏感信息的安全。不定期的漏洞扫描与评估也是法律法规和行业标准的要求，组织如果不进行漏洞扫描与评估可能会面临法律责任和声誉风险。

漏洞扫描与评估也存在一些挑战。由于智能化系统的复杂性，漏洞扫描与评估需要耗费大量的时间和资源，而且可能会对系统的正常运行产生一定的影响。漏洞扫描与评估的结果可能存在误报和漏报的情况，需要专业人员进行进一步的分析和判断。漏洞扫描与评估也需要具备高水平的技术和专业知识，而这些人才在市场上可能会比较稀缺。

为了克服这些挑战，可以采取一系列措施提升漏洞扫描与评估的效果。可以利用先进的漏洞扫描工具和技术，提高扫描的准确性和效率，降低误报率和漏报率。可以建立完善的漏洞管理机制，及时响应和处理扫描结果，修复系统中存在的漏洞和安全隐患。可以加强对相关人员的培训和教育，提高其对漏洞扫描与评估工作的理解和技能，确保扫描与评估工作的顺利进行。

（二）加强员工安全意识培训与教育

在当今竞争激烈的商业环境中，企业面临着各种内外部的安全威胁，如数据泄露、网络攻击、人为失误等。而员工作为企业的重要组成部分，其安全意识的程度直接影响着企业整体的安全防范能力。加强员工的安全意识培训与教育显得尤为重要。通过定期举办安全培训课程，向员工传授安全知识和技能，提高他们对安全风险的辨识能力和处理应对能力，从而有效地降低各类安全事件的发生概率。

仅仅依靠传统的安全意识培训可能难以满足日益复杂的安全需求。在这种情况下，引入智能化系统成为一种创新举措。智能化系统可以利用先进的技术手段，如人工智能、大数据分析等，对企业的安全风险进行全面、深入的监测和分析。通过实时监控网络流量、识别异常行为、自动响应安全事件等功能，智能化系统可以帮助企业及时发现并应对潜在的安全威胁，提高安全防范的及时性和有效性。

为了更好地发挥智能化系统在风险防范中的作用，企业可以采取一系列措施。建立完善的智能化系统架构，包括选用适当的硬件设备和软件平台，并确保系统的稳定性和可靠性。进行系统的定制化配置和优化，根据企业的实际情况和安全需求，设置相应的监测规则和预警机制，提高系统的智能化程度和适应性。加强对员工的系统使用培训，提高其对智能化系统的认识和操作技能，增强系统的整体效益和效果。

第六章　智能化税务管理与合规

第一节　人工智能在税务申报与缴税中的应用

一、人工智能在税务申报中的应用

（一）数据智能化处理与分析

数据智能化处理与分析在税务领域的应用已经成为提高税收管理效率和服务质量的重要手段。随着大数据技术的发展和应用，税务部门可以利用数据智能化技术对海量的税务数据进行分析和挖掘，发现潜在的税收风险和问题。例如，通过数据挖掘和机器学习技术，税务部门可以对纳税人的交易数据和财务信息进行分析，发现异常模式和规律，及时发出预警并采取相应措施，防范税收逃漏行为。数据智能化处理与分析还可以为税务部门提供科学决策和精准管理的支持，优化税收征管流程，提高税收管理的效率和质量。

人工智能技术在税务申报中的应用正在逐渐展开，并且取得了一定的成果。传统的税务申报往往需要纳税人手动填写各种表格和报表，费时费力且容易出错。而人工智能技术可以通过自然语言处理、图像识别和语音识别等技术，实现对纳税人信息的智能化处理和识别。例如，通过 OCR（光学字符识别）技术，税务部门可以将纳税人提供的纸质税单或电子文档中的信息自动转换成电子数据，大大提高了数据的采集和处理效率。还可以利用自然语言处理技术实现对纳税人的语音信息和书面文字信息的智能识别和分析，进一步简化了税务申报的流程，提高了纳税人的申报体验。

人工智能技术还可以在税务风险识别和评估中发挥重要作用。税务部门需要根据纳税人的交易数据和财务信息对其税务风险进行评估和分类，以便及时采取相应的监管措施。传统的风险评估方法往往依赖于人工审核，效率低下且容易出现疏漏。而人工智能技术可以通过大数据分析和机器学习算法，实现对纳税人的税务风险进行智能化识别和评估。例如，利用机器学习算法对纳税人的历史交易数据进行分析，可以发现异常模式和规律，识别出潜在的税收风险和问题，为税务部门提供科学决策和精准管理的支持。

人工智能技术在税务申报中的应用还可以提高税收征管的效率和服务质量。随着税务部门信息化建设的不断深入，纳税人可以通过智能化的税务申报系统实现自助申报和在线查询，大大简化了税务申报的流程，提高了纳税人的申报便利性和满意度。例如，通过智能化的税务申报系统，纳税人可以实现在线填写申报表格、上传相关证明材料，并实时获取申报结果和税收待缴信息，提高了纳税人的申报效率和准确性。税务部门还可以利用人工智能技术实现对纳税人的自动化服务和个性化推荐，提高了税收征管的效率和服务质量，为税收管理工作提供了有力支持。

（二）智能填表系统

人工智能在税务申报中的应用具有重要意义。传统的税务申报流程通常需要纳税人手动填写各种繁琐的表格和报表，容易出现填写错误和遗漏，给纳税人带来不便和压力。而智能填表系统的应用则可以通过人工智能技术对纳税人的个人或企业信息进行智能分析和处理，根据纳税人的实际情况自动填写相关表格和报表，大大减轻了纳税人的负担，提高了申报的准确性和效率。

智能填表系统在税务申报中的应用场景丰富多样。智能填表系统可以应用于个人所得税申报中，通过分析纳税人的收入、支出、抵扣等信息，自动生成个人所得税申报表，并提供税务优惠政策的建议和指导，帮助纳税人合理减税。智能填表系统还可以应用于企业所得税申报中，根据企业的财务数据自动生成企业所得税申报表，并自动计算应纳税额，减少了企业的税务申报工作量，提高了申报的准确性和及时性。

未来，智能填表系统在税务申报中的应用还将进一步深化和拓展。随着人工智能技术的不断发展和普及，智能填表系统将更加智能化和个性化，能够根据纳税人的个人或企业情况提供定制化的服务和建议，满足不同纳税人的需求。智能填表系统还将与其他税务管理系统和数据平台进行深度集成，实现税务数据的共享和交换，进一步提高税务管理的效率和质量。

二、人工智能在税务缴税中的应用

（一）智能化税款计算与核对

智能化税款计算与核对是人工智能在税务缴税领域中的重要应用之一。随着数字化技术的不断发展和普及，传统的税务计算和核对方式已经无法满足复杂多变的税收政策和业务需求。而人工智能技术的应用可以极大地提高税务计算和核对的效率和准确性，为纳税人和税务管理部门提供更加便捷、高效的服务。

人工智能可以通过数据挖掘和分析技术，实现智能化的税款计算。税务计算涉及到复杂的税收政策和税法规定，以及大量的财务数据，传统的计算方式往往需要耗费大量的时间和人力成本。而借助人工智能技术，可以从海量的数据中挖掘出隐藏的规律和模式，自动识别适用的税收政策和税法规定，并进行智能化的计算。这不仅能够大大提高计算的速度和准确性，还能够减少人为错误的发生，提升税务计算的效率和质量。

人工智能可以通过自然语言处理技术，实现智能化的税务核对。税务核对是税务管理部门对纳税人的申报信息进行审核和验证的过程，涉及到大量的文档和信息。传统的核对方式通常需要人工逐条逐项地核对，耗时耗力且容易出错。而借助人工智能技术，可以通过自然语言处理技术，对纳税人的申报信息进行智能化的分析和核对。系统可以自动识别出潜在的问题和风险，提供预警和建议，帮助税务管理部门更加高效地进行核对工作，减少漏报和误报的情况发生。

人工智能还可以通过机器学习和模型优化技术，实现智能化的税务风险识别和预测。税务风险是指可能导致税收损失或税收风险的各种因素和行为，如逃税、偷税漏税等。传统的风险识别和预测方式往往基于经验和规则，难以覆盖所有的风险因素和变化。而借助人工智能技术，可以从海量的历史数据中学习和识别潜在的风险因素和模式，并建立智能化的风险预测模型。系统可以实时监测和分析纳税人的行为和数据，及时发现潜在的风险，提供预警和建议，帮助税务管理部门更好地防范风险，保障税收稳定和安全。

（二）智能化税务管理与服务

在税务管理中，人工智能技术的应用涵盖了诸多方面，如数据分析、智能推荐、自然语言处理等。通过人工智能技术，税务部门可以对海量的税收数据进行分析和挖掘，发现潜在的纳税风险和逃税行为，提高税收征管的效率和精准度。基于人工智能的智能推荐系统可以根据纳税人的历史数据和行为模式，智能化地推荐适合的税收优惠政策和缴税方案，提高纳税人的满意度和遵从度。通过自然语言处理技术，税务部门可以实现智能化的客户服务和沟通，为纳税人提供更加便捷和个性化的税务咨询和服务。

人工智能在税务缴税中的应用带来了诸多优势。人工智能技术能够大幅提高税务管理的效率和准确度，自动化处理繁琐的税收数据和流程，减轻税务部门的工作负担，提高工作效率。基于数据分析和预测算法，人工智能可以帮助税务部门更好地了解纳税人的行为模式和税务需求，精准制定税收政策和管理措施，提高税收征管的精准度和有效性。人工智能还能够提高税收管理的透明度和公平性，减少人为因素的干扰和误差，提高纳税人的信任度和满意度。

人工智能在税务缴税中的应用也面临一些挑战和难题。数据安全和隐私保护是人工智能应用中的重要问题，税务部门需要加强对纳税人数据的保护和管理，防止数据泄露和滥用。人工智能算法的不透明性和不可解释性也是税务部门面临的挑战之一，税务部门需要加强对人工智能算法的监督和评估，确保其合法合规、公正公平。人工智能技术的不断发展和变化也需要税务部门及时跟进，不断提升技术水平和应用能力，保持与时俱进。

未来人工智能在税务缴税中的发展方向包括但不限于进一步提升技术水平和应用能力、加强数据安全和隐私保护、促进税收数字化转型等。税务部门可以加强与科研机构和企业的合作，共同研发和应用更加先进和智能的人工智能技术，提高税收征管的效率和精准度。加强对纳税人数据的保护和管理，建立健全的数据安全和隐私保护制度，维护纳税人的合法权益和个人隐私。促进税收数字化转型，推动税务管理的智能化、数字化和网络化，为纳税人提供更加便捷、高效和安全的税收服务。

第二节　智能化税务风险识别与预警

一、智能化税务风险识别与预警分析

（一）风险指标设定

风险指标设定是智能化税务风险识别的基础。通过设定合理的风险指标，税务部门可以对纳税人的交易数据和财务信息进行量化分析，发现潜在的税收风险和问题。风险指标可以根据不同的纳税人和不同的行业特点进行设定，涵盖了税务申报、纳税行为、税款缴纳等多个方面。例如，对于企业纳税人，风险指标可以包括税负波动率、资产负债比率、盈利能力等指标；对于个人纳税人，风险指标可以包括收入来源多样性、财产变动频率等指标。通过设定合理的风险指标，可以实现对纳税人的全面风险评估，为智能化税务风险识别与预警提供可靠的数据支持。

智能化税务风险识别与预警依托于大数据分析和人工智能技术，实现了对税务数据的智能化处理和分析。通过大数据分析和机器学习算法，税务部门可以对海量的税务数据进行实时监测和分析，发现潜在的税收风险和问题。例如，通过对纳税人的交易数据、财务信息和行业数据进行综合分析，可以发现异常模式和规律，识别出潜在的税收风险和问题，从而实现对税收逃漏行为的及时预警和防范。智能化税务风险识别与预警技术的应用，大大提高了税务部门对税收风险的识别和管理水平，为税收征管工作提供了有力支持。

智能化税务风险识别与预警还可以通过建立多维度的风险模型和评估体系，实现对税收风险的全面识别和评估。传统的风险评估方法往往局限于单一的指标和模型，难以全面评估纳税人的税收风险。而智能化税务风险识别与预警技术可以通过综合考虑纳税人的历史行为、交易数据、财务信息、行业特点等多个方面的信息，建立多维度的风险评估模型和评估体系，实现对纳税人的全面风险识别和评估。例如，可以利用机器学习算法对纳税人的交易数据进行分析，发现异常模式和规律，并结合税务部门的风险评估经验，确定纳税人的风险等级和预警阈值，实现对税收风险的精准识别和预警。

智能化税务风险识别与预警还可以通过建立智能化的预警系统和应急响应机制，实现对税收风险的及时监测和处置。通过智能化的预警系统，税务部门可以对潜在的税收风险进行实时监测和预警，及时发出预警信号并采取相应措施，防范税收逃漏行为的发生。还可以建立应急响应机制，制定相应的应急预案和处置方案，应对突发的税收风险事件，最大限度地减少损失和影响。通过建立智能化的预警系统和应急响应机制，可以提高税务部门对税收风险的应对能力和管理水平，保障税收征管工作的顺利进行。

（二）预警机制建立

建立智能化税务风险识别与预警机制是税务管理领域的重要任务之一。随着税收征管的不断完善和智能化技术的广泛应用，税务管理部门能够利用人工智能、大数据分析等技术手段，实现对纳税人的行为和数据进行全面监测和分析，及时发现潜在的税务风险，提前预警并采取相应措施，有效防范和化解税务风险，保障税收征管的稳健运行。

税务风险识别与预警的重要性不言而喻。随着税务管理的复杂性和纳税人的行为多样性，税务风险的形成和变化具有一定的不确定性和突发性。如果税务管理部门无法及时发现和应对潜在的税务风险，可能会导致税收漏税、偷漏税等问题，影响税收的正常征管和财政收入的稳定增长。建立智能化税务风险识别与预警机制，能够帮助税务管理部门及时发现潜在的税务风险，提前采取预防措施，保障税收征管的有效性和稳定性。

智能化税务风险识别与预警机制的建立需要综合运用人工智能、大数据分析等技术手段。税务管理部门可以利用人工智能技术对大量的税务数据进行智能化处理和分析，从而发现纳税人的异常行为和风险信号。例如，通过建立税务数据挖掘模型，对纳税人的税务数据进行分析和比对，发现异常数据和行为模式；通过建立智能化风险评估模型，对纳税人的风险水平进行评估和预测，识别潜在的税务风险点。

智能化税务风险识别与预警机制的建立还需要考虑到数据的质量和安全性。税务数据涉及到纳税人的隐私信息和税务机密，因此在数据采集、存储和处理过程中需要严格遵守相关法律法规，保障数据的安全和保密。还需要加强对税务数据的质量管理，确保数据的准确性和完整性，避免因数据质量问题导致的误判和错误预警。

在实施智能化税务风险识别与预警机制时，还需要充分考虑到业务需求和实际情况。税务管理部门可以根据纳税人的行业特点、税种特点等因素，定制化智能化税务风险识别与预警模型，提高预警的准确性和针对性。还需要加强与其他部门和机构的合作，共享数据资源和技术支持，实现税务风险的跨部门、跨系统的综合识别和预警。

二、智能化风险应对与处理分析

（一）自动化处理流程

自动化处理流程是智能化风险应对与处理中的关键一环。随着企业规模的不断扩大和业务复杂性的增加，风险管理变得愈发重要，而自动化处理流程的引入可以有效提高风险应对的效率和准确性。通过自动化处理流程，企业能够更快速地识别、评估和应对各种风险，从而降低风险对企业的影响，保障业务的持续稳定运行。

自动化处理流程可以加速风险识别和评估的过程。传统的风险识别和评估通常需要耗费大量的时间和人力资源，且容易受到主观因素的影响。而借助自动化处理流程，可以利用大数据分析和机器学习技术，实现对各种风险因素的智能识别和评估。系统可以从海量的数据中挖掘出潜在的风险信号，并进行智能化的风险评估，从而加速风险识别和评估的过程，提高识别和评估的准确性和全面性。

自动化处理流程可以实现智能化的风险分析和监控。一旦风险被识别和评估出来，企业需要及时对风险进行分析和监控，以便及时采取相应的措施进行应对。借助自动化处理流程，可以建立智能化的风险分析和监控系统，实时监测和分析各种风险因素的变化和趋势，及时发现潜在的风险，并提供预警和建议。这样一来，企业能够更加及时地了解风险的动态和趋势，更好地做出决策和应对措施。

自动化处理流程还可以实现智能化的风险应对和处理。一旦风险被识别和评估出来，并且经过了分析和监控，企业就需要及时采取相应的措施进行应对和处理。借助自动化处理流程，企业可以建立智能化的风险应对和处理系统，自动化地执行各种应对和处理措施，从而提高应对和处理的效率和准确性。例如，可以采用自动化的风险控制和防范措施，实时监控和调整业务流程，降低风险的发生概率和影响程度。

自动化处理流程还可以实现风险应对和处理的持续改进和优化。随着业务环境的变化和风险因素的不断演变，企业需要不断优化和改进风险应对和处理流程，以适应新的挑战和需求。借助自动化处理流程，企业可以建立智能化的风险应对和处理系统，实时监控和分析风险处理的效果和结果，从而及时发现问题并采取相应的措施进行改进和优化。这样一来，企业能够不断提升风险应对和处理的水平和能力，保障业务的持续稳定运行。

（二）持续改进与优化

持续改进与优化是智能化风险应对与处理中至关重要的一环。随着智能化技术的不断发展和应用，企业面临的风险也日益复杂和多样化，持续改进与优化的理念成为了企业应对风险的重要策略。通过不断改进和优化风险管理的流程和方法，企业可以更加及时、精准地应对各种风险，保障业务的稳健发展。

持续改进与优化在智能化风险应对与处理中具有重要意义。随着风险形势的不断变化和智能化技术的快速发展，企业需要不断提升风险管理的水平和能力，以应对不断涌现的新风险和挑战。持续改进与优化的理念能够帮助企业不断完善风险管理的流程和机制，提高风险应对的及时性和有效性，确保企业在竞争激烈的市场环境中保持稳健发展。通过持续改进与优化，企业可以不断总结经验、吸取教训，不断完善风险管理的体系和方法，提高风险管理的水平和效能。

智能化风险应对与处理需要综合考虑多个关键要素。企业需要建立健全的风险识别和评估机制，全面了解企业面临的各种风险和潜在威胁。企业需要制定科学的风险管理策略和应对措施，根据风险的特点和程度采取相应的应对措施，降低风险对企业的影响。企业需要加强对风险的监控和预警，及时发现和应对潜在的风险事件，防止风险扩大和失控。企业还需要建立有效的应急预案和危机管理机制，提高应对风险事件的能力和效率，保障企业的持续发展。

持续改进与优化的策略对于智能化风险应对与处理至关重要。企业需要建立健全的风险管理体系和流程，明确风险管理的责任和流程，确保风险管理工作的有效开展。企业需要加强对风险管理的信息化建设，利用智能化技术和工具，实现风险数据的自动化收集、分析和报告，提高风险管理的效率和精准度。企业需要加强对风险管理人员的培训和能力提升，不断提升风险管理的专业水平和技能。企业还需要建立有效的绩效评估机制，对风险管理工作进行及时评估和反馈，发现问题并及时改进，确保持续改进与优化的持续性和有效性。

1. 数据反馈与优化

数据反馈是智能化风险应对与处理的基础。通过对实时数据的收集、分析和处理，智能化系统可以实现对风险事件的快速响应和处置。数据反馈可以包括来自多个渠道的数据，如实时监测数据、用户反馈数据、行业趋势数据等。这些数据可以为智能化系统提供实时的风险信息和预警信号，帮助系统及时发现和识别潜在的风险事件，为风险应对和处理提供数据支持。

数据反馈还可以为智能化风险应对与处理提供决策依据和优化方向。通过对历史数据和实时数据的分析，智能化系统可以发现风险事件的规律和趋势，为风险管理决策提供科学依据。例如，通过分析历史风险事件的发生规律和影响因素，智能化系统可以确定潜在的风险因素和预警指标，帮助系统更准确地识别和预测潜在的风险事件。通过对实时数据的监测和分析，智能化系统可以及时发现和识别新出现的风险事件，为风险应对和处理提供优化方向和决策支持。

数据反馈还可以为智能化风险应对与处理提供持续优化和改进的动力。通过对风险事件的后续处理和效果评估，智能化系统可以收集和分析处理结果的数据，发现问题和改进空间，并及时调整和优化风险应对策略和处理流程。例如，通过对风险事件的处理过程和结果进行监测和评估，智能化系统可以发现处理中存在的问题和不足，及时采取相应的改进措施，提高风险应对和处理的效率和质量。通过持续优化和改进，智能化系统可以不断提升风险管理的水平和能力，提高对复杂多变的风险环境的应对能力。

数据反馈与优化还可以促进智能化风险应对与处理的持续创新和发展。随着技术的不断进步和应用场景的不断拓展，智能化风险应对与处理的方法和技术也在不断创新和发展。通过对数据反馈的及时收集和分析，智能化系统可以发现新的风险问题和挑战，并及时调整和优化应对策略和处理方法，实现对新情况的快速响应和适应。还可以通过对数据反馈的深入挖掘和分析，发现新的数据特征和规律，为智能化系统的进一步优化和改进提供新的思路和方法。通过持续创新和发展，智能化风险应对与处理可以不断提升自身的能力和水平，更好地适应复杂多变的风险环境，为企业的可持续发展提供有力支撑。

2. 业务流程优化

业务流程优化对于提升企业效率和竞争力至关重要。随着市场竞争的日益激烈和信息化水平的不断提高，企业需要不断优化自身的业务流程，提高业务执行的效率和质量，以适应市场的变化和满足客户的需求。业务流程优化可以帮助企业简化冗杂的业务流程，优化资源配置，提高工作效率和响应速度，从而降低成本，提高盈利能力。

智能化风险应对与处理是企业应对各种风险挑战的重要手段。企业面临的风险种类繁多，包括市场风险、经营风险、技术风险等，而传统的风险管理方法往往效率低下、反应迟缓。智能化风险应对与处理则可以利用人工智能、大数据分析等技术手段，对风险进行快速识别和分析，并提供智能化的应对措施，帮助企业及时发现和应对风险，降低损失，保障企业的稳健发展。

在实施业务流程优化时，关键是要全面分析和理解企业的业务流程，找出存在的问题和瓶颈，并针对性地制定优化方案和措施。优化的目标是提高业务流程的效率和质量，减少不必要的环节和浪费，简化业务操作流程，提高资源利用率，从而实现企业的持续增长和竞争优势。

与此智能化风险应对与处理的实施也需要一系列的准备工作和技术支持。需要建立健全的风险管理体系和机制，明确风险管理的责任和流程，确保风险管理的科学化和规范化。需要充分利用现代化技术手段，如人工智能、大数据分析等，对风险进行全面、快速的识别和评估，并提供智能化的应对建议和措施。需要加强风险管理团队的培训和技能提升，提高团队的应对能力和反应速度，确保风险管理的有效性和可持续性。

在实际操作中，业务流程优化和智能化风险应对与处理需要相互配合，形成一个闭环。业务流程优化可以帮助企业降低风险发生的可能性，减少不必要的环节和风险点；而智能化风险应对与处理则可以帮助企业及时发现和应对潜在的风险，最大程度地降低损失和影响。业务流程优化和智能化风险应对与处理应该作为企业管理的重要组成部分，共同推动企业的健康发展。

第三节　区块链技术在税务合规审计中的应用

一、区块链技术在税务数据管理中的应用

（一）基于区块链的分布式账本

区块链技术作为一种分布式账本技术，在税务数据管理中具有巨大的潜力和应用前景。区块链是一种去中心化的数据库技术，数据被分布式存储在网络中的多个节点上，并且以区块的形式链接在一起，形成一个不可篡改的、透明的账本。在税务数据管理中，基于区块链的分布式账本可以实现税收信息的安全、透明和高效管理，为税务管理部门和纳税人提供更加便捷、高效的服务。

区块链技术可以实现税收数据的安全管理。税务数据的安全性是税务管理的核心问题之一，涉及到纳税人的隐私信息和国家的财政安全。传统的中心化数据库容易受到黑客攻击和数据篡改的威胁，而区块链技术具有去中心化、分布式存储、加密算法等特点，能够

有效防止数据的篡改和泄露。税务数据一旦被存储在区块链上，就会被分布式保存在网络的多个节点上，并且以加密的方式存储，保障数据的安全性和隐私性，防止数据被篡改和窃取。

区块链技术可以实现税收数据的透明管理。税收数据的透明度是税务管理的重要原则之一，涉及到政府的公信力和纳税人的合法权益。传统的税收数据管理往往存在信息不对称和审查不透明的问题，而区块链技术可以实现数据的全网透明共享。税务数据一旦被存储在区块链上，就会被公开展示在网络上的每一个节点上，任何人都可以随时查看和核实数据的真实性和完整性，从而提高税收数据管理的透明度和公正性，增强政府和纳税人之间的信任和合作。

区块链技术可以实现税收数据的高效管理。税收数据管理涉及到大量的数据采集、存储、处理和传输，传统的中心化数据库往往需要耗费大量的时间和资源，且容易出现数据冗余和数据不一致的问题。而区块链技术采用分布式存储和共识机制，能够实现数据的高效管理和处理。税务数据一旦被存储在区块链上，就会被分布式保存在网络的多个节点上，并且以区块的形式链接在一起，形成一个完整的账本。这样一来，税务管理部门可以通过区块链技术实现对税收数据的快速采集、实时更新和高效传输，提高数据管理的效率和质量，降低管理成本和风险。

区块链技术还可以实现税收数据的智能化管理。传统的税收数据管理往往需要依靠人工处理和审查，耗时耗力且容易出现错误和偏差。而区块链技术可以结合智能合约和数据分析技术，实现税收数据的智能化管理。智能合约是一种以代码形式编写的自动化合约，可以根据预设的条件和规则自动执行，实现数据的自动化处理和审查。税务管理部门可以利用智能合约实现税收数据的自动采集、自动核对和自动报告，减少人为错误的发生，提高数据管理的准确性和可靠性。税务管理部门还可以通过数据分析技术，对税收数据进行智能化的分析和挖掘，发现潜在的问题和趋势，提供预警和建议，帮助政府和纳税人更好地理解税收情况，做出科学决策。

（二）数据共享平台建设

区块链技术在税务数据管理中具有广泛的应用场景。在税务数据的收集和存储方面，区块链技术可以实现数据的去中心化存储，将税务数据分布式地存储在网络中的多个节点上，避免了单点故障和数据丢失的风险。在数据的传输和共享方面，区块链技术可以建立安全可信的数据通道，确保数据的安全传输和共享，防止数据被篡改或窃取。在数据的验证和审计方面，区块链技术可以实现数据的不可篡改性和透明性，任何数据的修改都将被记录在区块链上，确保数据的真实性和完整性。区块链技术可以广泛应用于税务数据管理的各个环节，为税务部门提供更加安全可信的数据管理解决方案。

区块链技术在税务数据管理中具有诸多优势，但也面临一些挑战。区块链技术具有去中心化和分布式存储的特点，可以实现数据的安全存储和共享，提高数据的安全性和可信度。区块链技术具有不可篡改和透明的特点，可以确保数据的真实性和完整性，防止数据被篡改或伪造。区块链技术具有智能合约和多方安全计算等特点，可以实现数据的自动化处理和安全计算，提高数据处理的效率和精确度。区块链技术也面临着性能、扩展性和隐私保护等方面的挑战，需要进一步完善和优化。

未来区块链技术在税务数据管理中的发展趋势主要包括但不限于提高技术性能和优化技术架构、加强数据安全和隐私保护、推动标准化和规范化建设等方面。区块链技术需要进一步提高性能和优化技术架构，以满足税务数据管理的大规模应用需求。加强数据安全和隐私保护是区块链技术在税务数据管理中的重要任务，需要加强对数据的加密保护和权限控制，确保数据的安全传输和共享。推动区块链技术在税务数据管理中的标准化和规范化建设，建立统一的数据交换和共享标准，促进不同系统之间的数据互操作，提高数据管理的效率和效能。

二、区块链技术在税务合规审计中的应用

（一）智能合规审计工具

智能合规审计工具的出现使得税务合规审计过程更加高效和精确。传统的合规审计往往需要大量的人力和时间来收集、整理和分析数据，容易出现数据错误和遗漏，审计效率低下。而智能合规审计工具通过结合人工智能、大数据分析等先进技术，可以实现对大量数据的自动收集、智能分析和快速处理，大大提高了审计效率和准确性。例如，智能合规审计工具可以通过自然语言处理技术实现对税法法规的智能解析和理解，自动识别和提取相关数据，快速形成审计报告，节省了大量的人力和时间成本，提高了审计工作的效率和质量。

区块链技术作为一种去中心化、不可篡改的分布式账本技术，具有确保数据安全和可信度的特点，在税务合规审计中具有重要应用前景。区块链技术可以实现对交易数据的实时记录和追溯，确保数据的真实性和完整性，防止数据篡改和造假，提高了审计数据的可信度和可靠性。例如，税务部门可以利用区块链技术建立税收交易的分布式账本，将纳税人的交易数据和纳税记录记录在区块链上，实现对数据的实时监测和追溯，确保数据的安全和可信度，提高了税务合规审计的准确性和可靠性。

智能合规审计工具结合区块链技术的应用可以进一步提高税务合规审计的效率和可信度。智能合规审计工具可以通过自动化分析和处理大量数据，快速发现和识别潜在的合规风险和问题，为审计人员提供决策支持和优化方向。而区块链技术可以确保数据的安全和可信度，实现对数据的实时记录和追溯，为审计工作提供可靠的数据支持和证据。智能合规审计工具结合区块链技术的应用，可以实现对数据的全面监测和追溯，及时发现和防范潜在的合规风险和问题，提高了税务合规审计的效率和可信度。

智能合规审计工具结合区块链技术的应用还可以促进税务合规审计工作的现代化和智能化发展。随着信息技术的不断发展和应用场景的不断拓展，智能合规审计工具结合区块链技术的应用将成为税务合规审计工作的重要发展方向。通过结合人工智能、大数据分析和区块链技术等先进技术，可以实现对大规模数据的快速处理和智能分析，提高了税务合规审计工作的效率和质量，为税务管理工作的现代化和智能化发展提供了有力支持。

（二）区块链合规性证明与报告生成

区块链技术的出现为税务合规审计提供了全新的解决方案。区块链是一种分布式账本技术，其特点包括去中心化、不可篡改、透明等，使得交易记录无法被篡改和删除。在税务合规审计中，区块链技术的应用可以帮助确保数据的真实性和完整性，提高审计的准确性和效率。

区块链技术在税务合规审计中的应用具有诸多优势。最显著的优势之一是数据的不可篡改性。区块链采用去中心化的数据存储和加密的数据传输方式，使得交易记录无法被篡改和删除，保障了数据的真实性和完整性。这意味着税务部门可以通过区块链技术获取到可信的交易数据，避免了传统审计中可能存在的数据篡改和造假问题，提高了审计的可靠性和准确性。

区块链技术在税务合规审计中的应用场景丰富多样。例如，税务部门可以利用区块链技术构建税务数据交换平台，实现与纳税人之间的实时数据共享和交流，减少了传统纸质报表和文件的传递和审核时间，提高了数据的及时性和准确性。税务部门还可以利用区块链技术对税收征管系统进行改造，建立可追溯的税收征管链，实现对税收流向和使用情况的实时监控和跟踪，提高了税收征管的效率和透明度。

未来，随着区块链技术的不断发展和应用，其在税务合规审计中的作用还将进一步扩大和深化。随着区块链技术的普及和成熟，税务部门可以与其他行业和部门进行合作，共同构建跨部门、跨系统的区块链税收征管平台，实现数据的共享和交换，提高税收征管的效率和质量。随着区块链技术的不断创新，税务部门可以进一步利用智能合约等技术手段，实现税收合规的自动化和智能化，减少人工干预，提高合规性和监管效果。

第四节　智能化税务政策解读与咨询服务

一、智能化税务政策解读

（一）智能化政策解读工具

智能化政策解读工具在税务领域的应用，是随着人工智能技术的不断发展而日益受到关注的重要领域之一。税收政策的复杂性和频繁变化使得纳税人和税务从业人员面临着理解和适应新政策的挑战。而智能化政策解读工具的应用可以帮助纳税人和税务从业人员更加快速、准确地理解和应用税收政策，提高税收遵从性和工作效率，推动税收管理的现代化和智能化发展。

智能化政策解读工具可以实现税收政策的自动化解读和分析。传统的税收政策解读往往需要依靠人工阅读和理解大量的法律文件和文件解读，耗时耗力且容易出现误解和偏差。而智能化政策解读工具可以通过人工智能技术，自动解读和分析税收政策文本，从中提取关键信息和规定，并生成易于理解和使用的解读结果。这样一来，纳税人和税务从业人员可以更加快速、准确地了解和应用税收政策，避免误解和误操作，提高税收遵从性和工作效率。

智能化政策解读工具可以实现税收政策的个性化解读和定制化服务。不同的纳税人和税务从业人员具有不同的背景、需求和问题，对税收政策的理解和应用也存在着差异。智能化政策解读工具可以根据用户的需求和问题，实现个性化的政策解读和定制化的服务。通过分析用户的输入信息和提问，智能化政策解读工具可以为用户提供与其具体情况相关的税收政策解读和建议，满足用户的个性化需求，提高服务的质量和用户满意度。

智能化政策解读工具还可以实现税收政策的实时更新和动态跟踪。税收政策的变化频繁且不断，纳税人和税务从业人员需要及时了解和适应新政策的要求。智能化政策解读工具可以通过实时监测和分析税收政策的变化，及时更新和调整政策解读结果，确保用户获取到最新、最准确的政策解读信息。这样一来，纳税人和税务从业人员可以更加及时地了解和应用新政策，降低适应新政策的成本和风险，提高税收遵从性和工作效率。

智能化政策解读工具还可以实现税收政策的深度解读和分析。税收政策往往涉及到复杂的法律条文和规定，对纳税人和税务从业人员的理解和应用能力提出了较高的要求。智能化政策解读工具可以通过人工智能技术，对税收政策进行深度解读和分析，挖掘其背后的逻辑和原则，提供更加深入和全面的政策解读信息。这样一来，纳税人和税务从业人员可以更加深入地理解和应用税收政策，提高工作水平和专业能力，降低误解和误操作的风险。

（二）个性化政策咨询服务

个性化政策咨询服务是当前税务管理中的一项重要服务，而智能化税务政策解读则是实现个性化政策咨询服务的重要手段之一。随着税收法规的不断更新和调整，纳税人对税收政策的理解和应对变得愈发复杂，借助智能化技术来解读税务政策，为纳税人提供个性化的咨询服务具有重要意义。

智能化技术在税务政策解读中发挥着重要作用。随着人工智能、大数据和自然语言处理等技术的不断发展，智能化技术可以实现对税收法规的自动解读和分析，快速提取关键信息，帮助纳税人准确理解税收政策，规避潜在的税收风险。例如，利用自然语言处理技术，可以对税收法规进行语义分析，抽取关键词和关键句，帮助纳税人快速了解税收政策的要点和变化。借助大数据技术，可以对历史数据进行分析和挖掘，为纳税人提供个性化的政策建议和税务规划方案。智能化技术为税务政策解读提供了新的思路和方法，为个性化政策咨询服务的实现提供了有力支持。

个性化政策咨询服务在税务管理中具有诸多优势，但也面临一些挑战。个性化政策咨询服务可以根据纳税人的实际情况和需求，为其量身定制专业的税务咨询方案，提高纳税人的满意度和遵从度。个性化政策咨询服务可以帮助纳税人及时了解税收政策的变化和影响，规避税收风险，提高税收合规性。个性化政策咨询服务也面临着数据隐私保护、信息安全等方面的挑战，需要加强对数据的保护和管理，确保纳税人的数据安全和隐私权益。

二、智能化税务咨询服务

（一）智能化咨询平台建设

智能化咨询平台建设为纳税人提供了更加便捷和高效的税务咨询服务。传统的税务咨询服务往往需要纳税人前往税务机构办理，耗时耗力。而智能化咨询平台利用人工智能、大数据分析等技术，可以实现在线咨询、智能问答等功能，为纳税人提供随时随地的咨询服务。例如，纳税人可以通过智能化咨询平台查询税法法规、申报流程等信息，获取税收政策解读和咨询建议，解决纳税问题和疑问，极大地提高了纳税人的咨询服务体验和满意度。

智能化咨询平台建设可以为税务部门提供更加高效和精准的税务管理服务。通过大数据分析和人工智能技术，智能化咨询平台可以实现对纳税人的行为数据和申报信息的智能分析和监测，发现潜在的税收风险和问题。例如，智能化咨询平台可以通过对纳税人的交易数据进行实时监测和分析，发现异常交易模式和行为规律，及时发出预警并采取相应措施，防范税收逃漏行为。通过智能化咨询平台建设，税务部门可以实现对纳税人的精准管理和个性化服务，提高了税收管理的效率和质量。

智能化咨询平台建设还可以促进税收政策的宣传和落实。通过智能化咨询平台，税务部门可以向纳税人发布最新的税收政策和法规，提供税收政策的解读和解释，指导纳税人正确理解和遵守税法法规。智能化咨询平台还可以通过在线培训和知识普及等形式，提高纳税人的税收意识和法律意识，增强纳税人的税收合规意识和主动申报意识。通过智能化咨询平台建设，税务部门可以加强与纳税人的沟通和联系，促进税收政策的宣传和落实，提高了税收管理的效果和效率。

智能化咨询平台建设还可以为税务管理工作提供数据支持和决策参考。通过对纳税人咨询数据的收集和分析，税务部门可以了解纳税人的热点问题和关注焦点，及时调整税收政策和服务措施，提高纳税人满意度和服务水平。还可以通过对纳税人咨询行为和申报情况的分析，发现潜在的税收风险和问题，及时采取相应措施，保障税收管理的稳定和安全。通过智能化咨询平台建设，税务部门可以实现对纳税人的全面监测和管理，提高了税收管理的科学性和精准度。

（二）专业顾问团队支持

建立专业顾问团队支持智能化税务咨询服务是适应数字化时代税务管理需求的重要举措。随着科技的迅速发展和税收政策的不断变化，纳税人对税务合规性和优化税务筹划的需求日益增加，而传统的税务咨询服务往往无法满足客户的个性化需求。建立专业顾问团队支持智能化税务咨询服务，可以更好地利用科技手段提供个性化、高效率的税务咨询服务，为纳税人提供更专业、更全面的税务管理支持。

建立专业顾问团队支持智能化税务咨询服务具有重要意义。纳税人在税务合规性和税务筹划方面往往缺乏专业知识和经验，需要专业顾问团队提供专业的指导和建议。而随着科技的发展，智能化技术已经成为税务咨询服务的重要手段，可以通过人工智能、大数据分析等技术手段为纳税人提供个性化的税务咨询服务，提高服务的效率和质量。建立专业顾问团队支持智能化税务咨询服务，有助于提升税务咨询服务的水平和竞争力，满足纳税人的需求，促进税收征管的现代化和智能化。

专业顾问团队支持智能化税务咨询服务需要具备一定的专业知识和技能。团队成员需要具备扎实的税法知识和专业背景，能够深入了解客户的需求和情况，为其提供专业的税务咨询服务。团队成员还需要具备良好的沟通和分析能力，能够与客户有效沟通，理解其需求并提供合适的解决方案。团队成员还需要具备一定的科技技能，能够熟练运用智能化技术工具，为客户提供个性化的智能化税务咨询服务。

在实施专业顾问团队支持智能化税务咨询服务时，需要注意以下几点。需要根据客户的需求和情况，建立多元化的专业顾问团队，涵盖不同领域的专业知识和技能，以满足客户的个性化需求。需要积极引进和应用智能化技术，建立智能化税务咨询平台，实现对客户需求的智能化分析和服务。再次，需要加强团队成员的培训和技能提升，不断提高团队的专业水平和服务质量。需要建立健全的质量管理体系，加强对服务质量的监控和评估，确保服务的及时性和准确性。

1. 专业顾问培训

专业顾问培训在智能化税务咨询服务中扮演着至关重要的角色。随着税收政策的日益复杂和税务领域技术的不断更新，纳税人和企业需要依靠专业的税务顾问来获取及时、准确的税务咨询服务。而智能化税务咨询服务的发展使得传统的顾问培训模式面临新的挑战和机遇。通过针对智能化税务咨询服务的专业顾问培训，可以提升顾问的专业水平和服务能力，满足纳税人和企业对高质量税务咨询服务的需求，推动税收管理的现代化和智能化发展。

专业顾问培训需要针对智能化税务咨询服务的特点和需求进行定制化。智能化税务咨询服务与传统的税务咨询服务相比，具有更高的技术含量和专业要求。顾问需要了解和掌握最新的税收政策和技术，具备数据分析、人工智能等领域的专业知识和技能。专业顾问培训应该针对智能化税务咨询服务的特点和需求，设计和开展相关的培训课程和活动，培养顾问的技术能力和专业素养，提升其在智能化税务咨询服务中的竞争力和影响力。

专业顾问培训需要注重实践教学和案例分析。智能化税务咨询服务的核心是解决实际问题和提供切实可行的解决方案，而理论知识的掌握往往需要与实践经验相结合。专业顾问培训应该注重实践教学和案例分析，通过实际案例和场景模拟，让顾问亲身体验和掌握智能化税务咨询服务的核心技能和方法。还可以邀请行业专家和成功案例进行分享和交流，启发顾问的思维和创新能力，提升其解决问题的能力和水平。

专业顾问培训需要注重团队合作和跨界学习。智能化税务咨询服务往往涉及多个领域和学科，需要不同专业背景和技能的顾问之间进行有效的协作和交流。专业顾问培训应该注重团队合作和跨界学习，通过团队项目和合作任务，促进顾问之间的交流和合作，激发其团队精神和协作能力。还可以组织跨领域的学习和交流活动，让顾问了解和学习其他领域的知识和技能，拓宽其视野和思维，提升其综合能力和竞争优势。

2. 智能化知识库建设

智能化税务咨询服务的重要性不言而喻。随着税法的不断调整和更新，纳税人往往难以及时了解最新政策，智能化咨询系统可以通过实时更新知识库，为纳税人提供最新的税务信息和政策解读。传统的税务咨询往往需要人工介入，耗时耗力，而智能化咨询系统可以通过人工智能技术，实现快速、高效地响应和解决问题，提高工作效率。智能化咨询系统还可以根据纳税人的个性化需求，提供针对性的解决方案，为其节省时间和精力，提升满意度。

智能化税务咨询服务在实践中也面临一些挑战。税务领域的复杂性决定了智能化系统需要具备高度的智能化和专业化，才能有效应对各种复杂情况。智能化咨询系统的建设需要大量的税法专业人才和技术人才，而这些人才的培养和引进也是一个长期而艰巨的任务。智能化咨询系统的安全性和隐私保护也是一个亟待解决的问题，如何保证纳税人的信息安全和隐私不被泄露，是智能化咨询系统发展过程中需要重点考虑的因素。

为了克服这些挑战，智能化税务咨询服务需要不断创新和完善。可以借鉴其他领域的成功经验，如金融领域的智能客服系统，以及医疗领域的智能诊断系统，结合税务领域的实际情况，开发出更加智能、高效的税务咨询系统。可以加强与高校和科研机构的合作，共同研究智能化税务咨询系统的关键技术和算法，提升系统的智能化水平和专业化水平。还可以加强与行业协会和企业的合作，共同推动智能化税务咨询服务的发展，为纳税人提供更加便捷、高效的税务咨询服务。

第七章　智能化财务与会计人才培养

第一节　智能化财务与会计人才需求分析与趋势预测

一、智能化财务与会计人才需求分析

（一）技术技能要求的提升

智能化财务与会计人才需要具备较强的数据分析能力。传统的财务与会计工作已经不再是简单的数据输入和报表生成，而是需要从海量数据中提取有用信息并做出有效决策。财务与会计人才需要熟练掌握数据分析工具和技术，如 Excel、Python 等，并具备数据清洗、建模和可视化的能力，以更好地理解数据并为企业决策提供支持。

智能化财务与会计人才需要具备良好的信息技术素养。随着信息技术的快速发展，财务与会计工作已经向数字化、网络化方向转变。财务与会计人才需要了解云计算、区块链、人工智能等前沿技术，以应对不断变化的工作环境。他们还需要具备网络安全意识，保护企业财务信息的安全。

智能化财务与会计人才需要具备良好的沟通和团队合作能力。在智能化时代，财务与会计人才不再是孤立工作，而是需要与其他部门紧密合作，共同解决问题。他们需要具备良好的沟通能力，能够清晰表达自己的观点并有效地与他人交流。团队合作能力也至关重要，能够与团队成员协作完成复杂任务，提高工作效率。

智能化财务与会计人才需要具备持续学习的能力。技术的更新换代速度越来越快，财务与会计人才需要不断学习新知识、掌握新技能，以跟上行业的发展步伐。他们需要保持学习的热情和求知欲，不断提升自己的专业水平，才能在激烈的竞争中立于不败之地。

（二）沟通与团队协作能力的重视

沟通与团队协作能力在智能化财务与会计领域的重要性愈发凸显。随着技术的发展和

商业环境的变化，传统的财务与会计工作已不再局限于数据处理和报告编制，而更加注重分析、解释和战略规划。人才不仅需要具备扎实的专业知识，还需要拥有出色的沟通与团队协作能力，以适应日益复杂多变的工作环境。

智能化财务与会计领域对人才的需求日益呈现多元化和综合化的趋势。随着人工智能、大数据和区块链等新技术的广泛应用，财务与会计工作的性质正在发生深刻变化。传统的数据输入、分类和整理已经被自动化和智能化的系统所取代，而对数据分析、风险管理和战略规划等高级能力的需求日益增长。在这样的背景下，沟通与团队协作能力成为了财务与会计人才必备的核心素质之一。

沟通与团队协作能力不仅在财务与会计工作中发挥着重要作用，更是智能化时代人才培养的关键。在财务团队中，成员之间需要频繁地交流信息、协调工作，以确保数据的准确性和及时性。良好的沟通能力可以帮助团队成员更好地理解工作任务和目标，减少信息误解和沟通障碍，提高工作效率和质量。而优秀的团队协作能力则能够促进团队内部的协同合作，充分发挥每个成员的潜能，实现团队的整体目标。

智能化财务与会计工作的复杂性也需要财务人才具备跨部门和跨领域的团队协作能力。在企业内部，财务部门往往需要与营销、生产、采购等其他部门密切合作，共同解决业务运营中的各种挑战。良好的团队协作能力可以帮助财务人员更好地与其他部门沟通协调，促进信息共享和资源整合，提高企业的综合竞争力。

要提高财务与会计人才的沟通与团队协作能力，需要从教育培训、岗位设置和企业文化等多个方面入手。在教育培训方面，学校和培训机构应该注重学生和员工的综合素质培养，提供更多的团队项目和实践机会，培养其沟通协调能力和团队合作意识。在岗位设置方面，企业可以通过跨部门轮岗、项目组建等方式，打破部门间的壁垒，促进员工之间的交流和合作。在企业文化方面，应该倡导开放包容、分享合作的价值观念，营造积极向上的团队氛围，激励员工展现出色的沟通与团队协作能力。

二、智能化财务与会计人才趋势预测

（一）技术型人才需求增加

智能化技术的迅速发展促使企业对智能化财务与会计人才的需求不断增加。随着人工智能、大数据分析和机器学习等技术的广泛应用，传统的财务与会计工作正在发生深刻的变革。企业需要具备智能化技能的人才来处理和分析海量的数据，提供准确、及时的财务信息，并运用智能化工具进行财务决策。

智能化财务与会计人才的需求增加还受到市场竞争的影响。在竞争激烈的市场环境中，企业需要通过提高财务与会计工作效率和准确性来提升竞争力。智能化技术的应用可以帮助企业实现财务流程的自动化和优化，降低成本，提高效率。企业对具备智能化财务与会计技能的人才的需求日益增加。

智能化财务与会计人才的需求增加还受到行业监管政策的影响。随着金融监管政策的不断升级，对财务与会计数据的准确性和可靠性要求越来越高。智能化技术可以提高财务与会计数据的质量和准确性，降低数据错误和舞弊的风险，因此受到监管政策的青睐。

在智能化财务与会计人才需求增加的也会带来一系列的影响。智能化技术的应用将改变传统财务与会计人员的工作内容和方式。传统的手工录入和数据处理工作将逐渐被智能化工具取代，财务与会计人员需要具备数据分析和技术应用能力，不断提升自身的技能水平。

智能化财务与会计人才的需求增加将推动相关专业教育和培训的发展。高校和培训机构将加大对智能化财务与会计领域的教育和培训力度，培养更多具备智能化技能的人才，以满足市场的需求。

智能化财务与会计人才的需求增加还将带动相关技术和产品的创新。企业和科研机构将加大对智能化财务与会计技术的研发投入，推出更多高效、智能化的财务与会计管理工具，提升整个行业的水平和竞争力。

（二）跨界人才受青睐

跨界人才的受青睐在当今职场已经成为一种明显趋势。在这个信息爆炸的时代，智能化财务与会计人才更是备受瞩目。未来，这一趋势将进一步加剧，因为企业需要更多具备跨领域知识和技能的人才来适应日益复杂和多变的市场环境。

随着科技的不断进步，财务与会计领域也在加速智能化转型。传统的财务与会计工作已经难以适应当今快速变化的商业环境，智能化技术的应用成为提高效率、降低成本的必然选择。例如，人工智能、大数据分析和区块链等技术的应用已经开始改变着财务与会计工作的方式。未来智能化财务与会计人才将更多地需要具备相关技术背景和数据分析能力，以应对不断变化的工作需求。

另跨界人才的需求也在不断增加。在当今全球化和信息化的时代，企业所面对的挑战涉及的领域越来越广泛，需要的人才也就越来越多样化。智能化财务与会计人才不仅需要具备财务与会计方面的专业知识，还需要具备跨领域的能力，比如商业分析、市场营销、信息技术等。只有这样，才能更好地理解企业的运营状况，为企业的发展提供更多元化的建议和支持。

在未来，智能化财务与会计人才的培养和选拔将更加注重跨界能力的培养。传统的财务与会计教育往往注重理论知识和专业技能的传授，但是这已经不再足够。未来的人才需要具备更广泛的视野和更灵活的思维，能够在不同领域中游刃有余地应对各种挑战。教育机构和企业需要联手，更新教育内容和培训方式，注重培养学生和员工的跨界能力，以适应未来智能化财务与会计工作的需求。

智能化财务与会计人才也需要不断提升自己的技能和知识。由于科技的发展速度极快，新技术和新工具不断涌现，智能化财务与会计人才需要保持敏锐的触觉，及时学习和掌握新知识，不断提升自己的竞争力。跨界人才的特点决定了他们需要具备更强的学习能力和适应能力，能够在不同领域中迅速融入并发挥自己的作用。

1. 财务技术专家

智能化财务与会计人才将更加注重技术创新和应用。随着人工智能、大数据分析等技术的日益成熟，财务与会计领域也将迎来更多的技术创新。未来的财务技术专家需要具备对新技术的敏感度和理解能力，能够及时掌握并应用新技术，提高工作效率和质量。

智能化财务与会计人才将更加注重数据安全和隐私保护。随着信息技术的不断发展，财务与会计数据的安全性和隐私保护面临着越来越大的挑战。未来的财务技术专家需要具备较强的数据安全意识和技术能力，能够设计和实施有效的数据安全措施，保护企业和客户的财务数据不受侵害。

智能化财务与会计人才将更加注重跨界融合和综合能力。未来的财务技术专家需要不仅仅具备财务与会计领域的专业知识和技能，还需要具备跨界融合的能力，能够将财务与会计知识与其他领域的知识相结合，为企业提供更加全面和综合的解决方案。

智能化财务与会计人才将更加注重持续学习和自我提升。由于科技的发展日新月异，未来的财务技术专家需要保持学习的热情和求知欲，不断更新自己的知识和技能，以适应行业的变化和发展。他们需要不断提升自己的专业水平，保持竞争力，才能在智能化时代的激烈竞争中立于不败之地。

2. 商业分析师

商业分析师在智能化财务与会计领域扮演着至关重要的角色。随着科技的飞速发展和商业环境的日益复杂，财务与会计工作不再仅限于传统的数据处理和报告编制，而是需要更多的数据分析和战略规划。商业分析师的需求也随之增加，他们不仅需要掌握财务与会计的专业知识，还需要具备数据分析、商业洞察和战略规划等方面的能力，以适应智能化财务与会计领域的发展趋势。

未来，商业分析师需要具备更强的数据科学和技术技能。随着人工智能、大数据和机器学习等新技术的广泛应用，商业分析师需要能够熟练运用各种数据分析工具和技术，从海量数据中提炼出有价值的信息和洞察。他们需要具备数据清洗、数据挖掘、模型建立等方面的技能，以帮助企业做出更准确的商业决策，提高业务绩效和竞争力。

商业分析师还需要具备较强的商业理解和洞察力。在智能化时代，财务与会计数据已不再是简单的数字，而是蕴含着丰富的商业信息和趋势。商业分析师需要能够理解企业的商业模式、市场环境和竞争对手，分析其对财务绩效的影响，并提出相应的改进建议。他们需要通过数据分析和商业洞察，发现业务运营中的潜在机会和挑战，为企业制定长远的发展战略提供支持和指导。

商业分析师还需要具备良好的沟通和团队合作能力。在智能化财务与会计领域，商业分析师往往需要与财务团队、技术团队和业务部门等多个部门密切合作，共同完成项目和任务。优秀的沟通和团队合作能力可以帮助商业分析师更好地与团队成员协调工作，理解业务需求，提高工作效率和质量。他们还需要具备良好的跨文化沟通能力，能够与全球化背景下的多元团队合作，共同解决跨地域、跨文化的商业问题。

随着智能化技术的不断发展和应用，商业分析师的角色也在不断演变和扩展。未来，商业分析师将成为企业决策层的重要参谋和战略伙伴，通过数据分析和商业洞察，为企业制定长远的发展战略和业务规划提供支持和指导。他们将不仅仅是财务和会计领域的专家，更是具备全面商业素养和跨部门合作能力的战略型领导者。未来商业分析师的培养和发展将成为企业人才培养的重点，只有具备了全面的技能和素养，才能在智能化时代的激烈竞争中脱颖而出，为企业创造更大的价值。

第二节　智能化技术背景下的财务与会计教育改革

一、智能化技术对财务与会计教育的影响

（一）课程内容与教学方法的调整

智能化技术的广泛应用改变了财务与会计领域的工作方式和需求。传统的财务与会计工作已经不能满足日益复杂的商业环境和数据处理需求。财务与会计教育需要重点培养学生掌握智能化技术的能力，包括数据分析、人工智能、大数据处理等方面的知识和技能。

智能化技术对财务与会计教育提出了新的课程内容需求。传统的财务与会计课程往往偏重于基本的会计原理和财务报表分析，而缺乏对智能化技术的系统介绍和应用。财务与

会计教育需要增加智能化技术相关的课程内容，如数据分析、人工智能在财务与会计领域的应用、智能化财务系统的设计与实施等。

智能化技术的应用也对财务与会计教学方法提出了挑战。传统的课堂教学模式往往以讲授为主，学生被动接受知识。智能化技术的学习需要学生具备实践操作和问题解决能力。财务与会计教育需要采用更加灵活多样的教学方法，如案例分析、项目实践、团队合作等，以培养学生的实际操作能力和问题解决能力。

智能化技术的应用也催生了新的教学工具和资源。传统的财务与会计教材往往无法覆盖智能化技术的最新发展和应用案例。财务与会计教育需要开发和利用智能化技术相关的教学工具和资源，如在线课程、虚拟实验室、智能化财务软件等，以丰富教学内容，提升教学效果。

智能化技术的发展也需要财务与会计教育与企业实践更加紧密地结合。传统的财务与会计教育往往与实际工作存在一定距离，学生毕业后需要一段时间适应实际工作需求。财务与会计教育需要加强与企业的合作，开展实习、实训等实践活动，让学生在学习过程中更加贴近实际工作，提前适应智能化技术的应用环境。

（二）师资队伍建设与专业化发展

财务与会计教育的发展一直受到师资队伍建设的关注。在智能化技术迅速发展的今天，财务与会计教育也不可避免地受到了影响。智能化技术对财务与会计教育的影响是多方面的，它既提出了新的挑战，也带来了新的机遇。

传统的财务与会计教育注重理论知识和基本技能的传授，但是随着智能化技术的发展，学生需要掌握更多与技术相关的知识和技能，比如数据分析、人工智能、区块链等。财务与会计教育需要更新教学内容，引入更多与智能化技术相关的内容，以适应新的需求。智能化技术还为教育提供了更多的教学工具和平台，比如在线课程、虚拟实验室等，可以提高教学效率，增强学生的学习体验。

传统的财务与会计教育师资队伍主要以从业经验丰富的专业人士为主，但是随着智能化技术的应用，教师需要具备更多与技术相关的知识和技能，才能更好地指导学生应对未来的工作挑战。财务与会计教育需要加强对教师的培训和专业发展，提高其技术水平和教学能力，以适应新的需求。

智能化技术的应用使得财务与会计领域的知识和技能更加重要，越来越多的人开始关注财务与会计教育，希望通过学习提升自己的竞争力。这为财务与会计教育提供了更广阔的市场空间和发展机会，可以吸引更多的人才投身于这一领域，促进财务与会计教育的专业化发展。

随着全球化的加速推进，财务与会计领域的知识和技能已经不再局限于国界之内，而是需要具备跨文化背景和国际视野。财务与会计教育需要更多地引入国际化的教学资源和课程内容，培养学生的国际交流能力和跨文化沟通能力，以适应全球化时代的需求。

二、智能化技术背景下的财务与会计教育改革

（一）教学资源与设施的升级

财务与会计教育需要升级教学资源，以适应智能化技术的发展。传统的财务与会计教育主要依赖于纸质教材和教室授课，已经无法满足学生对于实践性和互动性教学的需求。教学资源的升级应该包括引入数字化教材、多媒体教学软件、虚拟仿真实验等新型教学资源，以提升教学的灵活性和效果。

财务与会计教育需要升级教学设施，以提升教学环境和条件。传统的财务与会计教室大多设施简陋，缺乏现代化的教学设备和工具。在智能化技术背景下，教学设施的升级应该包括建设数字化教室、实验室和创客空间，配备先进的教学设备和工具，为学生提供更加现代化和实践性的学习环境。

传统的财务与会计教学主要采用讲授式教学和课堂笔记，缺乏互动性和探究性教学方法。在智能化技术背景下，教学方法的升级应该包括引入案例教学、问题驱动学习、团队合作项目等新型教学方法，鼓励学生积极参与和探索，培养他们的实践能力和创新意识。

传统的财务与会计教师大多是从业经验丰富的专业人士，缺乏教育教学理论和方法的系统培训。在智能化技术背景下，教师队伍的升级应该包括引入教育技术培训、教学方法培训、课程设计培训等内容，提升教师的教学水平和能力，使其能够更好地应对教育改革的挑战。

（二）国际化合作与交流

随着全球化进程的不断加深，国际化合作与交流对于智能化技术背景下的财务与会计教育改革具有重要意义。在这一背景下，财务与会计教育需要更加注重培养学生的国际视野、跨文化沟通能力和全球化思维，以适应日益复杂多变的国际商业环境，促进财务与会计人才的全面发展和国际竞争力的提升。

财务与会计教育改革需要加强国际化课程设置和教学内容更新。在智能化技术背景下，财务与会计领域的知识更新日新月异，国际化课程设置和教学内容更新是财务与会计教育改革的重要方向之一。教育机构应该加强与国际知名学府和企业的合作，引进最新的

财务与会计理论和实践经验，为学生提供全球化视野和最新的行业动态，培养学生适应国际商业环境的能力。

财务与会计教育改革还需要注重跨文化沟通能力和国际合作意识的培养。在智能化技术背景下，财务与会计人才需要与来自不同国家和地区的合作伙伴进行频繁的跨文化交流和合作。财务与会计教育应该注重培养学生的跨文化沟通能力、团队合作精神和国际合作意识，通过国际交流和合作项目，让学生了解不同文化背景下的商业实践和管理方式，提升他们的全球化竞争力。

在智能化技术背景下，财务与会计教育改革还需要注重培养学生的数据科学和技术能力。随着人工智能、大数据和区块链等新技术的广泛应用，财务与会计领域的工作不再局限于传统的数据处理和报告编制，而是需要具备数据分析和技术应用的能力。财务与会计教育应该加强数据科学和技术相关课程的设置，培养学生的数据分析、数据挖掘和数据可视化等方面的能力，为他们适应智能化技术的财务与会计工作提供必要的技能支持。

除了注重学生个人能力的培养外，财务与会计教育改革还需要加强与企业和行业的紧密合作。智能化技术的快速发展带来了财务与会计领域的诸多变革，而企业和行业是财务与会计教育改革的重要参与者和受益者。教育机构应该与企业和行业建立更加紧密的合作关系，了解他们对财务与会计人才的需求和期望，调整教学内容和教学方法，提高学生的就业竞争力和职业发展空间。

1. 合作办学项目

合作办学项目为财务与会计教育带来了更广阔的视野和资源。传统的财务与会计教育往往局限于学校内部的教学资源和师资力量，无法及时跟上行业的发展和变化。而合作办学项目通常由学校与企业、行业组织等合作共建，能够充分利用外部资源和实践平台，为学生提供更加丰富和实用的教学内容和资源。

合作办学项目促进了财务与会计教育与实际工作的紧密结合。在智能化技术背景下，财务与会计领域的工作内容和需求发生了巨大变化，学生需要具备更多的实践经验和技能。通过与企业合作开展合作办学项目，学校可以将教学内容与实际工作需求更好地对接，提供更加贴近实际的教学环境和项目实践机会，使学生在学习过程中更好地掌握智能化技术在财务与会计领域的应用。

合作办学项目还可以促进财务与会计教育的跨学科融合。智能化技术的应用涉及到数据科学、计算机科学等多个学科领域，传统的财务与会计教育往往无法全面涵盖这些知识和技能。通过与其他学科领域的学院或机构合作开展跨学科的合作办学项目，可以为学生提供更加全面和综合的教育，培养具备跨学科背景的复合型人才。

合作办学项目也为学生提供了更广阔的就业机会和职业发展空间。智能化技术的发展使得财务与会计领域对于具备智能化技能的人才需求日益增加，而合作办学项目通常能够为学生提供与企业合作的实习、就业机会，帮助他们更好地融入职场，实现个人职业发展目标。

合作办学项目也需要学校和企业等合作方共同努力，保证项目的质量和效果。学校需要积极开展与企业的合作交流，了解行业的发展需求和趋势，及时调整和优化项目设置和内容；企业也需要提供充分的支持和资源，参与到项目的设计和实施过程中，与学校共同培养财务与会计领域的优秀人才。

2. 学术交流与合作研究

学术交流与合作研究在智能化技术背景下对财务与会计教育改革具有重要意义。随着全球化和信息化的发展，学术交流与合作已经成为财务与会计领域促进教育改革和推动学科发展的重要途径。智能化技术的应用为学术交流与合作提供了更多的机会和可能性，有助于促进财务与会计教育的创新与发展。

传统的学术交流往往需要面对时间和空间上的限制，但是随着互联网和智能化技术的发展，学者们可以通过在线会议、网络研讨会等方式进行跨地域、跨国界的学术交流，突破了传统交流方式的限制。这种便利的学术交流为不同国家和地区的财务与会计教育提供了更多的合作机会，促进了教育资源的共享和学科的跨界融合。

传统的合作研究往往需要面对语言、文化等方面的障碍，但是随着智能化技术的应用，翻译工具、在线协作平台等技术的出现使得合作研究变得更加便利。学者们可以通过这些工具和平台进行实时交流、共同编辑文稿、共享数据等，促进了合作研究的深度和广度。这种合作研究的模式有助于各国学者共同攻克财务与会计领域的难题，推动学科的前沿进展。

传统的财务与会计教育往往以课堂教学为主，但是随着智能化技术的发展，教育模式也在发生变革。例如，利用人工智能技术开发智能教育系统，可以根据学生的学习情况和需求，个性化地提供教学内容和辅助学习。又如，利用虚拟现实技术开发虚拟实验室，可以让学生身临其境地进行财务与会计实践，提高他们的学习体验和技能水平。这些创新的教育模式有助于激发学生的学习兴趣，提高教学效果，促进财务与会计教育的改革和发展。

传统的教育评估往往以笔试、面试等方式为主，但是这种评估方式存在主观性较强、评价标准不够客观等问题。智能化技术的应用可以开发智能评估系统，通过数据分析和人工智能技术对学生的学习过程和成果进行客观、全面的评估。这种智能评估系统不仅可以为学生提供个性化的学习建议，还可以为教师提供更准确的教学反馈，促进教学质量的提高。

第三节　智能化财务与会计人才培训体系构建

一、智能化财务与会计人才培训需求分析

（一）技能要求的更新与提升

智能化财务与会计人才需要具备较强的数据分析能力。随着大数据技术的不断发展，财务与会计领域涉及的数据量越来越庞大，传统的手工处理已经无法满足需求。财务与会计人才需要掌握数据分析工具和技术，能够从海量数据中提取有用信息，进行数据清洗、建模和可视化分析，为企业决策提供支持。

智能化财务与会计人才需要具备较强的信息技术素养。智能化技术的应用使得财务与会计工作逐渐数字化、网络化，对信息技术的要求也越来越高。财务与会计人才需要了解云计算、区块链、人工智能等新技术，能够灵活运用各种财务软件和工具，提高工作效率和质量。

智能化财务与会计人才需要具备良好的沟通和团队合作能力。在智能化时代，财务与会计人才不再是孤立工作，而是需要与其他部门紧密合作，共同解决问题。他们需要具备清晰表达观点的沟通能力，能够与团队成员有效地协作，共同完成任务，提高工作效率。

智能化财务与会计人才需要具备持续学习的能力。由于科技的快速发展，财务与会计领域的知识和技能也在不断更新换代，财务与会计人才需要不断学习新知识、掌握新技能，以跟上行业的发展步伐。他们需要保持学习的热情和求知欲，不断提升自己的专业水平，才能适应智能化时代的需求。

（二）跨领域知识的整合与应用

在智能化财务与会计领域，跨领域知识的整合与应用成为了人才培训的重要需求。随着科技的不断进步和商业环境的快速变化，财务与会计工作已经不再是简单的数据处理和报告编制，而是需要结合多领域知识，如科技、商业和法律等，进行综合分析和判断。培养具备跨领域知识整合与应用能力的财务与会计人才已成为当务之急。

智能化财务与会计人才需要具备跨领域的综合能力。传统的财务与会计人才往往只具

备专业知识，缺乏其他领域的综合能力。在智能化时代，财务与会计工作已经越来越涉及到科技、商业、法律等多个领域。例如，人工智能和大数据技术的应用，需要财务与会计人才具备数据科学和技术背景；跨境业务和国际贸易的发展，需要财务与会计人才了解国际贸易法律和税收政策等。财务与会计人才需要具备跨领域的综合能力，才能适应日益复杂的工作环境。

智能化财务与会计人才培训需要注重跨领域知识的整合和应用。为了培养具备跨领域综合能力的财务与会计人才，培训课程需要涵盖多个领域的知识，如科技、商业、法律等。教育机构可以与相关领域的专家和企业合作，设计和开设跨领域知识整合和应用的培训课程，为学员提供全面的知识和技能培训。培训课程还应该注重实践操作和案例分析，让学员通过实际项目和案例学习，掌握跨领域知识的整合和应用技能。

智能化财务与会计人才需要具备的跨领域知识包括但不限于科技、商业、法律等方面。财务与会计人才需要了解科技领域的最新发展和应用，如人工智能、大数据、区块链等技术，以及它们在财务与会计领域的应用场景和案例。财务与会计人才需要了解商业领域的知识，如市场营销、商业模式、战略规划等，以便更好地理解企业的商业运营和财务决策。财务与会计人才还需要了解法律领域的知识，特别是与财务与会计相关的法律法规和税收政策等，以确保企业的财务运作合规性。

在智能化财务与会计人才培训中，应该注重实践能力和综合素质的培养。传统的财务与会计教育往往注重理论知识的传授，忽视了学生的实践能力和综合素质的培养。在智能化时代，财务与会计工作更加强调实际操作能力和综合素质的综合应用能力。财务与会计人才培训应该注重实践操作和案例分析，让学员通过实际项目和案例学习，提高他们的实践能力和综合素质。

二、智能化财务与会计人才培训体系构建

（一）课程设置与教学方法改革

智能化财务与会计人才培训体系的构建需要针对智能化技术的应用特点进行课程设置的调整。传统的财务与会计课程往往注重基础知识的传授，而忽视了智能化技术在财务与会计领域的应用。需要增设智能化技术相关的课程，如数据分析、人工智能在财务与会计中的应用、智能化财务软件的操作等，以提高学生对智能化技术的理解和应用能力。

智能化财务与会计人才培训体系的构建还需要更新教学方法，注重实践操作和问题解决能力的培养。传统的财务与会计教学往往以讲授为主，学生被被动接受知识，而智能化

技术的应用需要学生具备实践操作和分析解决问题的能力。应采用案例分析、项目实践、模拟训练等教学方法，让学生在实际操作中学习和应用智能化技术，提高他们的实际操作能力和问题解决能力。

智能化财务与会计人才培训体系的构建还需要注重跨学科知识的整合和交叉学科的融合。智能化技术的应用涉及到数据科学、计算机科学等多个学科领域，传统的财务与会计教育往往无法全面涵盖这些知识和技能。应加强与其他学科领域的交叉合作，开展跨学科的合作教学项目，为学生提供更加全面和综合的教育，培养具备跨学科背景的复合型人才。

智能化财务与会计人才培训体系的构建还需要充分利用现代化教育技术和资源，提升教学效果和质量。随着信息技术的发展，教育技术已经成为了财务与会计教育的重要组成部分，如在线课程、虚拟实验室、智能化教学软件等，可以为学生提供更加丰富和便捷的学习资源和平台，提高他们的学习积极性和效率。

智能化财务与会计人才培训体系的构建还需要加强与企业的合作，提升培训的实用性和适用性。财务与会计领域的智能化技术应用需要与实际工作紧密结合，学校应与企业合作开展实习、实训等实践活动，让学生在实际工作中学习和应用智能化技术，提高他们的实践能力和就业竞争力。

（二）师资队伍建设与教学资源支持

财务与会计人才培训体系的构建离不开师资队伍建设和教学资源支持。在智能化时代，财务与会计领域对人才的需求日益增长，建立起符合时代要求的培训体系显得尤为重要。这一体系的构建需要从师资队伍建设和教学资源支持两个方面入手，以确保培养出适应时代潮流、具备智能化财务与会计技能的人才。

师资队伍建设是智能化财务与会计人才培训体系构建的基础。在智能化时代，培训师资队伍不仅需要具备传统财务与会计领域的专业知识和教学经验，还需要具备与智能化技术相关的技能和知识。这意味着培训机构需要通过加强教师培训、引进外部专家、开展学术交流等方式，不断提升教师的技术水平和教学能力，以适应智能化时代对人才培训的需求。只有具备了足够的师资力量，才能够保证培训体系的质量和有效性。

教学资源支持是智能化财务与会计人才培训体系构建的重要保障。智能化时代，教学资源不再局限于传统的教科书和讲义，而是需要结合现代化的技术手段和资源，比如在线课程、虚拟实验室、智能化教学软件等。培训机构需要投入更多的资源，建设和完善这些教学资源，以提供更加丰富多样、高效便捷的学习方式和工具。还需要与行业企业合作，获取实践案例和数据资源，使学生能够在实践中学习、在实践中提升自己的技能。

除了师资队伍建设和教学资源支持外，智能化财务与会计人才培训体系的构建还需要关注课程设置和教学方法的创新。在智能化时代，财务与会计领域的知识结构和技能要求发生了变化，传统的课程设置和教学方法已经不再适用。培训机构需要通过重新设计课程结构、引入新的教学方法，如案例教学、项目实践等，培养学生的创新思维和实践能力，使其能够适应未来的工作环境和需求。

智能化财务与会计人才培训体系的构建还需要注重学生个性化发展和全面素质培养。每个学生的学习背景、兴趣爱好和职业规划都有所不同，培训机构需要提供个性化的学习计划和指导，满足不同学生的需求。还需要注重学生的全面素质培养，培养他们的领导力、团队合作能力、沟通能力等软技能，使其成为具有综合素质和创新精神的优秀人才。

1. 培训与更新

建立全面的课程体系是构建智能化财务与会计人才培训体系的基础。该课程体系应涵盖财务与会计领域的基础知识、技能要求以及智能化技术的应用。例如，课程内容可以包括财务会计、管理会计、数据分析、信息技术等方面的内容，以确保学生掌握全面的专业知识和技能。

注重实践教学是建立智能化财务与会计人才培训体系的关键。传统的理论教学已经无法满足行业的需求，学生需要通过实践活动来加深理解和掌握技能。培训体系应该包括实习实训、案例分析、项目实践等实践教学环节，为学生提供与实际工作场景相关的学习经验。

建立多元化的培训模式是构建智能化财务与会计人才培训体系的重要组成部分。由于学生的学习方式和节奏各不相同，培训体系应该采用多种形式的培训模式，包括面对面教学、在线教育、远程培训等，以满足不同学生的需求。

建立有效的评估机制是保证智能化财务与会计人才培训体系质量的重要手段。培训体系应该建立科学合理的评估体系，对学生的学习成果和能力水平进行全面评估。评估方式可以包括考试、作业、项目评审、实习评价等，以确保培训效果的有效性和可持续性。

与行业紧密合作是构建智能化财务与会计人才培训体系的关键之一。培训机构应该与企业、行业协会等相关机构紧密合作，了解行业的实际需求和趋势，及时调整培训内容和方式，保持培训体系与行业发展的同步性和适应性。

2. 实验室建设与资源配置

实验室建设与资源配置在智能化财务与会计人才培训体系构建中起着重要的作用。随着科技的快速发展和财务与会计工作的智能化趋势，建设先进的实验室和合理配置资源，对于培养具备前沿科技应用能力和实践操作技能的财务与会计人才至关重要。建设符合智能化趋势的实验室和科学配置资源，已成为财务与会计人才培训体系构建的重要任务之一。

实验室建设需要紧跟智能化财务与会计的发展趋势。智能化技术的快速发展带来了财务与会计工作方式的根本变革，传统的财务与会计实验室已无法满足现代教学和实践的需求。实验室建设需要紧跟智能化趋势，结合最新的科技应用和实践需求，设计和建设具有前瞻性和实用性的实验室。这包括配置先进的硬件设备和软件工具，如财务分析软件、数据挖掘工具、区块链技术平台等，以及搭建模拟实战场景和案例分析平台，为学生提供真实的财务与会计工作环境和实践机会。

资源配置需要充分考虑财务与会计人才培训的全面需求。财务与会计人才培训需要兼顾理论教学和实践操作两个方面，因此资源配置需要充分考虑学生的学习需求和教学目标。需要配置优质的教学人员和教学内容，提供系统全面的理论知识教学；另还需要配置先进的实验室设备和实践操作平台，提供丰富多样的实践机会和实战场景，培养学生的实际操作能力和解决问题的能力。还需要配置实习实训基地和行业资源，为学生提供与企业合作的机会，加强学校与企业之间的合作交流，促进财务与会计人才的产学研结合。

实验室建设和资源配置需要充分考虑教学目标和学生需求。在智能化财务与会计人才培训体系构建中，实验室建设和资源配置的目标应该是为学生提供一个全面发展和个性化学习的平台。在实验室建设和资源配置过程中，应该充分考虑教学目标和学生需求，根据不同层次、不同专业的学生，设计和配置不同类型的实验室和资源。例如，针对本科生和研究生，可以建设不同级别的实验室和实践平台，满足其不同层次的学习和实践需求；针对财务与会计专业和相关专业的学生，可以配置不同类型的实验设备和软件工具，提供个性化的学习和实践环境。

实验室建设和资源配置需要注重创新和可持续发展。随着科技的不断进步和财务与会计工作的不断变革，实验室建设和资源配置也需要不断创新和更新。教育机构应该积极引入最新的科技应用和教学方法，不断改进和优化实验室设备和资源配置，提高教学质量和效果。还需要加强与行业和企业的合作，及时了解和应用最新的技术和工具，为学生提供与实际工作场景相符合的实践机会和就业保障，促进财务与会计人才培养体系的可持续发展。

第四节　智能化时代财务与会计人才评价与激励机制

一、智能化时代财务与会计人才评价机制

（一）绩效评价指标的更新与调整

智能化时代的财务与会计领域正经历着前所未有的变革。随着人工智能、大数据和自动化技术的迅猛发展，传统的财务与会计工作方式正在被重新定义。在这一变革中，财务与会计人才的角色也在不断演变。传统的财务与会计工作主要侧重于数据的处理和报告，而智能化时代要求财务与会计人才具备更多的数据分析、预测和战略规划能力。

更新与调整绩效评价指标势在必行。评价指标应更加注重财务与会计人才的数据分析和解决问题的能力。这包括对数据科学、统计学和数据可视化等方面的能力进行评估，以确保他们能够有效地利用大数据来支持决策和战略制定。

评价指标还应考量财务与会计人才在智能化工具和技术方面的应用能力。随着人工智能和自动化技术的普及，财务与会计人才需要掌握相关工具和软件，如人工智能财务软件、区块链技术等，以提高工作效率和准确性。

评价指标还应该考虑财务与会计人才在战略规划和风险管理方面的能力。智能化时代，财务与会计人才不仅仅是数据处理的执行者，更需要成为决策者和战略规划者。评价指标应该包括对其战略思维、风险识别和管理能力的考量。

更新与调整绩效评价指标还应该注重财务与会计人才的终身学习和适应能力。智能化时代的变革速度之快，要求财务与会计人才能够不断学习和适应新的技术和工作方式。评价指标应该包括对其学习能力、创新能力和适应能力的评估。

（二）全面发展评价体系建立

智能化时代的财务与会计工作环境发生了巨大变化，要求财务与会计人才具备更多元化的能力和技能。建立全面发展评价体系势在必行。全面发展评价体系应该包括对财务与会计人才专业知识的评估。虽然智能化技术的发展改变了工作方式，但专业知识仍然是财务与会计工作的基础。评价体系应该考察财务与会计人才是否具备扎实的财务会计理论知识以及相关法律法规的了解。

全面发展评价体系应该注重财务与会计人才的技能和能力。除了传统的财务报表编制

和审计技能外，评价体系还应该考察财务与会计人才的数据分析能力、沟通协作能力、问题解决能力等。特别是在智能化时代，数据分析能力成为财务与会计人才必备的核心能力之一，能够通过数据挖掘和分析为企业提供更深入的洞察和决策支持。

全面发展评价体系还应该考虑财务与会计人才的领导力和创新能力。在智能化时代，财务与会计人才不仅仅是数据处理的执行者，更需要成为组织中的领导者和创新者。评价体系应该考察财务与会计人才是否具备领导团队、制定战略规划以及推动创新的能力。

全面发展评价体系还应该关注财务与会计人才的终身学习和适应能力。智能化时代的变革速度之快要求财务与会计人才能够不断学习和适应新的技术和工作方式。评价体系应该考察财务与会计人才是否具备自主学习和持续发展的意识，以及是否能够适应不断变化的工作环境。

二、智能化时代财务与会计人才激励机制

（一）薪酬激励与福利待遇

智能化时代的财务与会计人才需要更加灵活的薪酬激励机制。传统的固定薪酬制度已经不能满足人才的需求，因为智能化时代对财务与会计人才的要求日益多样化和复杂化。公司可以考虑采用更加灵活的薪酬结构，例如将一部分薪酬与绩效挂钩，或者采用股权激励等方式，以激发人才的工作热情和创造力。

福利待遇在智能化时代的重要性日益凸显。除了薪酬激励外，良好的福利待遇也是吸引和留住人才的关键因素之一。在智能化时代，人才对于工作环境和个人发展的关注度更高，因此公司可以通过提供具有竞争力的福利待遇，如灵活的工作时间安排、健康保险、培训和发展机会等，来吸引和留住优秀的财务与会计人才。

智能化时代对财务与会计人才的专业素养提出了更高的要求。公司可以通过提供专业培训和发展机会来激励人才不断提升自身的专业水平和技能，以适应智能化时代的发展需求。公司还可以建立健全的晋升通道和评价体系，为优秀的财务与会计人才提供广阔的发展空间和晋升机会。

智能化时代下的财务与会计人才激励机制还需要注重激励的全面性和公平性。在设计激励机制时，公司需要考虑到不同岗位和不同层级的人才的特点和需求，确保激励机制能够全面覆盖，并且公平公正。只有如此，才能更好地激发财务与会计人才的潜能，促进公司的可持续发展。

（二）晋升与荣誉认定

晋升与荣誉认定在智能化时代财务与会计人才激励机制中扮演着至关重要的角色。随着技术的不断进步，传统的财务与会计职能正在经历着深刻的变革。在这一背景下，如何设计有效的晋升与荣誉认定机制，成为了企业吸引、留住优秀人才的关键因素之一。

晋升机制的建立需要与智能化时代的发展趋势相契合。传统上，晋升往往与工作经验和管理层级直接相关，在智能化时代，技术能力和创新能力愈发成为了重要的衡量标准。企业在制定晋升机制时，应该注重技术人才的成长路径，为他们提供更多的学习与发展机会，激励其不断提升自身的技术水平和创新能力。

荣誉认定在激励人才方面具有重要作用。荣誉认定不仅能够激发员工的自豪感和归属感，还能够增强其对企业的认同和忠诚度。在智能化时代，荣誉认定不再局限于传统的“员工月度/年度最佳员工”之类的奖项，更应该注重对于技术创新、项目成就等方面的认可。通过设立专项奖励，如技术创新奖、项目领导奖等，可以有效激励员工在技术创新和项目管理方面的表现，推动企业在智能化领域的发展。

晋升与荣誉认定机制的设计应该注重公平与透明。在智能化时代，员工更加关注企业的公平性和透明度，特别是在晋升和荣誉认定方面。企业在制定晋升与荣誉认定机制时，应该建立公平的评价标准和流程，避免主观因素的介入，确保每一位员工都能够凭借自身的努力和能力获得应有的认可和奖励。

晋升与荣誉认定机制应该与绩效考核和薪酬体系相结合。晋升与荣誉认定是对员工优秀表现的一种肯定，而绩效考核和薪酬体系则是对员工工作业绩的直接体现。企业应该将晋升与荣誉认定机制与绩效考核和薪酬体系相结合，形成一个完整的人才激励体系，从而更好地激发员工的工作动力和创新潜力。

第八章　智能化财务管理与会计转型的法律与监管

第一节　智能化技术背景下的财务法律风险与合规挑战

一、智能化技术对财务法律风险的影响

（一）数据隐私与安全风险

智能化技术的广泛应用使得财务数据变得更加便捷和高效地处理和分析。与此数据隐私与安全风险也随之而来。智能化技术的大规模数据收集和处理可能会导致个人隐私信息泄露的风险增加。例如，在财务数据分析过程中，如果数据被非法获取或泄露，将对个人隐私产生严重影响，甚至可能导致个人财务安全受到威胁。

智能化技术对财务法律风险的影响还体现在数据安全方面。随着财务数据存储在云端和其他在线平台上的增加，财务数据的安全性面临着更大的挑战。黑客攻击、数据泄露、恶意软件等安全威胁可能会导致财务数据的丢失或被篡改，给企业和个人带来巨大的经济损失和法律责任。

为了应对智能化技术对财务法律风险的影响，企业和个人需要采取一系列有效的安全措施。建立健全的数据隐私保护机制至关重要。企业应该加强对财务数据的权限管理和访问控制，确保只有授权人员能够访问和处理敏感数据。加强对数据传输和存储过程中的加密和安全控制，以防止数据被非法获取或篡改。

加强财务数据安全管理是应对财务法律风险的关键一环。企业应该建立完善的数据备份和恢复机制，及时备份重要的财务数据，并建立应急响应团队，及时应对可能发生的安全事件。定期对财务系统和软件进行安全漏洞扫描和修补，确保系统的安全性和稳定性。

加强员工的安全意识培训也是减少财务法律风险的重要措施。企业应该定期组织员工参加数据安全培训和演练，提高员工对财务数据安全的重视和意识，教育员工如何正确处

理和保护财务数据，避免不必要的安全风险。

（二）智能合约与法律责任

智能合约的执行具有自动化和不可逆转的特点，这给合同执行过程中的法律责任带来了新的挑战。传统的合同执行过程中，当一方违约时，另一方可以通过法律手段来维护自己的权益。在智能合约中，一旦合约被执行，就无法逆转，这可能会导致当事人无法通过传统的法律手段来解决争议，从而增加了法律风险。

智能合约的编程代码可能存在漏洞和错误，这可能导致合约执行的不完全和不准确，从而引发法律争议。在传统的合同执行过程中，合同的内容和条款都是由人工编写和审核的，因此可以相对较为可靠。在智能合约中，由于编程代码的复杂性和技术性，可能存在漏洞和错误，导致合约执行的不完全和不准确，从而增加了法律风险。

智能合约的跨境性和去中心化特点也给法律责任的界定和执行带来了挑战。由于智能合约是基于区块链技术的，因此可以实现跨境交易和无需中介的合约执行。这也给法律责任的界定和执行带来了挑战，因为不同国家和地区的法律体系不同，可能对智能合约的认可和执行存在差异，从而增加了法律风险。

解决智能化技术对财务法律风险的影响，需要综合运用技术手段和法律手段。对智能合约的编程代码进行严格的审核和测试，以确保合约执行的准确性和完整性。建立跨境合作机制和法律认可机制，以促进智能合约的跨境交易和法律认可。加强法律监管和法律救济机制的建设，及时解决智能合约执行过程中出现的法律争议，保障当事人的合法权益。

二、智能化技术对财务合规挑战的影响

（一）智能化数据管理与合规

智能化技术对财务合规的影响在于提高了数据管理的效率和精度。传统的财务数据管理往往依赖于人工操作，容易受到人为错误和误操作的影响，而智能化技术，如人工智能和自动化软件，可以帮助财务部门实现数据的自动化收集、处理和分析，大大提高了数据管理的效率和准确性，减少了合规风险的发生概率。

智能化技术为财务合规提供了更强大的监测和预警能力。财务合规涉及到大量的法规和政策，需要财务部门不断监测和更新以确保合规性。智能化技术可以通过建立智能监测系统，实时监测财务数据和交易行为，发现潜在的违规行为，并及时发出预警，帮助财务部门及时采取措施防范风险，保障合规性。

智能化技术还可以通过数据分析和挖掘，帮助财务部门发现合规方面的问题和风险。传统的财务合规检查往往是基于样本抽查和人工审查，效率低下且容易遗漏问题。而智能化技术可以通过大数据分析和机器学习算法，对海量数据进行全面分析，发现潜在的合规问题，并提供精准的解决方案，大大提高了合规检查的效率和准确性。

智能化技术还可以通过建立智能化合规培训系统，帮助财务人员提升合规意识和能力。财务合规不仅仅是技术问题，更是人员素质和管理水平的问题。智能化合规培训系统可以根据财务人员的实际情况和需求，定制个性化的培训内容和方案，提供多样化的学习资源和方式，帮助财务人员全面提升合规意识和能力，更好地适应智能化时代的合规要求。

（二）智能化决策与风险管理

智能化技术在财务领域的应用为企业提供了更加高效和准确的决策支持。智能化决策也面临着一系列合规挑战。智能化决策系统可能存在算法偏差和不透明性的问题，导致决策结果不公平或不合规。智能化技术的快速发展可能导致现有的法律法规跟不上技术的变化，从而使得企业在智能化决策过程中难以确保合规性。

智能化技术对财务合规挑战的影响还表现在风险管理方面。随着财务数据的大规模收集和处理，企业面临着越来越复杂和多样化的风险。例如，数据泄露、黑客攻击、虚假信息等风险可能对企业财务合规性产生严重影响，甚至导致企业面临法律诉讼和罚款。智能化技术的不断发展也可能给企业带来新的风险，如人工智能算法的误判和错误决策可能导致严重的合规问题。

为了应对智能化技术对财务合规挑战的影响，企业需要采取一系列有效的措施。加强智能化决策系统的透明度和可解释性至关重要。企业应该确保决策系统的算法公平和合规，及时对决策过程进行监督和审查，确保决策结果的合法性和合规性。加强对智能化技术的监管和规范，制定相关政策和标准，引导企业合理使用智能化技术，避免产生不良后果。

加强财务数据的安全管理是确保财务合规性的关键一环。企业应该加强对财务数据的加密和访问控制，建立健全的数据备份和恢复机制，及时发现和应对数据安全事件，确保财务数据的完整性和保密性。加强对财务系统和软件的安全漏洞扫描和修补，防止黑客攻击和恶意软件的侵入。

加强员工的合规意识培训也是确保财务合规性的重要举措。企业应该定期组织员工参加合规培训和演练，提高员工对财务合规要求的认识和理解，教育员工如何正确处理和保护财务数据，避免不必要的合规风险。

第二节　监管科技与智能化财务管理

一、监管科技在智能化财务管理中的作用

（一）实时监测与预警

实时监测与预警系统能够帮助企业及时发现和识别财务风险。在传统的财务管理中，企业往往需要花费大量的人力和时间来进行数据收集和分析，难以做到及时发现潜在的财务风险。而实时监测与预警系统利用大数据和人工智能技术，能够实现对企业财务数据的实时监测和分析，及时发现异常情况，并预警相关人员进行处理，有效降低了财务风险发生的可能性。

实时监测与预警系统能够提高企业的决策效率和准确性。在日常经营管理中，企业需要根据市场环境和内部情况及时调整经营策略和决策方案。实时监测与预警系统能够及时向企业管理者提供财务数据和分析结果，帮助他们及时了解企业的经营状况和财务风险，从而做出更加准确和有效的决策，提高了企业的竞争力和盈利能力。

实时监测与预警系统还能够提高企业的合规性和透明度。随着金融监管的日益严格，企业需要加强对财务数据的监管和管理，确保企业的经营活动符合法律法规和监管要求。实时监测与预警系统能够实现对企业财务数据的全面监控和实时分析，帮助企业及时发现并解决可能存在的合规风险，提高了企业的合规性和透明度，为企业赢得了良好的社会声誉和信誉。

实时监测与预警系统的建立还能够为企业提供长期稳定的发展保障。通过对财务数据的实时监测和分析，企业能够及时发现和解决潜在的经营风险，降低了经营风险带来的损失和影响，为企业的长期稳定发展提供了保障。实时监测与预警系统还能够帮助企业更好地把握市场机遇，优化资源配置，提高经营效率和盈利能力，为企业的可持续发展创造更加有利的条件。

（二）数据分析与识别

随着大数据时代的到来，企业面临着海量的数据，其中蕴藏着丰富的信息和价值。监管科技通过应用数据挖掘、机器学习和人工智能等技术，可以对这些数据进行深入分析和挖掘，发现隐藏在数据背后的规律和趋势，帮助企业更好地理解市场和客户需求，优化财

务决策。

在复杂多变的市场环境下，企业面临着各种潜在的风险和挑战，如市场风险、信用风险、操作风险等。监管科技可以通过建立智能化风险识别系统，实时监测市场动态和企业运营情况，发现潜在的风险因素，并及时发出预警，帮助企业及时采取措施加以应对，降低风险发生的可能性。

在日益严格的法律法规和监管要求下，企业需要建立健全的合规制度和流程，确保企业的经营活动符合法律法规的要求。监管科技可以通过应用数据分析和人工智能技术，对企业的合规情况进行全面监测和分析，发现潜在的合规问题，并及时采取措施加以整改，提高合规性管理水平，降低合规风险。

作为上市公司或者公开企业，信息披露是企业的法定责任和社会责任，对于维护投资者利益和市场秩序具有重要意义。监管科技可以通过建立智能化的信息披露系统，实现信息的及时、准确和全面披露，提高信息披露的效率和质量，增强投资者对企业的信任度，促进市场的健康发展。

二、智能化财务管理中的监管挑战与应对策略

（一）监管挑战分析

智能化财务管理涉及大量的数据处理和信息传输，因此面临着数据隐私和安全保护的监管压力。在数字化时代，个人信息保护已成为各国政府高度关注的议题，相关法律法规不断完善。对此，企业需要建立健全的数据保护机制，包括加密技术、权限管理和安全审计等措施，以确保客户和企业数据的安全性和隐私保护。

另智能化财务管理的普及也带来了信息透明度和数据准确性的挑战。监管部门对于财务信息的真实性和可靠性提出了更高的要求，以防范财务欺诈和不当行为。在这种情况下，企业需要建立健全的财务报告制度，采用先进的数据验证和审计技术，确保财务信息的准确性和透明度，以满足监管的要求。

智能化财务管理涉及到跨境业务和国际合作，因此还面临着跨境监管的挑战。不同国家和地区的监管标准和要求存在差异，企业需要了解并遵守各国的法律法规，以避免因跨境业务而引发的法律风险和合规风险。针对这一挑战，企业可以建立专门的跨境合规团队，加强与国际监管机构和合作伙伴的沟通与合作，以确保其跨境业务的合规性和稳定性。

在应对智能化财务管理中的监管挑战时，企业需要综合考虑技术、法律和业务等多个

方面的因素，采取综合性的应对策略。企业应建立健全的内部控制机制，包括制定合规政策、建立监管机构和流程，并加强内部培训和监督，以确保全员遵守相关法律法规。企业应投资于信息技术和数据安全，建立安全可靠的信息系统和数据保护机制，以应对数据隐私和安全保护的挑战。企业应加强与监管部门和合作伙伴的沟通与合作，及时了解和遵守最新的监管要求和标准，以降低合规风险和法律风险。

（二）监管科技在智能化财务管理中的应用策略

智能化财务管理作为一种新兴的管理模式，正在迅速渗透到各个行业和领域。随着金融科技的不断发展，监管科技的出现为智能化财务管理提供了新的发展机遇。监管科技以其强大的数据分析能力和智能化的监管手段，为企业提供了更加高效、精准的财务管理服务。

随着企业规模的不断扩大和业务范围的不断增加，财务数据的量级和复杂性也在快速增加。传统的手工处理方式已经无法满足企业对财务数据及时准确的监控需求。监管科技通过建立智能化的数据监控系统，可以实现对财务数据的实时监控和分析，及时发现异常情况并采取相应的应对措施。例如，通过 AI 算法识别异常交易行为，及时报警并进行调查处理，有效防范财务风险的发生。

随着金融市场的不断发展和监管政策的不断调整，企业需要不断适应和遵守各项法规和规定。传统的合规管理方式主要依靠人工审核和检查，效率低下且容易出现疏漏。监管科技可以通过建立智能化的合规管理系统，自动识别并分析各类法规和政策，实现对企业业务行为的全面监控和合规检查。例如，利用自然语言处理技术对法律文件进行智能化解析，识别其中的关键信息并与企业实际操作进行比对，及时发现潜在的合规风险并采取相应的整改措施。

金融市场的不确定性和复杂性使得企业面临着各种各样的风险，如市场风险、信用风险、操作风险等。传统的风险管理方式主要依靠历史数据和经验判断，缺乏及时性和准确性。监管科技可以通过建立智能化的风险预警系统，实现对各类风险因素的实时监控和分析，及时发现潜在的风险隐患并采取相应的措施进行应对。例如，通过数据挖掘和机器学习技术对市场行情进行分析，预测可能出现的市场波动并及时调整投资组合，降低投资风险。

随着企业经营环境的不断变化和市场竞争的不断加剧，企业需要及时准确地进行决策，以应对外部环境的变化和实现企业的长期发展目标。传统的决策支持方式主要依靠管理人员的经验和直觉，容易受到主观因素的影响。监管科技可以通过建立智能化的决策支持系统，利用大数据和人工智能技术对各类决策问题进行分析和优化，为管理人员提供科学、客观的决策参考。例如，通过数据模型和预测算法对企业未来发展趋势进行预测，帮助管理人员制定长远发展战略和规划。

第三节　数据隐私保护与智能化财务合规

一、数据隐私保护在智能化财务合规中应用的重要性

（一）个人信息保护原则

数据隐私保护在智能化财务合规中扮演着至关重要的角色。随着科技的飞速发展，金融领域的智能化应用越来越广泛，而个人信息的泄露和滥用也成为了一个突出的问题。制定和遵守个人信息保护原则是确保智能化财务合规的基础之一。

个人信息保护原则是维护个人权利和隐私的重要保障。在智能化财务合规的过程中，大量的个人信息被收集、存储和处理，其中可能包括用户的身份信息、财务数据等敏感信息。如果这些个人信息被不法分子窃取或滥用，将会严重侵犯用户的隐私权，甚至导致财务安全风险。个人信息保护原则的制定和执行是保护用户权益的必然选择。

个人信息保护原则有助于建立信任和合作的良好环境。在智能化财务合规的实践中，合作伙伴之间需要共享一定的信息来完成各项业务，而这些信息往往涉及到用户的个人隐私。如果合作伙伴不能保护好这些信息，将会破坏彼此之间的信任关系，甚至导致合作关系的破裂。制定个人信息保护原则并积极执行，有助于建立一个安全、可靠的合作环境，促进各方的合作共赢。

个人信息保护原则还有利于促进技术创新和发展。在智能化财务合规的实践中，科技公司和金融机构需要不断地研发和应用新的技术来提升服务质量和效率。如果用户担心其个人信息的安全性无法得到保障，就会对新技术持怀疑态度，抑制了技术创新的发展。制定和遵守个人信息保护原则，可以增强用户对新技术的信任，推动技术创新和应用的广泛发展。

个人信息保护原则是智能化财务合规的法律和道德底线。随着《个人信息保护法》等相关法律法规的不断完善和强化，个人信息保护已经成为了一项法定责任和义务。金融机构和科技公司作为信息的收集者和处理者，有责任保护好用户的个人信息，合法、合规地进行数据处理。而且，遵守个人信息保护原则不仅是一种法律要求，更是一种社会责任和道德担当，是企业可持续发展的重要保障。

（二）第三方数据共享

数据隐私保护对于维护个人隐私权利至关重要。在第三方数据共享的过程中，个人的敏感信息可能会被泄露或滥用，从而导致个人隐私权利受到侵犯。尤其是在智能化财务合规中，涉及到大量的财务数据和个人身份信息，一旦泄露或被不当使用，将给个人带来严重的财务和声誉损失。保护数据隐私是确保个人隐私权利得到尊重和保护的基本要求。

数据隐私保护也是确保智能化财务合规的重要保障。在财务合规的过程中，需要处理大量的财务数据和个人身份信息，这些信息的泄露或不当使用将直接影响到财务合规的有效性和可靠性。例如，如果企业的财务数据被未经授权的第三方获取或篡改，将可能导致财务报告的不准确甚至失实，从而引发监管部门的处罚和法律诉讼。保护数据隐私是确保智能化财务合规顺利进行的关键环节。

数据隐私保护还直接关系到企业的信誉和声誉。在信息化时代，企业的信誉和声誉对其业务发展至关重要。一旦企业的数据隐私保护不力，导致客户和合作伙伴的个人信息泄露或不当使用，将直接损害企业的信誉和声誉，甚至可能引发消费者的集体抵制和诉讼。保护数据隐私不仅是企业合规的法律要求，也是维护企业形象和声誉的基本要求。

针对数据隐私保护在智能化财务合规中的重要性，企业可以采取一系列的应对策略。企业应建立健全的数据隐私保护机制，包括明确的数据收集和使用政策、严格的数据访问权限控制、以及完善的数据安全保护措施。企业应加强对员工的数据隐私保护意识和培训，确保员工遵守相关的法律法规和企业内部规定，不泄露或滥用个人隐私信息。企业还可以采用先进的数据加密和匿名化技术，对敏感数据进行加密和匿名化处理，以最大程度地保护个人隐私信息。

二、智能化财务合规中的数据隐私保护策略

（一）制定严格的数据隐私保护政策与规定

建立完善的数据隐私保护政策是智能化财务合规中至关重要的一环。在当今信息化时代，大量的财务数据被数字化并在网络上进行传输和存储，因此数据隐私泄露和数据安全风险成为了财务合规面临的重要挑战。为了保护用户的隐私权益，企业需要制定严格的数据隐私保护政策与规定，并采取相应的技术和管理措施，确保财务数据的安全性和合规性。

建立明确的数据收集和使用规定是保护数据隐私的重要举措之一。企业在收集和使用

用户数据时，应该遵循合法、正当、必要的原则，明确告知用户数据收集的目的、范围和方式，并取得用户的明示同意。企业应当限制数据的收集和使用范围，不得超出与业务相关的合法用途，避免滥用用户数据造成隐私泄露的风险。例如，企业可以通过用户协议、隐私政策等形式向用户说明数据收集和使用的相关规定，并建立起用户数据访问和管理的机制，保障用户隐私权益。

加强对数据存储和传输安全的管理是保护数据隐私的重要手段之一。财务数据作为企业的重要资产，其安全性和保密性至关重要。企业应该建立起完善的数据安全管理制度，加强对财务数据的存储、传输和处理过程的监控和管控，确保数据不被非法获取、篡改或泄露。例如，企业可以采用数据加密、访问控制、身份认证等技术手段，加强对财务数据的保护，防止数据在传输和存储过程中被窃取或篡改。

建立健全的数据访问和使用权限管理制度是保护数据隐私的重要保障措施。企业应该根据不同岗位和职责设定不同的数据访问和使用权限，并建立起严格的权限管理机制，确保只有经过授权的人员才能访问和使用相应的财务数据。企业还应该建立起完善的数据审计和监控机制，对数据访问和使用情况进行定期审查和监测，及时发现和纠正不当访问和使用行为，保护数据的安全和隐私。

加强对数据隐私保护政策的宣传和培训是保障数据安全的重要手段之一。企业应该加强对员工和业务合作伙伴的数据隐私保护意识培训，提高他们对数据隐私保护政策和规定的认识和遵守意识，减少人为因素导致的数据安全风险。企业还应该通过宣传和宣传活动，向用户和社会公众普及数据隐私保护知识，增强用户对数据隐私保护的重视和自我保护意识，共同维护数据安全和隐私权益。

（二）加强数据隐私保护技术手段

加强数据隐私保护技术手段是确保智能化财务合规中数据安全的关键。随着科技的不断发展，数据安全面临着越来越多的挑战，采取有效的技术手段来保护数据隐私变得尤为重要。

加密技术是保护数据隐私的重要手段之一。通过对数据进行加密处理，可以将数据转化为一种无法直接理解的形式，即使数据被窃取，也无法轻易解密。加密技术可以应用于数据的传输过程中，也可以应用于数据的存储和处理过程中，从而全方位地保护数据的安全。

访问控制技术也是数据隐私保护的关键。通过访问控制技术，可以限制用户对数据的访问权限，确保只有经过授权的用户才能访问和操作数据。访问控制技术可以根据用户的身份、角色和权限等因素进行灵活设置，从而实现对数据的精细化管理和保护。

数据脱敏技术也是保护数据隐私的有效手段之一。数据脱敏是指在保留数据结构的前提下，对数据中的敏感信息进行模糊化处理，使得敏感信息无法被直接识别。数据脱敏技术可以有效降低数据泄露和滥用的风险，保护用户的隐私。

区块链技术也可以用于加强数据隐私保护。区块链技术通过去中心化的方式存储和管理数据，每个数据块都包含了前一个数据块的哈希值，使得数据的篡改和伪造变得极为困难。区块链技术可以确保数据的透明性和不可篡改性，从而有效保护数据的安全和隐私。

多因素认证技术也是保护数据隐私的重要手段之一。多因素认证技术可以结合用户的多个身份要素进行认证，如密码、指纹、声纹等，从而提高用户身份认证的安全性和可靠性。多因素认证技术可以有效防止身份伪造和盗用，保护用户的隐私安全。

人工智能技术也可以应用于数据隐私保护中。通过人工智能技术，可以实现对数据的智能识别和监控，及时发现和阻止潜在的安全威胁。人工智能技术还可以应用于数据的匿名化处理和隐私分析，保护用户的个人隐私信息。

第四节　智能化财务与会计审计监管机制建设

一、建设智能化财务与会计审计监管机制的必要性

（一）提高审计效率

建设智能化财务与会计审计监管机制有助于提高审计的准确性和可靠性。在传统的手工审计过程中，审计人员需要耗费大量的时间和精力进行数据收集、整理和分析，容易出现疏漏和错误。而借助智能化技术，可以实现对大规模数据的自动化处理和分析，提高审计的效率和准确性，减少人为因素对审计结果的影响，从而提高审计的可靠性和公信力。

建设智能化财务与会计审计监管机制可以降低审计成本和提高效率。传统的手工审计方式需要大量的人力物力投入，成本较高且效率较低。而引入智能化技术后，可以实现对审计过程的自动化和智能化，大大减少了审计的时间和成本。例如，通过使用人工智能和大数据技术，可以实现对财务数据的快速分析和筛选，识别出异常数据和潜在风险，从而提高审计的效率和成本效益。

建设智能化财务与会计审计监管机制有助于加强对财务风险和违规行为的监测和预防。在当前复杂多变的商业环境下，企业面临着诸多财务风险和违规行为的挑战，如财务造假、资产侵占等。传统的手工审计方式往往难以及时发现和应对这些风险和问题，而借

助智能化技术，可以实现对财务数据的实时监测和分析，及时发现异常情况并采取相应的措施，从而降低财务风险和违规行为对企业的影响。

建设智能化财务与会计审计监管机制还可以提升审计的全面性和深度性。传统的手工审计方式往往只能对有限的数据和信息进行审计，难以实现对整个财务体系的全面审计。而借助智能化技术，可以实现对大规模数据的全面和深度分析，发现隐藏在数据背后的潜在风险和问题，从而提升审计的全面性和深度性，为企业提供更加全面和准确的审计意见。

（二）加强风险识别

强化风险识别是智能化财务与会计审计监管机制的重要组成部分。随着经济全球化和金融市场的不断发展，企业面临的风险也日益复杂多样化，如财务欺诈、资产损失、经营风险等。建设智能化的财务与会计审计监管机制至关重要。这一机制的必要性体现在其能够提高风险识别的准确性和及时性，为监管部门和企业提供更有效的风险防范和管理手段，从而保障金融市场的稳定和健康发展。

智能化财务与会计审计监管机制的必要性在于其能够提高风险识别的准确性。传统的财务与会计审计监管主要依靠人工进行，受限于人的主观意识和经验水平，容易出现信息识别不准确或疏漏的情况。而智能化监管机制可以通过引入先进的数据分析和人工智能技术，对大量的财务数据进行自动化处理和分析，从而提高风险识别的准确性和全面性。例如，通过数据挖掘和机器学习算法对企业财务数据进行分析，识别异常交易和潜在风险，提前发现可能存在的财务问题，为监管部门和企业及时采取相应的措施提供科学依据。

智能化财务与会计审计监管机制的必要性在于其能够提高风险识别的及时性。随着金融市场的不断变化和企业经营环境的日益复杂，财务风险可能随时发生，而传统的人工监管往往无法及时捕捉和应对。智能化监管机制可以实现对财务数据的实时监测和分析，及时发现潜在的风险隐患，并采取相应的预警和预防措施。例如，建立起智能化的财务风险预警系统，通过监测财务数据的实时变化，及时发现异常情况并向相关部门和企业报警，帮助其及时应对风险，避免财务损失。

再次，智能化财务与会计审计监管机制的必要性在于其能够提高监管部门和企业的风险防范和管理能力。传统的财务与会计审计监管主要是事后监管，一旦发生问题，往往已经造成了较大的损失。而智能化监管机制可以实现对财务数据和业务流程的实时监控和分析，及时发现潜在的风险隐患，并采取相应的预防和控制措施。例如，通过建立智能化的财务风险管理系统，对企业的财务数据和业务流程进行全面监控和分析，识别潜在的风险因素，并提出相应的风险防范和管理建议，帮助企业及时调整经营策略，降低财务风险。

智能化财务与会计审计监管机制的必要性在于其能够促进金融市场的稳定和健康发展。金融市场的稳定和健康发展需要有良好的监管机制和有效的风险管理措施作为支撑。智能化监管机制可以提高风险识别的准确性和及时性，加强对财务风险的预防和管理，为监管部门和企业提供更有效的监管和管理手段，进一步提升金融市场的稳定性和健康性。建设智能化的财务与会计审计监管机制具有重要的现实意义和发展价值。

二、智能化财务与会计审计监管机制建设策略

（一）审计规范制定

确立审计规范是智能化财务与会计审计监管机制建设中的重要一环。随着智能技术在财务和会计领域的广泛应用，审计规范的制定变得尤为关键。审计规范可以明确审计工作的标准和要求，规范审计行为，保障审计质量，提高审计效益。

审计规范的制定应以法律法规为依据。在制定审计规范的过程中，应充分考虑国家相关法律法规的要求，确保审计活动符合法律法规的规定。例如，针对数据隐私保护、信息安全等方面的要求，应当在审计规范中明确规定，以确保审计活动的合法合规性。

审计规范的制定应充分考虑智能化技术的特点和应用场景。智能化技术在财务和会计领域的应用已经成为趋势，审计规范应当及时跟进，明确智能化技术在审计中的应用范围、标准和要求。例如，针对人工智能、大数据等技术的应用，审计规范可以明确相应的审计方法和程序，确保审计活动的科学性和有效性。

审计规范的制定应强调风险导向和问题导向。在智能化财务与会计审计中，审计对象和审计环境可能存在各种潜在的风险和问题，审计规范应当重点关注这些风险和问题，并明确相应的审计程序和方法。例如，针对数据泄露、信息不真实等问题，审计规范可以要求审计人员采取相应的审计手段和技术，确保审计结果的准确性和可靠性。

审计规范的制定应强调技术创新和方法创新。随着智能化技术的不断发展，审计方法和工具也在不断更新和完善，审计规范应当及时跟进，鼓励和引导审计人员运用新技术、新方法开展审计工作。例如，可以在审计规范中明确推动审计智能化、数字化的要求，鼓励审计机构和审计人员积极探索和应用新技术、新方法，提高审计工作的效率和质量。

审计规范的制定应强调信息披露和透明度。审计结果对于财务和会计信息的准确性和可靠性起着至关重要的作用，审计规范应当要求审计机构和审计人员对审计结果进行及时、准确的信息披露，保障各方利益相关者的知情权和监督权。例如，可以要求审计机构在完成审计工作后及时向相关方披露审计结果，同时建立健全的信息披露和反馈机制，接

受社会公众和监管部门的监督和评价。

（二）人才培养与专业发展

建设智能化财务与会计审计监管机制需要培养具备新技术能力和创新思维的专业人才。传统的财务与会计审计人员往往缺乏对智能化技术的了解和应用能力，无法适应新技术的发展和应用。需要通过加强教育培训，引入新技术课程和实践项目，培养具备数据分析、人工智能、大数据等方面知识和技能的专业人才，以满足智能化财务与会计审计监管机制建设的需求。

建设智能化财务与会计审计监管机制需要推动传统审计人员的转型与升级。随着智能化技术的广泛应用，传统审计工作面临着深刻的变革和挑战，需要审计人员具备更加全面和深度的专业知识和技能。需要通过持续的培训和学习，帮助传统审计人员了解和掌握新技术，提升其在数据分析、风险评估、信息安全等方面的能力，实现从传统审计到智能化审计的转型与升级。

建设智能化财务与会计审计监管机制需要加强与高校和科研机构的合作与交流。高校和科研机构是人才培养和创新能力的重要基地，具有丰富的教育资源和科研成果。需要通过建立产学研合作机制，加强与高校和科研机构的合作，共同开展智能化财务与会计审计监管机制建设相关的教学、科研和实践活动，培养更多具备新技术和新知识的专业人才。

建设智能化财务与会计审计监管机制还需要加强行业间的交流与合作。智能化技术的发展和应用涉及多个行业和领域，需要各行各业的专业人才共同参与和推动。需要通过建立行业组织和专业协会，促进行业间的交流与合作，共同探讨智能化财务与会计审计监管机制建设的最佳实践和经验，推动行业的共同发展。

第九章　智能化财务管理与会计转型的国际比较

第一节　智能化财务管理与会计转型的国际发展现状与对比分析

一、智能化财务管理与会计转型的国际发展现状

（一）智能化财务管理的国际发展趋势

智能化技术的快速发展是推动智能化财务管理国际化的主要驱动力之一。随着人工智能、大数据分析和机器学习等技术的不断成熟和应用，财务管理领域的数据处理、风险识别、预测分析等工作已经可以由智能化系统来完成。例如，智能化财务软件可以自动化账务处理、财务报表生成以及风险评估，大大提高了财务工作的效率和准确性。

全球范围内数据驱动决策的趋势也推动了智能化财务管理的国际发展。随着数据的大规模产生和积累，各国企业和机构开始重视数据对决策的重要性。智能化财务管理通过对海量数据的分析和挖掘，为决策者提供了更加全面、准确的决策支持。例如，基于数据驱动的预测分析可以帮助企业更好地把握市场变化，调整财务策略，从而提高竞争力。

智能化财务管理的国际发展也受到管理理念变革的影响。越来越多的国家和组织开始注重从传统的财务管理模式向智能化、数字化的管理模式转变。这种转变不仅仅是技术上的更新换代，更是一种管理理念上的革新。智能化财务管理倡导以数据为基础、以科技为手段，实现财务管理的自动化、智能化，从而更好地适应当今复杂多变的经济环境。

智能化财务管理的国际发展还受到监管环境的影响。随着全球金融市场的不断发展和监管要求的日益严格，各国政府和监管机构也在推动智能化财务管理的发展。例如，一些国家正在积极建设智能化财务监管系统，以加强对金融市场的监管和风险防范。智能化技术的应用可以提高监管的效率和准确性，有助于及时发现和应对金融风险。

1. 数据驱动决策

数据驱动决策和智能化财务管理在当今全球范围内正在经历快速发展，并且呈现出明显的国际趋势。我们可以看到各国政府和企业纷纷意识到数据的重要性，并将其视为实现更有效决策的关键。随着人工智能和机器学习技术的不断进步，智能化财务管理已经成为提高效率、降低成本并增强竞争力的必然选择。本文将分析这一趋势的国际发展，并探讨其对全球经济的影响。

在过去的几年里，数据驱动决策已经成为企业管理的主流趋势。无论是大型跨国企业还是中小型企业，都开始意识到数据在决策制定中的重要性。通过收集、分析和利用各种类型的数据，企业可以更好地理解市场趋势、消费者行为以及内部业务运营情况。这种数据驱动的决策模式不仅可以帮助企业更准确地预测未来发展趋势，还可以帮助它们更快地适应市场变化，从而保持竞争优势。

随着人工智能和机器学习技术的不断进步，智能化财务管理正在成为各国企业的重要战略。传统的财务管理往往依赖于人工处理大量的数据和文件，这不仅效率低下，还容易出现错误。而智能化财务管理则可以通过自动化和智能化技术来实现财务数据的收集、处理和分析，大大提高了工作效率并降低了错误率。例如，一些企业已经开始采用智能化财务软件来自动处理账单、发票和报表，从而节省了大量的时间和人力成本。

另一个推动数据驱动决策和智能化财务管理发展的因素是全球化趋势。随着全球经济的日益一体化，企业面临着越来越复杂的市场环境和竞争压力。在这种情况下，只有依靠数据来进行决策，才能更好地把握市场机遇并应对挑战。智能化财务管理也可以帮助企业更好地管理跨国业务，降低汇率风险并提高资金利用效率。

政府在推动数据驱动决策和智能化财务管理方面也发挥着重要作用。许多国家已经意识到了数据在经济发展中的重要性，并采取了一系列政策和措施来促进数据开放和共享。例如，一些国家已经建立了开放数据平台，让企业和个人可以免费获取大量的数据资源。这些举措不仅有助于促进创新和经济增长，还可以提高政府决策的科学性和准确性。

2. 自动化流程

自动化流程在财务管理中的应用已经成为国际金融界的共识。随着信息技术的迅速发展，许多重复性、繁琐的财务任务可以通过自动化软件和系统来完成，从而释放人力资源，使企业能够将更多精力集中在战略规划和业务发展上。例如，许多企业已经采用了自动化的发票处理系统，能够自动识别、分类和记录发票信息，大大提高了财务处理的效率，减少了错误率。

智能化财务管理在国际范围内也逐渐成为趋势。人工智能、大数据分析等先进技术的应用，使得财务管理变得更加智能化和精细化。通过利用大数据分析，企业可以更好地了解市场趋势和客户需求，从而优化财务决策，降低风险。人工智能技术的发展也使得财务预测和规划变得更加准确和可靠，帮助企业更好地应对不确定的市场环境。

进一步地，国际金融领域对于智能化财务管理的需求不断增长。随着全球化进程的加速和金融市场的不断变化，企业面临的挑战也越来越多样化和复杂化。在这种情况下，传统的财务管理方法已经无法满足企业对于效率和准确性的要求，因此越来越多的企业开始寻求智能化财务管理的解决方案。特别是在跨国企业中，智能化财务管理能够帮助企业实现全球范围内的财务数据整合和管理，提高决策的一致性和准确性。

国际金融监管机构也在推动智能化财务管理的发展。随着金融市场的不断发展和创新，监管机构需要更加高效和精确地监督和管理金融机构的运营情况。智能化财务管理系统可以为监管机构提供更加准确和及时的数据，帮助其更好地了解金融市场的动态和风险，从而采取更加有效的监管措施，维护金融市场的稳定和健康发展。

智能化财务管理将进一步推动金融行业的转型和升级。随着技术的不断进步和应用，智能化财务管理系统将变得越来越普及和成熟，成为金融机构和企业提高竞争力和盈利能力的重要手段。未来，随着人工智能、大数据等技术的不断创新和突破，智能化财务管理将会呈现出更加多样化和个性化的发展趋势，为金融行业的发展注入新的动力和活力。

（二）智能化会计转型的国际发展现状

智能化技术在全球范围内的广泛应用推动了智能化会计转型的进程。随着人工智能、大数据分析和区块链等技术的不断成熟和应用，会计领域的数据处理、信息披露和风险管理等工作已经可以由智能化系统来完成。例如，智能化会计软件可以自动化数据录入、财务报表生成以及风险识别，大大提高了会计工作的效率和准确性。

全球范围内管理理念的变革也推动了智能化会计转型的发展。越来越多的国家和组织开始注重从传统的会计管理模式向智能化、数字化的管理模式转变。这种转变不仅仅是技术上的更新换代，更是一种管理理念上的革新。智能化会计转型倡导以数据为基础、以科技为手段，实现会计管理的自动化、智能化，从而更好地适应当今复杂多变的商业环境。

全球范围内会计行业的监管环境也在不断发生变化，对智能化会计转型产生了重要影响。随着全球金融市场的不断发展和监管要求的日益严格，各国政府和监管机构也在推动智能化会计转型的发展。例如，一些国家正在积极建设智能化会计监管系统，以加强对财务报告的监管和风险防范。智能化技术的应用可以提高监管的效率和准确性，有助于保护投资者利益和维护市场秩序。

全球范围内会计人才培养体系的完善也是推动智能化会计转型的重要因素。随着智能化技术的发展，会计人才需要具备更多的技术和数据分析能力，以适应新时代的会计工作需求。各国教育机构和行业协会需要加强对会计人才的培训和教育，培养适应智能化会计环境的高素质人才。

智能化会计转型的国际发展还受到企业自身战略调整的影响。越来越多的跨国企业和大型企业意识到智能化会计的重要性，积极推动企业内部会计系统的智能化转型。通过引入先进的智能化会计软件和技术，这些企业可以提高财务数据的处理和分析效率，降低运营成本，提升财务管理水平，从而在国际市场上保持竞争优势。

1. 人工智能应用

人工智能在智能化会计转型中的应用已经成为全球范围内的热点。随着人工智能技术的不断成熟和应用，会计领域的数据处理、信息披露、风险管理等工作已经可以由智能化系统来完成。例如，人工智能可以通过自然语言处理技术自动识别和提取财务数据，通过机器学习算法进行财务分析和预测，从而大大提高了会计工作的效率和准确性。

全球范围内企业对智能化会计转型的需求日益增加，推动了人工智能在会计领域的广泛应用。随着全球经济的快速发展和企业竞争的加剧，企业需要更加高效、精准的财务管理手段来应对复杂多变的市场环境。人工智能技术的引入可以帮助企业实现财务数据的自动化采集和处理、财务风险的智能识别和预警，为企业提供全面、及时的财务信息支持，从而优化财务决策、提高企业竞争力。

全球范围内监管环境的变化也对人工智能在智能化会计转型中的应用产生了重要影响。随着全球金融市场的不断发展和监管要求的日益严格，各国政府和监管机构对企业财务报告的真实性和准确性提出了更高的要求。人工智能技术可以通过数据挖掘和分析，辅助监管机构实现对企业财务报告的自动化审查和监管，提高了监管的效率和准确性，有助于维护市场秩序和投资者利益。

全球范围内会计人才的培养和素质提升也是推动人工智能在智能化会计转型中应用的关键因素。随着人工智能技术的发展，会计人才需要具备更多的技术和数据分析能力，以适应新时代的会计工作需求。各国教育机构和行业协会需要加强对会计人才的培训和教育，培养适应人工智能会计环境的高素质人才，推动会计行业的转型升级。

全球范围内企业对于智能化会计转型的认可和推动也在不断增强。越来越多的企业意识到人工智能在会计领域的潜在价值，积极投入到智能化会计系统的建设和应用中。通过引入先进的人工智能技术，企业可以实现财务数据的实时监控和分析、财务风险的自动识别和预警，提高财务管理的效率和水平，为企业的可持续发展提供有力支持。

2. 云会计服务

智能化技术在全球范围内的广泛应用推动了云会计服务的快速发展。随着人工智能、大数据分析和云计算等技术的不断成熟和应用，会计领域的数据处理、信息披露和财务管理等工作已经可以由智能化系统来完成。云会计服务利用云计算技术，将会计软件和数据存储部署在云端，使得用户可以随时随地通过互联网进行会计操作和数据查看，极大地提高了会计工作的效率和灵活性。

全球范围内企业数字化转型的推动也促进了云会计服务的国际发展。随着全球经济的快速发展和数字化技术的广泛应用，越来越多的企业意识到数字化转型对企业发展的重要性。云会计服务作为数字化转型的重要组成部分，可以为企业提供实时的财务数据和报告，帮助企业更好地了解经营状况，优化财务决策，提高市场竞争力。

全球范围内监管环境的变化也对云会计服务的发展产生了重要影响。随着全球金融市场的不断发展和监管要求的日益严格，各国政府和监管机构也在积极推动云会计服务的规范化和标准化。例如，一些国家正在制定相关法律法规，规范云会计服务提供商的行为，保护用户的数据安全和隐私权，促进云会计服务市场的健康发展。

全球范围内会计人才的培养和素质提升也是推动云会计服务发展的重要因素。随着云会计服务的普及和应用，会计人才需要具备更多的技术和数据分析能力，以适应新时代的会计工作需求。各国教育机构和行业协会需要加强对会计人才的培训和教育，培养适应云会计服务环境的高素质人才，推动会计行业的转型升级。

全球范围内企业对于财务管理的需求不断增加，这也推动了云会计服务的国际发展。随着企业规模的扩大和业务的复杂化，传统的会计管理方式已经无法满足企业的需求。云会计服务通过提供实时、可视化的财务数据和报告，帮助企业更好地管理财务风险，优化财务决策，实现业务增长和盈利最大化。

二、智能化财务管理与会计转型的国际对比分析

（一）国际发展现状对比分析

在智能化财务管理与会计转型中，技术应用与数字化转型是不可或缺的一环。美国作为技术创新的领头羊，其企业普遍采用先进的财务管理软件和人工智能技术，实现了财务数据的实时监控和分析，提升了财务决策的效率和准确性。与此相比，一些发展中国家在技术应用上存在滞后现象，尚未充分利用信息化技术来优化财务管理流程，导致决策周期长、信息不透明等问题。

法律法规与政策环境是影响智能化财务管理与会计转型的重要因素之一。欧洲国家注重数据隐私保护和信息安全，制定了严格的数据管理法律，要求企业在财务管理中遵循严

格的规定，保护用户隐私。而在一些亚洲国家，政府对财务管理领域的监管相对较为宽松，导致一些企业存在违规操作的情况，影响了行业的健康发展。

人才培养与组织管理是智能化财务管理与会计转型中的关键环节。发达国家普遍重视人才培养，通过建立完善的教育体系和企业内训机制，培养了大批擅长财务管理和信息技术的专业人才，为企业的数字化转型提供了有力支持。而在一些发展中国家，由于人才短缺和教育水平不足，企业在数字化转型过程中面临人才匮乏、技术更新换代缓慢等问题，制约了企业的发展步伐。

企业文化与管理理念对智能化财务管理与会计转型起着至关重要的作用。美国企业注重创新和风险管理，鼓励员工勇于尝试新技术和方法，推动了财务管理模式的不断创新与改进。相比之下，一些传统观念较为浓重的企业往往对新技术持保守态度，对数字化转型的推动力度不够，导致了在财务管理领域的竞争劣势。

在智能化财务管理与会计转型的过程中，国际合作与交流具有重要意义。各国企业可以通过与国际同行的合作与交流，分享经验、学习先进技术，共同应对全球化经济带来的挑战。政府间的合作也十分必要，共同制定财务管理的国际标准和规范，促进全球财务管理领域的良性竞争与健康发展。

1. 技术应用程度

智能化财务管理与会计转型是当今国际商业领域的重要趋势之一。各国在这一领域的发展程度和应用情况存在差异，因而需要进行国际对比分析，以便更好地了解各国在智能化财务管理与会计转型方面的优势和不足，从而借鉴他国经验，推动本国的发展。

美国作为全球经济最发达的国家之一，在智能化财务管理与会计转型方面处于领先地位。美国的企业普遍采用先进的财务管理软件和人工智能技术，实现了财务数据的实时监控和分析。例如，美国的大型企业普遍采用 ERP 系统，通过集成各个部门的数据，实现了全面的财务管理。美国的会计行业也在逐步转型，越来越多地采用数据分析和机器学习技术，提高了会计信息的准确性和时效性。

相比之下，中国在智能化财务管理与会计转型方面也取得了显著进展，但与美国相比仍有一定差距。中国的企业普遍开始意识到智能化技术在财务管理中的重要性，开始大规模投资于财务管理软件和人工智能技术的研发与应用。例如，中国的互联网巨头公司在财务管理方面积极探索人工智能技术的应用，实现了财务数据的自动化处理和智能化分析。与美国相比，中国在智能化财务管理与会计转型方面的应用程度仍有待提高，尤其是在中小型企业和传统行业中。

与美国和中国相比，欧洲在智能化财务管理与会计转型方面的发展相对落后。欧洲的企业普遍采用较为传统的财务管理方法，对于智能化技术的应用相对保守。近年来，欧洲各国政府和企业开始重视智能化技术在财务管理中的作用，积极推动相关政策和项目的实施。例如，一些欧洲国家的政府出台了支持企业采用智能化财务管理技术的政策，促进了智能化财务管理与会计转型的发展。

2. 法律法规环境

美国作为全球最大的经济体之一，其法律法规环境对智能化财务管理与会计转型产生了深远影响。美国的会计准则由美国财务会计准则委员会（FASB）制定，而财务报告的审计则由美国证券交易委员会（SEC）监管。在智能化转型方面，美国各州的数据隐私法规也对财务管理系统的智能化应用提出了严格要求，例如加州的加州消费者隐私法（CC-PA）等。

与之相比，欧洲的法律法规环境更加多元化。欧盟颁布了通用数据保护条例（GD-PR），要求企业在处理个人数据时必须保护用户隐私。欧盟成员国的会计准则多样，有些国家采用国际财务报告准则（IFRS），而有些国家则采用国家会计准则，这给智能化财务管理与会计转型带来了一定的挑战。

在亚洲，中国作为世界第二大经济体，其法律法规环境也对智能化财务管理与会计转型产生了重要影响。中国采用了自己的会计准则体系，但与国际接轨的努力也在不断进行中。中国的数据安全法和个人信息保护法等法律法规的出台，对智能化财务管理系统的数据安全提出了更高的要求。

除了以上提及的地区，拉丁美洲、非洲和其他地区的国际对比也呈现出各自独特的法律法规环境。例如，拉丁美洲国家的数据保护法规相对较新，非洲一些国家的法律体系也在不断完善中，这些都对智能化财务管理与会计转型提出了新的挑战和机遇。

（二）国际发展趋势与启示

智能化技术在财务管理与会计领域的应用已经成为不可忽视的趋势。随着人工智能、大数据分析和区块链等技术的不断成熟，企业和组织开始意识到将这些技术应用于财务管理和会计流程中的重要性。例如，智能化的财务软件能够自动化数据录入、分类和分析，大幅提高了工作效率，减少了人为错误的可能性，为决策提供了更为准确和及时的信息支持。

国际上越来越多的企业和组织开始重视财务数据的价值挖掘。传统上，财务数据更多被用于报表编制和税务申报等基础性工作，但随着数据科学和人工智能技术的发展，越来越多的企业开始意识到财务数据蕴含着巨大的商业价值。通过对财务数据进行深度分析，企业可以发现市场趋势、客户需求以及内部运营的优化空间，从而更好地指导战略决策和资源配置。

智能化财务管理与会计转型的国际发展趋势还在推动着财务和会计人员的角色转变。传统上，财务和会计人员主要扮演着数据记录和报表编制的角色，但随着智能化技术的普及，他们需要逐渐转变为数据分析师和业务顾问的角色。这意味着财务和会计人员需要具备更多的数据分析和业务洞察能力，能够从财务数据中挖掘出对企业战略决策具有指导意义的信息，并向管理层提供专业的建议。

智能化财务管理与会计转型也给企业和组织带来了一系列挑战。其中之一是数据安全和隐私保护的问题。随着企业对大数据的应用越来越广泛，数据泄露和信息安全成为了企业面临的重要挑战。企业需要加强对数据安全的管理和监控，制定相应的政策和措施，确保财务数据的安全性和完整性。

1. 学习借鉴

国际发展趋势显示，数据驱动的决策制定已成为智能化财务管理与会计转型的重要特征。各国企业通过数据分析和挖掘，深入了解市场需求和企业运营状况，实现了决策的科学化和精准化。我国企业可以借鉴这一经验，加强财务数据的收集和分析，提升决策的科学性和准确性，提高企业的竞争力。

技术创新与应用是推动智能化财务管理与会计转型的关键驱动力之一。国际上，各国企业不断引入先进的信息技术和人工智能，优化财务管理流程，提高工作效率。我国企业应当积极跟进国际科技发展的步伐，加大对人工智能、大数据等前沿技术的研发和应用，推动财务管理与会计领域的数字化转型。

在国际发展趋势中，跨界融合和创新模式的出现为智能化财务管理与会计转型带来了新的思路和机遇。一些企业通过与科技公司、金融机构等合作，共同开发智能化财务管理软件和服务，实现了资源共享和优势互补。我国企业可以借鉴这种模式，拓展合作伙伴，促进财务管理与科技的深度融合，推动企业的创新发展。

智能化财务管理与会计转型过程中，风险防范与合规管理至关重要。国际上，一些企业通过建立健全的内部控制制度和风险管理体系，加强对财务风险的监控和防范，确保企业运营的稳健和可持续发展。我国企业应当重视风险管理与合规要求，加强内部控制，提升企业的风险防范能力，增强市场竞争力。

人才培养与组织文化建设是智能化财务管理与会计转型中不可或缺的因素。国际上，一些企业通过建立学习型组织和开放式创新文化，培养了一支高素质的财务管理和技术人才队伍，为企业的数字化转型提供了有力支持。我国企业应当加强对人才的培养和引进，注重组织文化的建设，营造良好的学习和创新氛围，为智能化财务管理与会计转型打下坚实基础。

2. 加强合作交流

智能化技术的不断发展将深刻改变财务管理与会计领域的工作方式和业务模式。随着人工智能、大数据分析和区块链等技术的不断成熟，传统的手工录入和处理财务数据的方式将逐渐被自动化和智能化所取代。这意味着财务人员将有更多的时间和精力去分析数据、制定战略，以及提供更高层次的财务建议，从而为企业的发展提供更有力的支持。

智能化财务管理与会计转型将加速各国企业的数字化转型进程。随着智能化技术的广泛应用，企业将更加依赖数字化平台来进行财务管理和会计核算。这将促使企业加快数字化转型的步伐，提高企业的管理效率和运营水平。数字化转型也将为企业带来更多的商业机会和竞争优势，有助于企业在激烈的市场竞争中立于不败之地。

智能化财务管理与会计转型将深刻影响企业的组织结构和人才需求。随着智能化技术的广泛应用，企业将需要具备数字化技能和数据分析能力的财务人才。这将推动企业加大对人才培养和引进的投入，培养一批适应数字化时代需求的财务专业人才。智能化技术的应用还将改变企业的组织结构，促使企业更加扁平化和灵活化，提高组织的适应性和应变能力。

智能化财务管理与会计转型将为各国企业带来更多的国际合作和交流机会。随着智能化技术的普及和应用，各国企业将更加依赖国际间的合作和交流，共同探索智能化技术在财务管理与会计领域的应用。这将促进各国企业之间的合作与共赢，推动全球经济的发展与繁荣。

第二节　不同国家智能化财务管理与会计转型的特点与趋势

一、不同国家智能化财务管理与会计转型的特点

（一）美国的智能化财务管理与会计转型的特点

美国作为全球经济的重要引擎，其智能化财务管理与会计转型呈现出独特的特点。美国企业普遍采用先进的技术和软件，以提高财务管理的效率和准确性。美国的法律法规环境对智能化财务管理与会计转型产生了深远影响，特别是在数据隐私和安全方面。美国企

业在智能化转型过程中注重与全球范围内的标准和趋势保持一致，以提高国际竞争力。美国的金融科技（FinTech）发展迅速，为智能化财务管理与会计转型提供了丰富的技术和解决方案。

在美国，智能化财务管理与会计转型的一个显著特点是技术的广泛应用。美国企业普遍采用先进的财务管理软件和系统，如SAP、Oracle等，以提高数据处理的效率和质量。通过自动化和智能化技术，企业能够实现财务数据的实时收集、分析和报告，从而更好地支持决策和业务发展。

美国的法律法规环境对智能化财务管理与会计转型产生了重要影响。特别是在数据隐私和安全方面，美国政府和监管机构颁布了一系列法规和标准，如《加州消费者隐私法》（CCPA）和《通用数据保护条例》（GDPR）。这些法规要求企业在收集、处理和存储财务数据时必须保护用户的隐私，并采取必要的安全措施防止数据泄露和损坏。

与此美国企业在智能化转型过程中注重与全球标准和趋势保持一致。尤其是在会计准则的制定和财务报告的审计方面，美国企业通常遵循国际会计准则（IFRS）或美国通用会计准则（GAAP），以确保其财务报告符合国际标准，并提高国际市场的信任度和竞争力。

美国的金融科技（FinTech）行业发展迅速，为智能化财务管理与会计转型提供了丰富的技术和解决方案。从人工智能和机器学习到区块链和大数据分析，各种新兴技术都在不断涌现，为企业提供了更多创新的财务管理工具和服务。许多美国企业积极采用这些技术，以应对日益复杂和多变的商业环境，提高财务管理的效率和灵活性。

（二）中国的智能化财务管理与会计转型的特点

中国智能化财务管理与会计转型的特点之一是政府政策的引导和支持。中国政府积极推动科技创新和数字化转型，在财务管理和会计领域也不例外。政府发布了一系列的政策文件和指导意见，鼓励企业采用先进的信息技术，提高财务管理和会计水平，加强财务信息披露，提升企业透明度和规范性。

中国智能化财务管理与会计转型的特点还体现在技术应用的广泛性和深度化上。中国作为全球最大的互联网市场，拥有庞大的数字用户基础和丰富的数据资源。在智能化技术领域，中国企业积极探索人工智能、大数据分析、云计算和区块链等技术在财务管理和会计中的应用，取得了显著的成效。例如，利用大数据分析技术，企业可以更准确地预测市场需求和产品销售情况，优化供应链管理和库存控制。

中国智能化财务管理与会计转型的特点还表现在行业的快速跨界融合和创新发展上。传统上，财务管理和会计是企业内部的专业职能部门，但随着智能化技术的发展，财务管理和会计越来越多地与其他行业和领域进行融合，形成了新的业务模式和商业生态。例如，在金融科技领域，智能化财务管理技术与支付、借贷、投资等业务相结合，推动了金融服务的创新和普惠化。

中国智能化财务管理与会计转型的特点还在于企业文化和管理理念的转变。随着新一代人才的涌现和消费者需求的变化，中国企业逐渐意识到传统的财务管理和会计方法已经无法满足日益复杂的市场环境和商业需求。企业开始积极引入先进的管理理念和技术手段，加强财务管理和会计的创新能力和敏捷性，提高企业的竞争力和可持续发展能力。

二、不同国家智能化财务管理与会计转型的趋势

（一）智能化技术应用的加速推进

智能化技术的快速发展正在全球范围内推动着财务管理和会计领域的转型。不同国家在智能化财务管理和会计转型方面的趋势各有特点，但都表现出对人工智能、大数据、区块链等技术的积极应用，以提高效率、降低成本、增强数据安全性和提供更好的决策支持。以下将探讨几个主要国家的智能化财务管理与会计转型趋势。

中国的财务管理和会计领域正面临着智能化转型的加速推进。随着人工智能技术的不断成熟和应用，中国企业开始广泛采用智能化财务软件和系统，实现财务数据的自动化处理和分析。大数据技术的运用也使得中国企业能够更好地进行财务预测和风险管理。区块链技术在中国的应用也逐渐增多，为企业间的交易和资金流动提供了更高的透明度和安全性。中国政府也通过政策扶持和产业引导，积极推动智能化技术在财务管理和会计领域的应用，加速企业数字化转型的步伐。

美国作为全球科技创新的领头羊，其财务管理和会计领域也在加速智能化转型。美国企业广泛采用人工智能技术来处理海量的财务数据，并利用机器学习算法进行财务分析和预测。云计算技术的发展使得美国企业能够更加灵活地进行财务管理，实现数据的实时共享和访问。区块链技术在美国金融领域的应用也日益增多，如数字货币交易和智能合约等，为财务管理提供了全新的解决方案。美国政府也在鼓励和支持科技企业的创新，推动智能化技术在财务管理和会计领域的应用。

欧洲国家在智能化财务管理和会计转型方面也展现出了独特的趋势。欧洲企业普遍注重数据隐私和安全，因此在采用智能化技术时更加谨慎。但随着数据保护法规的完善和技术的发展，越来越多的欧洲企业开始尝试利用人工智能和大数据分析来优化财务流程和提高决策效率。欧洲各国政府也在促进数字经济的发展方面做出了努力，通过资助创新项目和制定相关政策来推动智能化技术在财务管理和会计领域的应用。

（二）数据安全与隐私保护的重视

美国作为全球领先的科技和经济大国，在智能化财务管理与会计转型中高度重视数据安全与隐私保护。美国的企业和政府部门普遍遵循严格的数据安全法规和标准，如《HIPAA》（健康保险可移植性与责任法案）和《GLBA》（金融服务现代化法案）。美国政府还加强了对个人隐私的保护，如《CCPA》（加利福尼亚消费者隐私法案）等法律的颁布，强化了对个人数据的控制和保护。这种法律和监管环境的营造，有助于提高企业和个人对数据安全与隐私保护的重视程度，推动智能化财务管理与会计转型的健康发展。

中国在智能化财务管理与会计转型中也越来越重视数据安全与隐私保护。中国政府出台了一系列法律法规，如《个人信息保护法》和《网络安全法》，规范了个人信息的收集、使用和保护。中国政府还加强了对企业数据安全的监管，要求企业建立健全数据安全管理制度，保障企业数据的安全和隐私。在智能化财务管理与会计转型的过程中，中国企业也在加强数据安全技术和管理能力的建设，提高了对数据安全与隐私保护的重视程度。

欧洲作为数据保护和隐私保护的先行者，在智能化财务管理与会计转型中高度重视数据安全与隐私保护。欧洲联盟颁布了《GDPR》（通用数据保护条例），规定了个人数据的处理原则和要求，强化了对个人数据的保护。欧洲各国还建立了独立的数据保护机构，加强对数据处理行为的监督和管理。在智能化财务管理与会计转型的过程中，欧洲企业普遍注重数据安全技术的研发和应用，建立了完善的数据安全管理体系，保护了企业和个人的数据安全与隐私。

第三节　跨国企业智能化财务管理与会计转型的经验与启示

一、跨国企业智能化财务管理与会计转型的经验

（一）统一数据标准

跨国企业智能化财务管理与会计转型在统一数据标准方面积累了丰富的经验。统一数据标准是实现跨国企业智能化财务管理与会计转型的关键。跨国企业普遍采用国际会计准则（IFRS）等标准，以确保财务数据的一致性和可比性。跨国企业在数据标准化方面面临着挑战，需要克服不同国家、地区和业务部门之间的差异。跨国企业通过建立统一的数据

管理平台和采用先进的数据分析技术，实现了财务数据的集成和分析，提升了财务管理的效率和准确性。

统一数据标准是实现跨国企业智能化财务管理与会计转型的关键。在跨国经营中，不同国家、地区和业务部门往往采用不同的会计准则和财务报告标准，导致财务数据的分析和比较困难。跨国企业需要建立统一的数据标准，以确保财务数据的一致性和可比性。通过统一数据标准，企业能够实现财务数据的集中管理和分析，为管理决策提供可靠的数据支持。

跨国企业普遍采用国际会计准则（IFRS）等标准，以确保财务数据的一致性和可比性。IFRS 是全球通用的会计准则，被广泛应用于跨国企业的财务报告中。采用 IFRS 可以帮助企业消除国际业务中的会计差异，提高财务数据的可比性，促进全球经营的有效管理。除了 IFRS，跨国企业还可以根据需要制定自己的内部会计准则，以满足特定的业务需求和管理要求。

跨国企业在数据标准化方面面临着挑战，需要克服不同国家、地区和业务部门之间的差异。不同国家和地区的法律法规、商业习惯和文化背景都会影响财务数据的标准化和管理。跨国企业的业务部门往往分布在全球各地，业务流程和数据处理方式也存在差异，给数据标准化带来了一定的复杂性和困难。跨国企业需要加强内部沟通和协调，制定统一的数据标准和管理流程，以实现财务数据的统一和标准化。

跨国企业通过建立统一的数据管理平台和采用先进的数据分析技术，实现了财务数据的集成和分析，提升了财务管理的效率和准确性。通过建立统一的数据管理平台，企业能够实现财务数据的集中存储和管理，提高数据的可访问性和安全性。采用先进的数据分析技术，如人工智能、机器学习和大数据分析，企业能够从海量数据中挖掘出有价值的信息和见解，为管理决策提供科学依据。

（二）一体化系统建设

一体化系统建设为跨国企业提供了统一的财务管理和会计平台。跨国企业通常面临多地域、多部门、多货币的财务数据管理挑战，传统的分散式系统难以满足信息集成和业务流程优化的需求。通过建设一体化的财务管理系统，跨国企业能够实现财务数据的集中管理和统一报表编制，提高数据的准确性和可靠性，为决策提供及时有效的支持。

传统的财务管理和会计流程往往繁琐复杂，涉及多个环节和多个部门，容易出现信息传递和数据重复录入的问题。而一体化系统建设可以通过流程优化和自动化技术，简化财务管理和会计流程，减少人为错误和时间成本，提高工作效率和管理效能。

随着企业规模的扩大和业务的复杂化，跨国企业面临的内部控制和风险管理挑战日益严峻。一体化系统建设可以通过内置审计跟踪和监控机制，加强对财务数据的监管和管理，及时发现和解决潜在的风险隐患，保障企业财务安全和稳健运营。

随着全球化进程的加速推进，跨国企业需要实时了解全球各地业务的运营情况和财务状况，及时调整战略和资源配置。一体化系统建设可以实现全球数据的实时同步和共享，为企业管理层提供全面的数据分析和决策支持，帮助企业把握市场机遇，应对挑战。

二、跨国企业智能化财务管理与会计转型的启示

（一）加强跨部门协作与沟通

加强跨部门协作与沟通对于跨国企业智能化财务管理与会计转型至关重要。在全球化的背景下，跨国企业面临着不同国家、不同部门之间的信息孤岛和沟通壁垒，这给财务管理和会计工作带来了诸多挑战。跨国企业需要重视跨部门协作与沟通，构建高效的信息共享机制，以促进智能化财务管理与会计转型的顺利进行。

建立跨部门的信息共享平台是实现智能化财务管理与会计转型的关键一步。跨国企业通常涉及多个国家和地区，不同部门之间存在着分散的财务数据和信息系统。建立统一的信息共享平台可以实现财务数据的集中管理和共享，避免数据冗余和重复录入，提高数据的准确性和完整性。通过信息共享平台，不同部门的财务人员可以实时获取和共享财务信息，实现跨地区、跨部门的协同工作。

加强跨部门的沟通与协作有助于提高财务管理的效率和透明度。跨国企业的财务管理涉及多个部门和业务线，需要各个部门之间密切配合，共同完成财务报表的编制、审计和分析等工作。跨部门间的沟通和协作至关重要。通过定期召开跨部门会议、建立跨部门工作组等方式，可以促进各部门之间的信息交流和沟通，及时解决财务管理中的问题和矛盾，提高工作效率和质量。

跨国企业还应加强跨部门人员的培训与交流，提升员工的综合素质和跨文化沟通能力。由于跨国企业涉及多个国家和地区，员工之间存在着不同的文化背景和工作习惯，加强跨部门人员的培训与交流可以帮助员工更好地理解和适应跨国企业的工作环境，提高团队协作和沟通效率。通过组织员工参加国际会议、培训课程等方式，可以拓展员工的国际视野，增强员工的跨文化沟通能力，有利于跨国企业智能化财务管理与会计转型的顺利推进。

跨国企业还应积极借鉴和应用先进的信息技术和智能化工具，提升财务管理和会计工作的智能化水平。随着人工智能、大数据、区块链等新技术的不断发展和应用，跨国企业

可以利用这些技术来优化财务流程、提高数据分析能力，实现财务信息的实时监控和预测分析，提升财务管理的效率和精度。跨国企业还可以利用智能化工具来加强内部控制和风险管理，提高财务报告的准确性和透明度，为企业的可持续发展提供有力支持。

（二）不断学习与创新

持续学习与创新是跨国企业智能化财务管理与会计转型的重要启示之一。随着全球商业环境的不断变化和智能化技术的快速发展，跨国企业必须不断学习新知识、掌握新技术，以适应新的市场需求和挑战。跨国企业还需要不断创新，将新的理念、方法和技术应用于财务管理与会计领域，提高管理效率和决策水平。

持续学习是跨国企业智能化财务管理与会计转型的基础。在智能化技术不断更新换代的背景下，跨国企业需要建立学习型组织，不断吸收新的知识和技能。这包括培训财务人员，提高其数字化技能和数据分析能力，以应对财务管理和会计领域的挑战。跨国企业还需要密切关注行业最新动态和技术发展趋势，及时调整和优化财务管理和会计业务流程，保持竞争优势。

不断创新是跨国企业智能化财务管理与会计转型的关键。在智能化技术的推动下，跨国企业需要勇于探索和尝试新的管理理念、技术和模式，推动财务管理与会计业务的创新。这包括应用人工智能、大数据分析和区块链等技术，提高财务数据处理和分析的效率和准确性；开发智能化财务管理软件和工具，提升财务管理的自动化水平；探索数字化支付和结算系统，优化企业的资金管理和风险控制。通过不断创新，跨国企业可以提高财务管理和会计业务的效率和质量，实现可持续发展。

跨国企业智能化财务管理与会计转型需要注重人才培养和团队建设。智能化技术的应用对财务人员的素质和能力提出了更高的要求，需要财务人员具备数字化技能、数据分析能力和跨文化沟通能力。跨国企业需要加大对财务人才的培养和引进，建立多元化、专业化的团队，为智能化财务管理与会计转型提供人才支持和保障。跨国企业还需要注重团队协作和知识共享，打破部门壁垒，促进跨部门和跨国家之间的合作与交流，共同推动智能化财务管理与会计转型的实施和落地。

跨国企业智能化财务管理与会计转型需要积极应对风险和挑战。尽管智能化技术为财务管理与会计业务带来了许多机遇，但也伴随着一系列风险和挑战，如数据安全与隐私保护、技术风险和人才短缺等。跨国企业需要制定完善的风险管理和应对策略，加强对数据安全与隐私保护的监管和管理，规避和化解潜在的技术风险，积极应对人才挑战，保障智能化财务管理与会计转型的顺利实施和运行。

第四节 智能化财务管理与会计转型的全球化合作与竞争

一、智能化财务管理与会计转型的全球化合作

（一）跨国技术合作

跨国技术合作在智能化财务管理与会计转型的全球化合作中发挥着至关重要的作用。跨国技术合作促进了智能化财务管理与会计转型经验的共享和传播。跨国技术合作拓展了企业获取先进技术和解决方案的渠道，提升了智能化转型的速度和效果。跨国技术合作加强了全球企业间的合作与竞争，推动了智能化财务管理与会计转型向更高水平的发展。跨国技术合作为解决智能化转型中的技术、法律、文化等多方面挑战提供了重要支持和保障。

跨国技术合作促进了智能化财务管理与会计转型经验的共享和传播。通过跨国技术合作，企业可以与来自不同国家和地区的合作伙伴分享经验和技术，了解其他国家的最佳实践和成功案例。这种经验的共享和传播有助于企业更好地理解智能化转型的关键问题和挑战，提高转型的成功率和效果。

跨国技术合作拓展了企业获取先进技术和解决方案的渠道，提升了智能化转型的速度和效果。在全球化的背景下，许多企业拥有独特的技术和解决方案，通过跨国技术合作，企业可以快速获取和应用这些先进技术，加速智能化财务管理与会计转型的进程。跨国技术合作也为企业提供了更多选择，使其能够根据自身需求和情况选择最适合的技术和解决方案。

跨国技术合作加强了全球企业间的合作与竞争，推动了智能化财务管理与会计转型向更高水平的发展。通过合作，企业可以共同开发和应用新技术，共同解决智能化转型中的关键问题，提高整体竞争力。跨国技术合作也激发了企业间的竞争，促使它们不断创新和改进，推动智能化财务管理与会计转型向更高水平迈进。

跨国技术合作为解决智能化转型中的技术、法律、文化等多方面挑战提供了重要支持和保障。在智能化财务管理与会计转型过程中，企业面临着来自不同国家和地区的技术标准、法律法规和文化差异等多种挑战，而跨国技术合作可以帮助企业克服这些挑战，减少风险并提高成功率。通过合作，企业可以共同研究和解决智能化转型中的关键问题，共同

应对各种挑战，实现互利共赢。

（二）标准制定与整合

全球化合作为智能化财务管理与会计转型提供了跨界融合和资源整合的机遇。在全球化背景下，各国企业和组织面临着越来越多的共同挑战和机遇，需要加强合作与交流，共同推动财务管理和会计领域的创新和发展。通过全球化合作，各国企业可以共享技术、经验和资源，促进智能化技术在财务管理和会计领域的跨界融合和应用，实现优势互补，共同开拓市场。

标准制定与整合是推动全球智能化财务管理与会计转型的关键环节。在全球化背景下，各国企业和组织往往面临着各种各样的国际标准和规范，需要统一标准和整合资源，以便更好地适应全球市场的需求。通过制定和整合全球统一的财务管理和会计标准，可以降低跨国企业的成本和风险，提高企业的竞争力和可持续发展能力。

全球化合作为智能化财务管理与会计转型提供了广阔的国际市场和合作空间。在全球化背景下，各国企业和组织可以通过跨国合作和交流，开拓国际市场，拓展业务领域，实现资源共享和优势互补。通过与国际知名企业和组织的合作，可以借鉴其先进的管理经验和技术手段，促进本国财务管理和会计领域的创新和发展。

全球化合作还有助于促进智能化财务管理与会计转型的国际交流与合作。在全球化背景下，各国企业和组织可以通过交流与合作，共同探讨智能化技术在财务管理和会计领域的应用和发展趋势，分享成功经验和案例，加强人才培养和交流，推动财务管理和会计领域的国际化发展。

二、智能化财务管理与会计转型的全球化竞争

（一）技术创新与应用竞争

技术创新与应用竞争是推动智能化财务管理与会计转型的重要动力。在全球化的背景下，各国企业都在积极探索新的技术应用，以提升财务管理和会计工作的效率、精度和可靠性。在这场全球化的竞争中，技术创新不仅是企业获取竞争优势的关键，也是企业适应市场变化和挑战的必然选择。

技术创新驱动着智能化财务管理与会计转型的全球化竞争。随着人工智能、大数据、区块链等新技术的不断涌现和应用，企业可以实现财务数据的实时监控和分析，提高财务决策的准确性和迅速性。例如，通过人工智能技术，企业可以利用机器学习算法自动识别

异常交易和潜在风险，实现财务风险管理的智能化和精细化。大数据技术的应用也使得企业能够更好地进行财务预测和规划，为企业未来发展提供更加可靠的数据支持。

全球化竞争促使企业加大对技术创新的投入和应用。面对全球市场的竞争压力，企业不得不不断提升自身的技术水平和竞争力，以应对日益激烈的市场竞争。企业在智能化财务管理与会计转型方面的投入也越来越大。通过引进先进的技术设备和软件系统，企业可以提高财务数据的采集和处理效率，降低成本和风险，增强企业的市场竞争力和盈利能力。在全球化竞争的压力下，技术创新已经成为企业获取持续发展的重要手段。

全球化竞争也推动着智能化财务管理与会计转型的加速推进。在全球市场上，企业需要不断适应和应对不同国家和地区的财务管理要求和法规标准。企业在智能化财务管理与会计转型方面的需求也越来越迫切。通过引进和应用先进的智能化技术，企业可以更好地满足全球化市场的需求，提高财务管理和会计工作的透明度、准确性和效率，赢得国际市场的竞争优势。在全球化竞争的推动下，智能化财务管理与会计转型已经成为企业提升国际竞争力的重要途径。

全球化竞争也促使企业加强国际合作与交流，共同推动智能化财务管理与会计转型的发展。在全球化的背景下，各国企业之间的合作与交流已经成为趋势。通过开展国际合作项目、参与国际会议和展览等方式，企业可以共享技术和经验，加速智能化财务管理与会计转型的进程。跨国企业还可以通过并购、联合开发等方式，共同推动智能化财务管理与会计转型的发展，实现优势互补，共同赢得全球市场的竞争优势。

（二）全球市场拓展与服务竞争

全球市场拓展与服务竞争是智能化财务管理与会计转型的全球化竞争的重要方面之一。随着全球经济的一体化和跨境贸易的增加，跨国企业需要不断拓展市场，提供优质的产品和服务，以保持竞争优势。智能化财务管理与会计转型为跨国企业提供了重要的支持和保障，可以提高企业的财务管理效率和精准度，降低运营成本，增强企业的竞争力。

智能化财务管理与会计转型可以帮助跨国企业更好地理解全球市场的需求和趋势，实现精准化的市场拓展。通过智能化技术对大量的财务和会计数据进行分析，企业可以准确把握全球市场的变化和趋势，发现市场的新机遇和潜在风险。在市场拓展的过程中，智能化财务管理系统可以为企业提供全面的财务数据支持，帮助企业制定更科学的市场营销策略，提高市场开拓的效率和成功率。

智能化财务管理与会计转型可以提高跨国企业的服务质量和客户满意度，在全球市场中赢得更多的竞争优势。通过智能化技术的应用，企业可以实现财务管理和会计核算的自动化和智能化，提高了服务的效率和精准度。例如，企业可以利用智能化财务管理系统实现财务数据的实时监控和分析，及时发现问题和解决方案，为客户提供更及时、更精准的服务。在服务竞争激烈的全球市场中，优质的服务质量可以帮助企业赢得客户的信任和支持，提升企业的品牌价值和竞争力。

智能化财务管理与会计转型可以提高跨国企业的运营效率和管理水平，降低企业的运营成本，增强企业在全球市场中的竞争力。通过智能化技术的应用，企业可以实现财务数据的快速处理和分析，减少了人力资源的投入和财务管理的成本。智能化财务管理系统可以为企业提供全面的财务数据支持，帮助企业制定科学的决策和战略，提高了企业的管理水平和决策效率。在全球市场竞争激烈的情况下，运营效率和管理水平的提升可以帮助企业降低成本，提高利润率，从而在市场竞争中占据更有利的地位。

智能化财务管理与会计转型可以促进跨国企业之间的合作与共赢，在全球市场中实现资源的优化配置和互利共赢。通过智能化技术的应用，企业可以实现财务数据的共享和交流，加强了跨国企业之间的合作与沟通。在全球市场拓展和服务竞争的过程中，跨国企业可以通过共享财务数据和资源，实现资源的优化配置，提高了市场竞争的整体效率和效果。在全球化竞争的背景下，合作与共赢是跨国企业实现持续发展和成功的关键，智能化财务管理与会计转型为跨国企业之间的合作与共赢提供了重要的支持和保障。

第十章　智能化财务管理与会计转型的社会影响与伦理

第一节　智能化技术在财务与会计领域的社会价值与影响

一、智能化技术在财务与会计领域的社会价值

（一）提高工作效率与准确性

提高工作效率与准确性是现代财务与会计领域持续追求的目标。智能化技术的崛起为这一目标的实现提供了强大的动力，其在财务与会计领域的社会价值不言而喻。从自动化处理数据到智能化决策支持，智能化技术为财务与会计领域带来了深刻的变革，极大地提高了工作效率与准确性。

智能化技术在财务与会计领域的首要贡献之一是提高了数据处理的效率。传统上，财务与会计工作需要大量的手工处理，包括数据录入、分类、分析等。智能化技术如人工智能和自动化软件的引入，使得这些繁琐的任务可以自动完成。例如，智能化的会计软件可以通过识别、提取和整理大量数据，大大缩短了数据处理的时间，从而让财务人员有更多的时间专注于分析和决策。

智能化技术还提升了数据处理的准确性。人工处理数据存在着一定的错误率，尤其是在大数据量的情况下，很容易出现疏忽或错误。智能化技术能够通过算法和模型来提高数据处理的准确性，减少了人为因素的干扰。例如，智能化的数据验证工具可以自动检测数据中的异常或错误，并及时发出警告，帮助财务人员及时发现并纠正问题，保障数据的准确性。

智能化技术的另一个重要价值在于提供了更精确的决策支持。财务与会计领域的决策往往需要依赖大量的数据和复杂的分析，而传统的手工方法往往无法满足这种需求。智能

化技术通过数据挖掘、机器学习等技术，可以对海量数据进行深度分析，并从中发现隐藏的模式和规律。这些分析结果可以为财务决策提供更可靠的依据，帮助企业更准确地预测未来趋势，优化资源配置，降低风险。

智能化技术还可以加强财务与会计领域的监督与合规。在金融行业，合规性一直是一个重要的问题，任何违规行为都可能带来严重的后果。智能化技术可以通过监控交易、识别异常行为等方式，帮助企业及时发现潜在的风险和违规行为，从而加强了对合规性的监督与管理，保护了企业和投资者的利益。

1. 自动化处理大量数据

自动化处理大量数据和智能化技术的应用极大地提高了财务与会计工作的效率。传统的财务与会计工作通常需要大量的人力和时间来处理数据、生成报告和进行分析。通过自动化处理大量数据和智能化技术的应用，这些繁琐的工作可以在更短的时间内完成，大大减轻了财务与会计人员的工作负担。例如，通过使用自动化的会计软件，企业可以实现对账、发票处理和报表生成的自动化，大大节省了时间和人力成本。

自动化处理大量数据和智能化技术的应用提高了财务与会计工作的准确性和可靠性。在财务与会计领域，准确性至关重要，任何错误都可能导致严重的后果。传统的手工处理数据容易出现错误，而自动化处理大量数据和智能化技术的应用可以大大减少这些错误的发生。例如，智能化的数据分析工具可以快速识别和纠正数据异常，提高了数据处理的准确性，从而提高了财务报告的可信度。

自动化处理大量数据和智能化技术的应用促进了财务与会计工作的创新和发展。随着技术的不断进步，新型的自动化和智能化工具不断涌现，为财务与会计领域带来了全新的解决方案和业务模式。例如，基于人工智能和大数据分析的预测模型可以帮助企业预测未来的财务趋势和风险，为决策提供更可靠的数据支持。这些创新性的技术应用不仅提高了财务与会计工作的效率和准确性，还为企业提供了更多的发展机遇和竞争优势。

2. 降低错误率

智能化技术在财务与会计领域的首要优势之一是提高数据处理的准确性。传统上，人工处理财务数据容易受到疲劳、误操作等因素的影响，从而增加了错误发生的可能性。智能化技术的应用能够大大降低这一风险。例如，自动化的数据录入和审计系统可以通过数据匹配和算法校验来检测潜在的错误，从而减少人为因素引入的错误，提高数据处理的准确性。

智能化技术还能够通过数据分析和预测功能帮助财务人员更好地识别和纠正错误。传统上，财务人员可能需要花费大量时间和精力来分析复杂的财务数据，以发现潜在的错误和异常。借助人工智能和大数据分析技术，财务人员可以更快速地发现数据中的模式和异常，及时采取纠正措施，从而降低错误率，并且提升决策的准确性和及时性。

智能化技术还可以通过优化财务流程和提高工作效率来降低错误率。传统上，财务与会计领域的工作流程可能存在繁琐的手工操作和重复的工作，容易引入错误。智能化技术的应用可以实现财务流程的自动化和优化，减少人工干预，降低错误发生的可能性。例如，智能化的财务软件可以自动化完成账目核对、报表生成等工作，大大减少了人为错误的发生，提高了工作效率和质量。

智能化技术还可以通过强化内部控制和风险管理机制来降低错误率。财务与会计领域的错误往往不仅会带来经济损失，还可能对企业的声誉和信誉造成严重影响。加强内部控制和风险管理是防范错误的关键。智能化技术可以通过实时监控、预警和自动化执行等功能，帮助企业及时发现和应对潜在的风险和错误，从而降低错误率，保护企业的利益和声誉。

（二）优化资源配置与成本控制

资源配置与成本控制是企业经营管理中至关重要的方面，而智能化技术在财务与会计领域的应用为优化资源配置和成本控制提供了新的途径，为企业创造了巨大的社会价值。

智能化技术在财务与会计领域的应用极大地提升了资源配置的效率。传统上，企业在资源配置方面往往依赖于人工经验和定期的静态规划，这种方法存在着信息滞后和不足以应对市场变化的问题。智能化技术的引入改变了这一局面。例如，智能化的财务软件可以通过实时监控和分析财务数据，识别出资源配置中的瓶颈和优化空间，并自动调整资源分配方案，以适应市场需求的变化，从而提高了资源配置的灵活性和效率。

智能化技术可以帮助企业更好地控制成本。成本控制是企业经营管理中的一项重要任务，对企业的盈利能力和竞争力有着直接影响。智能化技术可以通过实时监控和分析企业的成本数据，发现成本支出的潜在问题和优化空间，并及时采取措施进行调整。例如，智能化的成本管理系统可以自动识别出成本支出中的异常和波动，并提出相应的控制建议，帮助企业及时发现并解决问题，降低成本，提高盈利能力。

智能化技术还可以通过优化供应链管理来实现资源配置和成本控制的双重效益。供应链管理涉及到多个环节和多个参与方，往往存在信息不对称和协调困难的问题。智能化技术可以通过实时数据共享和智能协同的方式，优化供应链各环节之间的协作，降低信息传递和交流的成本，提高供应链的效率和灵活性，从而实现资源的更合理配置和成本的更有效控制。

智能化技术还可以通过风险管理来帮助企业更好地优化资源配置和控制成本。在竞争激烈和环境变化快速的市场中，企业面临着各种各样的风险，如市场风险、信用风险、供应链风险等。智能化技术可以通过数据分析和建模，识别出潜在的风险因素，并提出相应的应对策略，帮助企业降低风险，保障资源的安全和成本的控制。

1. 智能分析数据

智能分析数据的应用极大地提高了财务与会计工作的效率。传统的财务与会计工作通常需要大量的人力和时间来收集、整理和分析数据。随着智能化技术的发展，企业可以利用先进的数据分析工具和算法来自动化处理数据，并从中获取有用的信息和见解。例如，智能化的财务分析软件可以快速识别数据中的模式和趋势，帮助企业迅速做出决策，节省了大量的时间和人力成本。

智能分析数据的应用提高了财务与会计工作的准确性和可靠性。在财务与会计领域，准确性至关重要，任何错误都可能导致严重的后果。传统的手工处理数据容易出现错误，而智能化技术的应用可以大大减少这些错误的发生。例如，智能化的数据分析工具可以快速识别数据中的异常和错误，帮助财务人员及时发现和纠正问题，提高了数据处理的准确性，从而提高了财务报告的可信度。

智能分析数据的应用促进了财务与会计工作的创新和发展。随着技术的不断进步，新型的智能化工具不断涌现，为财务与会计领域带来了全新的解决方案和业务模式。例如，基于人工智能和大数据分析的预测模型可以帮助企业预测未来的财务趋势和风险，为决策提供更可靠的数据支持。这些创新性的技术应用不仅提高了财务与会计工作的效率和准确性，还为企业提供了更多的发展机遇和竞争优势。

2. 精细化管理

智能化技术在财务与会计领域的首要优势之一是提升管理的精确性。传统上，财务与会计工作可能受到人为因素的影响，管理过程存在一定程度的不确定性。智能化技术的应用能够通过自动化、数据分析和预测等功能，实现管理过程的精细化和精确化。例如，智能化的财务软件可以实时监控企业的财务数据，自动识别异常情况并及时采取相应措施，从而提高管理的精确性和及时性。

智能化技术还可以通过数据分析和预测功能帮助企业实现精细化决策。传统上，财务与会计决策可能依赖于人工经验和简单的规则，存在一定程度的主观性和不确定性。借助人工智能和大数据分析技术，企业可以更好地利用海量数据和复杂算法进行决策分析，实现精细化决策。例如，智能化的财务分析工具可以根据历史数据和市场情况预测未来的财务趋势，帮助企业制定更具针对性和有效性的决策方案。

智能化技术还可以通过优化资源配置和业务流程，实现精细化成本管理。传统上，企业的资源配置和业务流程可能存在不合理或低效的情况，导致资源浪费和成本增加。智能化技术的应用可以通过数据分析和优化算法，帮助企业实现资源的精细化配置和业务流程的精细化管理，从而降低成本并提高效率。例如，智能化的成本管理系统可以根据实时数据和需求情况自动调整资源配置，实现成本的精细化控制和管理。

智能化技术还可以通过强化内部控制和风险管理机制，实现精细化风险防控。财务与会计领域的管理过程中存在着各种内部和外部的风险，如数据泄露、欺诈等。智能化技术可以通过实时监控、自动预警和智能识别等功能，帮助企业及时发现和应对潜在的风险，实现精细化的风险防控。例如，智能化的风险管理系统可以根据数据分析和算法识别异常行为，自动触发预警机制并采取相应措施，有效防范风险的发生。

二、智能化技术在财务与会计领域的影响

（一）重塑工作方式与技能要求

智能化技术在财务与会计领域的广泛应用正在重塑工作方式和技能要求，这种影响涉及到从财务专业人员到会计工作者的各个层面。这种技术的引入不仅改变了工作流程和方法，也对从业人员的技能需求提出了新的挑战和要求，推动了财务与会计领域的人才培养和转型。

智能化技术的应用改变了财务与会计工作者的工作方式。传统上，财务与会计工作主要依赖于人工处理数据、编制报表等方式，工作效率较低且容易出现错误。随着智能化技术的普及，越来越多的重复性、机械性任务可以通过自动化软件和人工智能系统来完成，从而释放了财务与会计工作者的时间和精力，使他们能够更多地专注于分析、决策等高级任务，提高了工作效率和质量。

智能化技术的应用改变了财务与会计工作者的技能需求。传统上，财务与会计工作者主要需要掌握会计原理、财务报表分析等基础知识和技能。随着智能化技术的普及，财务与会计工作者还需要具备数据分析、信息技术、人工智能等方面的知识和技能，以更好地应对智能化工具的使用和数据处理的需求。他们还需要具备跨学科的能力，能够与技术人员合作，共同开发和应用智能化技术，以满足企业日益增长的数字化需求。

智能化技术的应用还改变了财务与会计工作者的角色和职责。传统上，财务与会计工作者主要承担数据处理、报表编制等后勤性工作。随着智能化技术的普及，他们的角色逐渐向业务分析师、风险管理师等方向转变，需要更多地参与战略规划、业务决策等高层次工作。他们还需要具备跨部门合作和沟通能力，能够与其他部门的同事协作，共同解决业

务问题，推动企业的发展。

智能化技术的应用还促使财务与会计领域的人才培养和转型。传统上，财务与会计教育主要注重基础理论和实务操作的培养，随着智能化技术的发展，财务与会计工作者需要具备更多的技术和创新能力。财务与会计教育需要不断更新，加强对数据分析、信息技术等方面知识和技能的培养，培养学生的跨学科思维和创新能力，以适应智能化技术的应用和财务与会计工作的变化。

1. 自动化处理降低了机械性工作的需求

自动化处理和智能化技术的应用显著降低了财务与会计领域中的机械性工作需求。传统的财务与会计工作通常包括大量的数据输入、处理和报告生成等重复性工作，这些工作需要大量的时间和人力来完成。通过自动化处理大量数据和智能化技术的应用，这些机械性工作可以被自动化执行，大大减少了人工干预的需要。例如，智能化的会计软件可以自动识别和处理大量的财务数据，快速生成报表和分析结果，从而减少了财务人员的重复性工作，释放了他们的时间和精力，让他们更多地专注于高价值的策略性工作。

智能化技术的应用提高了财务与会计工作的效率和准确性。在财务与会计领域，准确性至关重要，任何错误都可能导致严重的后果。传统的手工处理数据容易出现错误，而智能化技术的应用可以大大减少这些错误的发生。例如，智能化的数据分析工具可以快速识别数据中的异常和错误，帮助财务人员及时发现和纠正问题，提高了数据处理的准确性，从而提高了财务报告的可信度。

智能化技术的应用促进了财务与会计工作的创新和发展。随着技术的不断进步，新型的智能化工具不断涌现，为财务与会计领域带来了全新的解决方案和业务模式。例如，基于人工智能和大数据分析的预测模型可以帮助企业预测未来的财务趋势和风险，为决策提供更可靠的数据支持。这些创新性的技术应用不仅提高了财务与会计工作的效率和准确性，还为企业提供了更多的发展机遇和竞争优势。

2. 对于数据分析和技术应用能力的需求增加

智能化技术在财务与会计领域的广泛应用带来了大量数据的产生和积累。这些数据不仅包括企业内部的财务数据，还可能涉及到外部的市场信息、行业趋势等多方面的数据。对于从业人员来说，具备良好的数据分析能力已经成为一项必备技能。传统的财务与会计工作注重数据的记录和整理，而现在，从业人员需要能够通过对海量数据的分析和挖掘，发现数据背后的规律和价值，为企业提供更深层次的决策支持。

除了数据分析能力之外，技术应用能力也成为了财务与会计从业人员的重要素养。智能化技术的发展使得财务与会计领域出现了越来越多的智能化工具和软件，如人工智能辅助财务分析、区块链技术应用于会计核算等。从业人员需要具备对这些技术工具的理解和应用能力，能够灵活运用这些工具来提高工作效率和质量。随着技术的更新换代，从业人员还需要具备学习和适应新技术的能力，保持与时俱进，不断提升自己的技术水平。

智能化技术对数据分析和技术应用能力的需求增加，也给财务与会计领域的人才培养提出了新的挑战和机遇。传统的财务与会计教育注重理论知识和基本技能的传授，而现在，随着智能化技术的发展，人才培养需要更加注重实践能力和技术应用能力的培养。财务与会计教育需要及时调整课程设置和教学方法，增加数据分析和技术应用相关的内容，培养学生的数据思维和创新能力，提高他们应对复杂工作环境的能力。

智能化技术对数据分析和技术应用能力的需求增加，也给财务与会计从业人员提供了更广阔的职业发展空间。具备优秀数据分析和技术应用能力的人才将更受企业青睐，他们不仅可以胜任传统的财务与会计岗位，还可以在数据分析、智能化系统开发等领域发展。随着智能化技术的不断发展，财务与会计领域也将出现更多新的岗位和职业机会，如数据分析师、智能化财务顾问等，为从业人员提供了更多选择和发展空间。

（二）拓展财务与会计服务的范围与深度

智能化技术拓展了财务与会计服务的范围。传统上，财务与会计服务主要集中在财务报表编制、税务申报等基础性工作上。随着智能化技术的发展，财务与会计服务的范围不断扩大，涵盖了更多的领域和业务需求。例如，智能化的财务软件可以提供更多的财务分析和预测功能，帮助企业更好地了解自己的财务状况和未来发展趋势；智能化的税务软件可以提供更多的税务筹划和优化建议，帮助企业降低税负，提高盈利能力。智能化技术的应用使得财务与会计服务不再局限于传统的范围，而是更加多样化和全面化。

智能化技术提升了财务与会计服务的深度。传统上，财务与会计服务往往停留在数据处理和报表编制的层面上，缺乏对业务的深入理解和战略规划的支持。智能化技术的应用使得财务与会计服务能够更好地与业务相结合，为企业提供更深入的分析和建议。例如，智能化的财务分析工具可以通过大数据分析和人工智能算法，发现企业的潜在盈利点和成本优化空间，提出相应的改进方案；智能化的预测模型可以帮助企业预测未来市场趋势和风险，为企业制定更科学的战略规划。智能化技术的应用提升了财务与会计服务的深度，使其更加贴近企业的实际需求和业务发展。

智能化技术的应用还提高了财务与会计服务的个性化水平。传统上，财务与会计服务往往是批量化、标准化的，缺乏针对性和个性化的服务。随着智能化技术的发展，财务与会计服务能够更好地满足不同客户的个性化需求。例如，智能化的财务软件可以根据客户的特定需求定制报表和分析，帮助客户更好地理解自己的财务状况和业务问题；智能化的税务软件可以根据客户的行业和地域特点提供个性化的税务筹划和优化方案，最大程度地降低客户的税负。智能化技术的应用使得财务与会计服务更加个性化和定制化，更好地满足了客户的需求和期望。

智能化技术的应用还促进了财务与会计服务的创新和发展。传统上，财务与会计服务往往受限于传统的工作方式和技术手段，缺乏创新和突破。智能化技术的应用为财务与会计服务带来了新的思路和方法。例如，智能化的财务软件可以结合区块链技术，实现财务数据的安全共享和追溯，提高了数据的可信度和安全性；智能化的会计软件可以结合人工智能算法，自动识别和纠正数据异常，提高了数据处理的准确性和效率。智能化技术的应用促进了财务与会计服务的创新和发展，推动了行业向着更加智能化和高效化的方向发展。

1. 智能化技术带来新的服务模式和业务拓展机会

智能化技术的应用带来了新的服务模式。随着人工智能和大数据分析等技术的发展，企业可以提供更加个性化和定制化的财务与会计服务。例如，基于智能化技术的财务咨询服务可以根据客户的需求和数据情况，提供定制化的财务分析、预测和建议，帮助企业更好地制定战略和决策。这种新型的服务模式不仅提高了客户的满意度，还为企业带来了更多的商业机会和竞争优势。

智能化技术的应用拓展了财务与会计领域的业务范围。传统的财务与会计工作主要集中在数据处理、报表生成等基础性工作上，而智能化技术的应用可以为企业提供更多高附加值的服务。例如，基于人工智能的风险管理系统可以帮助企业识别和评估潜在的风险，制定相应的风险应对策略，从而提高了企业的风险管理能力。智能化技术还可以为企业提供更加精细化的财务规划和管理服务，帮助企业优化资源配置，提高经营效益。

智能化技术的应用还促进了财务与会计领域的创新和发展。随着技术的不断进步，新型的智能化工具和解决方案不断涌现，为财务与会计领域带来了全新的业务模式和商业机会。例如，基于区块链技术的智能合约可以实现自动化的财务交易和结算，大大提高了交易的效率和安全性。智能化技术还可以为财务与会计领域带来更多的数据分析和预测能力，帮助企业更好地洞察市场和行业动态，制定更加精准的战略和决策。

2. 提升服务水平，满足多样化需求

智能化技术在财务与会计领域的应用为提升服务水平提供了新的机遇。传统上，财务与会计服务可能受到时间和地域的限制，客户需要亲自前往机构办理业务，效率较低。随着智能化技术的发展，财务与会计机构可以通过互联网和智能化系统实现线上服务，实现24 小时在线咨询和办理业务。例如，智能化的财务软件可以通过云计算技术实现财务数据的实时共享和在线查询，客户可以随时随地查看自己的财务状况，提高了服务的便捷性和效率。

除了提升服务的便捷性之外，智能化技术还可以通过个性化服务满足客户的多样化需求。传统上，财务与会计服务可能采取一刀切的方式，无法满足不同客户的个性化需求。智能化技术的应用可以根据客户的需求和偏好，提供定制化的服务。例如，智能化的财务软件可以根据客户的财务数据和行业特点，提供个性化的财务分析报告和建议，帮助客户更好地理解自己的财务状况并做出相应的决策。

智能化技术还可以通过提供智能化咨询服务，提升财务与会计机构的专业水平和服务品质。传统上，财务与会计咨询可能受到从业人员经验和专业水平的限制，服务质量存在一定的不确定性。智能化技术的应用可以通过人工智能和大数据分析等技术，实现对客户的个性化需求和行业趋势的智能化分析和预测。例如，智能化的财务咨询系统可以根据客户的财务数据和市场情况，智能推荐适合的财务管理方案和投资建议，提升了咨询服务的专业水平和准确性。

智能化技术还可以通过强化内部管理和流程优化，提升财务与会计机构的服务水平和运营效率。传统上，财务与会计机构可能存在繁琐的手工操作和重复的工作，导致服务质量参差不齐。智能化技术的应用可以实现财务流程的自动化和优化，减少人工干预，提高服务的一致性和效率。例如，智能化的会计软件可以自动化完成账目核对、报表生成等工作，减少了人为错误的发生，提升了服务的质量和效率。

第二节　智能化财务管理与会计转型对职业伦理与道德的挑战

一、智能化财务管理与会计转型的背景和趋势

（一）智能化技术在财务与会计领域的应用概况

智能化技术在财务与会计领域的广泛应用正在重塑着这一行业的格局。随着人工智能、大数据分析、自动化等技术的不断发展和应用，财务与会计工作正在经历着前所未有的变革。这些智能化技术不仅提高了工作效率和准确性，还拓展了服务的范围和深度，为企业和个人带来了更多更全面的财务与会计支持。

人工智能技术在财务与会计领域的应用日益广泛。人工智能技术以其强大的数据处理

和分析能力，在财务与会计领域展现出了巨大的潜力。例如，智能化的财务软件可以通过人工智能算法，自动识别和纠正数据中的异常，提高了数据处理的准确性和效率；智能化的会计软件可以利用机器学习技术，自动分类和归档会计凭证，简化了会计流程，降低了成本。人工智能技术的应用使得财务与会计工作更加智能化和高效化。

大数据分析技术在财务与会计领域的应用也日益普及。随着企业数据规模的不断增大和数据处理技术的不断进步，大数据分析技术正在成为财务与会计工作中不可或缺的一部分。例如，企业可以利用大数据分析技术对海量财务数据进行深度挖掘，发现潜在的业务趋势和规律，为企业决策提供更可靠的依据；会计师事务所可以利用大数据分析技术对客户的财务状况进行全面评估，发现潜在的风险和问题，提出相应的解决方案。大数据分析技术的应用使得财务与会计工作更加科学化和精细化。

自动化技术也在财务与会计领域发挥着越来越重要的作用。自动化技术可以帮助企业实现财务流程的自动化和智能化，从而提高工作效率和准确性。例如，自动化的发票处理系统可以通过光学字符识别技术，自动识别和录入发票信息，减少了人工操作的时间和错误率；自动化的支付系统可以根据设定的规则和条件，自动完成支付流程，提高了支付的效率和安全性。自动化技术的应用使得财务与会计工作更加便捷和高效。

（二）职业伦理与道德在财务与会计领域的重要性

职业伦理与道德在财务与会计领域的重要性，以及智能化财务管理与会计转型的背景和趋势，是当今商业环境中备受关注的话题。财务与会计领域的职业伦理与道德，直接影响着企业的经营行为、投资者的信心以及整个市场的稳定。随着技术的发展，智能化财务管理与会计系统的兴起，正深刻地改变着这一领域的工作方式和规范。

职业伦理与道德在财务与会计领域的重要性不言而喻。财务会计作为企业运营中的核心部门，其职业伦理与道德直接关系到企业的诚信形象和社会责任感。遵守职业伦理准则和道德规范，是确保财务与会计活动合法合规、透明公正的基础。例如，财务报表的真实性和准确性是投资者决策的重要依据，而这就需要会计人员遵循职业伦理，不做虚假记录或误导性报告。职业伦理与道德也涉及到会计师、财务人员等专业人士的职业操守和诚信度，这直接关系到整个行业的声誉和信任度。

智能化财务管理与会计转型的背景源于技术的飞速发展和信息化时代的到来。随着人工智能、大数据、区块链等技术的不断成熟和应用，传统的财务与会计工作方式正在经历革命性的变革。智能化财务管理系统通过自动化、智能化的方式，提高了财务数据的处理效率和准确性，减少了人为错误和欺诈风险。智能化系统还能够通过数据分析和预测，为企业提供更加精准的财务决策支持，推动企业的发展和创新。

智能化财务管理与会计转型也带来了一些新的挑战和风险。智能化系统的开发和运行需要大量的技术投入和人力成本，对企业来说是一项不小的挑战。智能化系统可能存在数据隐私泄露、信息安全漏洞等风险，需要企业加强数据保护和风险管控。智能化系统虽然能够提高财务数据的处理效率，但在某些特定情况下，仍然需要人工审查和干预，以确保数据的准确性和合规性。

二、智能化财务管理与会计转型对职业伦理与道德的挑战分析

（一）数据隐私与安全保障

智能化财务管理与会计转型在提升效率和服务水平的也带来了诸多职业伦理与道德方面的挑战，其中数据隐私与安全保障是一个备受关注的议题。在智能化技术的支持下，财务与会计机构可以更加高效地收集、存储和分析大量的客户数据，但同时也可能涉及到个人隐私信息的泄露和数据安全的风险。财务与会计从业人员面临着如何在保障数据隐私和安全的前提下，合法、合规地利用数据的伦理与道德挑战。

在处理大量客户数据的过程中，从业人员需要时刻牢记保护客户隐私的责任，严格遵守相关法律法规和行业标准，不得滥用或泄露客户数据。这需要从业人员具备高度的职业操守和道德素养，始终把客户利益放在首位，坚决维护客户的隐私权和数据安全。

智能化技术的应用使得个人隐私信息更容易被收集和利用，从而增加了数据泄露和滥用的风险。财务与会计机构需要加强数据安全管理，建立完善的数据保护制度和安全技术措施，确保客户数据的安全性和机密性。财务与会计从业人员也需要接受相关的数据安全培训，提高对数据安全风险的认识和应对能力，从而更好地保障客户数据的安全。

财务与会计机构在利用智能化技术进行数据分析和决策支持时，需要确保数据的来源合法、使用合规，遵守相关法律法规和隐私政策。从业人员需要具备对法律法规的理解和遵守，严格按照规定的程序和标准处理客户数据，不得违反法律规定或滥用数据权利。

在利用智能化技术进行数据分析和决策支持时，从业人员可能面临着诸如数据操纵、信息不对称等伦理和道德问题。从业人员需要时刻警惕和防范这些潜在的伦理风险，坚持公正、诚信的原则，保持职业操守和道德品质，确保数据分析和决策的公正性和客观性。

随着技术的不断发展和应用，职业伦理和道德面临着新的挑战和变革，从业人员需要不断学习和更新自己的伦理观念和道德标准，适应新形势下的职业要求，更好地履行职业责任，维护财务与会计行业的良好形象和信誉。

（二）人工智能决策的透明度与责任

人工智能（AI）的决策透明度和责任性一直是财务管理与会计领域智能化转型的关键问题。随着AI在财务与会计中的广泛应用，这些挑战涉及到职业伦理和道德层面，需要深入思考和探讨。

智能化财务管理与会计转型对职业伦理提出了新的挑战。传统上，财务与会计从业人员在处理财务信息和数据时需要遵循一系列的职业准则和道德标准，以确保信息的准确性和可靠性。随着AI的应用，一些决策过程被自动化并由算法执行，财务与会计从业人员可能会面临职业伦理方面的困境。例如，在使用AI进行财务预测时，算法可能会基于历史数据和模式做出决策，但这些决策是否符合道德和职业准则仍需要人类从业人员进行审查和监督。

智能化转型也带来了对决策透明度和责任的重要考虑。AI的决策过程通常是由复杂的算法和模型驱动的，这些算法和模型可能难以理解和解释，导致决策的透明度不足。这就提出了一个重要的问题，即如何确保AI决策的透明度和可解释性，以便从业人员和相关利益相关者能够理解和信任这些决策。当AI做出错误或有问题的决策时，谁来承担责任也是一个重要的问题。从业人员是否应该对AI的决策结果负责？还是应该将责任归咎于算法开发者或部署者？这些问题需要在智能化转型过程中得到认真思考和解决。

智能化财务管理与会计转型还涉及到数据隐私和安全方面的职业伦理和道德挑战。随着AI在财务与会计中的应用，大量的敏感数据被收集、存储和分析，包括个人财务信息、公司财务数据等。保护数据隐私和确保数据安全成为了重要的职业伦理问题。财务与会计从业人员需要遵循严格的数据保护法律和法规，确保数据的合法使用和安全存储，防止数据泄露和滥用，维护个人和企业的权益。

另一个值得关注的职业伦理和道德挑战是人工智能的偏见和歧视问题。人工智能系统往往是基于历史数据和模式训练的，如果这些数据存在偏见或歧视，那么AI系统也可能会产生类似的偏见和歧视。在财务与会计领域，这种偏见和歧视可能会导致不公平的决策和结果，损害企业和个人的利益。财务与会计从业人员需要警惕人工智能系统可能存在的偏见和歧视，采取措施确保AI系统的公平性和客观性。

为了应对智能化财务管理与会计转型带来的职业伦理和道德挑战，有必要建立相关的法律、法规和标准，明确从业人员的责任和义务。还需要加强对从业人员的职业伦理和道德教育，培养其正确的职业道德观念和行为准则。也需要加强对AI系统的监管和审查，确保其符合道德和职业准则，不会给企业和个人带来不利影响。通过这些措施，可以有效应对智能化财务管理与会计转型带来的职业伦理和道德挑战，保障财务与会计工作的正常进行，维护行业的良好形象和声誉。

1. 自动化决策背后的算法透明度问题

自动化决策背后的算法透明度问题是智能化财务管理与会计转型中涉及的一个重要议题。随着人工智能和机器学习技术在财务领域的应用日益普及，算法决策对企业和社会的影响日益显著。这些算法往往是黑盒模型，缺乏透明度和可解释性，这给职业伦理与道德带来了新的挑战。

智能化财务管理与会计转型所采用的算法往往是复杂的机器学习模型，其决策过程难以被人类理解和解释。例如，财务风险评估模型可能基于大量的数据和复杂的算法，但其决策逻辑可能并不透明，导致难以评估其准确性和公正性。这种算法的缺乏透明度可能会引发不信任和质疑，影响企业的经营决策和社会的公信力。

缺乏算法透明度可能会导致潜在的歧视和偏见问题。由于算法决策过程不透明，很难确定其中是否存在着隐含的偏见或歧视性因素。例如，在贷款审批的过程中，如果算法基于不公平的数据或者存在着潜在的偏见，可能会导致对某些群体的不公平待遇。这种算法歧视可能违反了职业伦理和道德准则，对社会造成不良影响。

算法的不透明性也增加了风险管理的挑战。在传统的财务管理中，人类决策者可以通过审查和理解决策过程来评估风险并做出调整。智能化系统中的算法决策往往是自动化的，缺乏人为干预的机会，这可能会增加企业面临的风险。例如，在投资决策中，如果算法基于不准确或误导性的数据进行预测，可能会导致投资损失或者违反法律法规。

为了解决算法透明度问题，需要在智能化财务管理与会计转型中加强监管和规范。需要建立算法透明度的标准和评估体系，确保算法的决策过程能够被解释和理解。需要加强对算法决策的监管和审查，确保其符合职业伦理和道德准则，不会产生不公平或歧视性的结果。还需要加强对算法开发者和使用者的教育和培训，提高其对算法透明度和伦理风险的认识。

2. 财务专业人士应承担的责任与义务

财务专业人士应当承担对客户的责任与义务。客户是财务专业人士服务的对象，他们信任财务专业人士处理其财务数据，并依靠其提供准确、可靠的财务信息。财务专业人士有责任保护客户的利益，维护客户的权益。这包括保护客户的隐私信息，确保其财务数据的安全性和机密性，不得滥用或泄露客户数据。财务专业人士还应该诚实、透明地向客户提供财务咨询和建议，不得误导或欺骗客户，确保其能够做出明智的财务决策。

财务专业人士应当承担对公司的责任与义务。财务数据是公司经营管理的重要基础，而财务专业人士则是保障公司财务数据准确性和真实性的重要角色。财务专业人士有责任确保公司的财务报告符合相关法律法规和会计准则的要求，准确反映公司的财务状况和经营业绩。财务专业人士还应当及时发现和报告任何可能存在的财务风险和问题，为公司提供财务风险管理和决策支持。

财务专业人士还应当承担对社会的责任与义务。财务与会计行业是社会经济运行的重要组成部分，财务专业人士的工作直接关系到社会的经济发展和稳定。财务专业人士有责任积极参与社会责任活动，促进社会的经济繁荣和可持续发展。财务专业人士还应当关注社会公益事业，为社会发展作出积极贡献，推动社会的进步和改善。

财务专业人士应当承担对职业本身的责任与义务。财务与会计是一个需要高度专业知识和技能的领域，财务专业人士应当不断学习和提升自己的专业水平，保持职业素养和道德操守，严格遵守职业道德规范和行业准则。财务专业人士还应当积极参与职业组织和行业协会的活动，促进行业的规范化和发展，共同维护行业的声誉和形象。

智能化财务管理与会计转型对财务专业人士的责任与义务提出了新的挑战。随着智能化技术的应用，财务专业人士需要更加注重数据隐私与安全保障，加强对数据安全和合规性的管理，确保客户数据的安全性和机密性。财务专业人士还需要面对新的职业伦理与道德问题，如数据操纵、信息不对称等，需要保持高度的职业操守和道德素养，坚持公正、诚信的原则，维护财务与会计行业的良好形象和信誉。财务专业人士需要不断学习和提升自己的伦理和道德素养，适应智能化财务管理与会计转型的发展，更好地履行自己的责任与义务。

第三节　智能化财务管理与会计转型的信息公平与社会责任

一、智能化财务管理与会计转型对信息公平的影响

（一）信息获取与传递的便捷性

智能化财务管理与会计转型正在深刻影响信息获取与传递的便捷性，并对信息公平产生了重要的影响。这一转型涉及到财务与会计领域中信息的收集、处理、传递和使用，其影响程度不仅仅局限于从业人员，也关乎广大投资者、监管机构等各方利益相关者。在这一过程中，信息的便捷性、公平性成为了关注的焦点。

智能化技术的应用使得财务信息的获取变得更加便捷。传统上，财务信息的获取往往

需要人工收集、整理和归档，过程较为繁琐耗时。随着智能化技术的普及，财务信息的获取变得更加自动化和智能化。例如，智能化的财务软件可以通过自动化数据采集和处理功能，实现对财务数据的实时监控和分析，帮助企业及时了解自己的财务状况和业务动态。这种便捷的信息获取方式不仅提高了工作效率，还为企业和个人提供了更准确、更及时的财务信息，有助于他们做出更明智的决策。

智能化技术的应用促进了财务信息的传递和共享。传统上，财务信息的传递往往受限于时间和空间的限制，需要通过传真、邮件等方式进行。随着智能化技术的发展，财务信息的传递变得更加便捷和高效。例如，智能化的财务软件可以通过云计算和移动端应用，实现财务信息的实时共享和协同工作，使得财务团队可以随时随地访问和共享财务数据，加强了团队之间的沟通和协作。这种便捷的信息传递方式不仅提高了工作效率，还促进了信息的及时流通和共享，有利于加强企业内部管理和合作。

智能化财务管理与会计转型也带来了一些信息公平方面的挑战。智能化技术的应用可能会加剧信息不对称的问题。由于智能化技术的使用通常需要一定的技术和资源支持，一些大型企业可能会利用智能化技术获取和分析大量财务信息，从而获得更多的市场优势，而中小企业则可能因为技术和资源的不足而处于劣势地位。这种信息不对称可能会导致市场竞争的不公平，影响行业的正常运行。

智能化技术的应用可能会增加信息泄露和数据安全的风险。随着财务信息的数字化和智能化，财务数据的安全性和保密性成为了一个严峻的挑战。一旦财务信息泄露或遭到黑客攻击，不仅会给企业和个人造成巨大的经济损失，还可能导致信任危机和法律责任。财务与会计领域需要加强对信息安全的保护，建立健全的信息安全管理体系，加强对财务数据的监控和审计，确保财务信息的安全和保密。

（二）数据分析与决策的普及化

数据分析与决策的普及化是当今智能化财务管理与会计转型中的重要趋势之一。随着数据科学和技术的进步，越来越多的企业开始利用数据分析技术来辅助决策，从而提高了财务管理和会计的效率和准确性。智能化财务管理与会计转型对信息公平也带来了一系列影响和挑战。

智能化财务管理与会计转型促进了信息的更加公平和透明。通过数据分析技术，企业可以更加客观地评估和分析财务数据，减少了人为因素的干扰，提高了决策的公平性和准确性。例如，在财务报表的编制和审计过程中，数据分析技术可以帮助企业快速发现异常和错误，保障了财务信息的真实性和完整性，从而增强了投资者和利益相关方对企业的信任。

智能化财务管理与会计转型加强了信息的可及性和可理解性。传统的财务管理和会计工作往往需要专业的财务人员来进行数据处理和分析，这导致了信息的不对称和不平等。而通过智能化系统，企业可以将财务数据和分析结果以更加直观和易懂的方式呈现，使非专业人士也能够理解和使用这些信息。这种信息的普及化不仅提高了企业内部决策的效率，也促进了企业与外部利益相关方之间的沟通和理解。

智能化财务管理与会计转型也带来了一些信息公平的挑战和风险。智能化系统依赖于大量的数据和复杂的算法来进行决策，这可能导致信息的不对称性和不透明性。例如，在金融领域，智能化贷款审批系统可能基于个人的大数据来评估信用风险，但这些数据可能并不完全公开或透明，导致申请者难以理解和评估审批结果的公平性。

智能化系统的算法可能存在着潜在的偏见和歧视。由于算法的训练数据可能存在着历史的偏见或不公平，导致智能化系统在决策过程中可能会出现歧视性结果。例如，在招聘领域，智能化招聘系统可能会根据候选人的个人信息和历史数据来筛选简历，但如果这些数据存在着性别、种族等方面的偏见，可能会导致招聘过程中的不公平待遇。

二、智能化财务管理与会计转型的社会责任与挑战

（一）算法决策的公平性与可解释性

智能化财务管理与会计转型的推进在提高效率和服务水平的也带来了算法决策的公平性与可解释性的挑战。随着智能化技术的应用，越来越多的财务与会计决策依赖于算法模型和机器学习算法，而这些算法决策可能存在公平性和可解释性方面的问题。

由于算法模型的建立和训练通常基于历史数据，如果历史数据存在偏见或不公平性，那么算法决策可能会延续这种偏见或不公平性。例如，在信用评分模型中，如果历史数据中存在性别、种族等因素的歧视性对待，那么模型可能会在评估个人信用时产生不公平的结果。智能化财务管理与会计转型需要关注算法决策的公平性问题，采取措施减少算法的偏见和不公平性，确保决策结果对所有人都是公平的。

由于机器学习算法的复杂性和黑箱特性，很多算法模型的决策过程难以解释和理解，这给人们对算法决策的信任和接受造成了困难。例如，在贷款审批模型中，如果无法解释为何某个申请被拒绝或接受，那么贷款申请人可能会感到不公平和不满。智能化财务管理与会计转型需要关注算法决策的可解释性问题，采取措施提高算法的可解释性，使决策过程更加透明和可理解，增强人们对算法决策的信任和接受度。

由于算法决策涉及到个人和企业的重要利益，因此其决策过程需要具有透明性和公开

性，让受影响的人能够了解决策的依据和原因。例如，在财务报表自动生成的过程中，如果采用了自动化算法，那么应当公开算法的原理和逻辑，让相关利益相关方能够了解报表生成的过程和依据。智能化财务管理与会计转型需要采取措施提高算法决策的透明性和公开性，确保决策过程对所有利益相关方都是公开和透明的。

由于算法决策可能对个人和社会产生重大影响，因此财务专业人士需要对算法决策的社会责任有清晰的认识和理解。例如，在贷款审批模型中，如果算法产生了不公平或不良的结果，那么财务专业人士需要承担相应的社会责任，积极寻求解决方案，减少决策的负面影响。智能化财务管理与会计转型需要财务专业人士积极履行社会责任，保障算法决策的公平性和可解释性，促进社会的公正和和谐发展。

（二）应对技术发展带来的社会不平等问题

面对技术发展带来的社会不平等问题，智能化财务管理与会计转型必须认真思考并承担起相应的社会责任与挑战。这一转型不仅仅是技术和业务的变革，更是对社会公平和可持续发展的考验。在追求效率和创新的必须注重社会公平和包容，促进技术发展造福全社会。

随着智能化技术的广泛应用，一些人可能因为技术能力和资源的差异而被排除在财务与会计服务的范围之外，导致数字鸿沟的加剧。这意味着一些人将无法享受到智能化带来的便利和优势，从而加剧了社会的不平等现象。智能化财务管理与会计转型需要采取措施，缩小数字鸿沟，确保所有人都能够平等地分享智能化技术的成果，实现信息的包容和共享。

随着智能化技术的普及，一些传统的财务与会计岗位可能会受到影响，导致部分人员面临就业压力和转岗困难。与此新技术的应用也会创造新的就业机会，但这些机会可能需要新的技能和知识，使得部分人员难以适应。智能化财务管理与会计转型需要采取措施，提供相关的培训和转岗支持，帮助受影响的人员顺利转型，实现就业机会的公平分配。

随着财务信息的数字化和智能化，个人和企业的数据安全面临着越来越大的挑战，可能会导致个人隐私泄露和财务数据泄露等问题。这不仅会对个人和企业的利益造成损害，还可能引发信任危机和社会不稳定。智能化财务管理与会计转型需要加强对数据隐私和信息安全的保护，建立健全的数据安全管理体系，确保财务信息的安全和保密。

智能化技术的应用可能会带来一些道德和伦理方面的问题，例如算法的偏见和歧视、决策的不透明性等。这些问题可能会损害个人和社会的利益，导致社会不公平和不稳定。智能化财务管理与会计转型需要建立健全的技术伦理框架，加强对智能化技术的监管和审查，确保技术的合法合规和道德可控。

1. 技术发展可能加剧社会贫富差距

技术发展可能加剧社会贫富差距，这一点在智能化财务管理与会计转型中的社会责任与挑战中尤为突出。尽管智能化财务管理和会计系统的发展为企业带来了诸多益处，但其实施过程中也存在一系列社会责任问题和挑战。

智能化财务管理与会计转型可能加剧数字鸿沟，导致贫困地区和边缘群体的信息落后和经济边缘化。由于智能化系统需要大量的数据支持和技术基础，贫困地区和边缘群体往往缺乏相关资源和技能，难以参与到智能化财务管理的过程中。这可能导致信息不对称和机会不公平，进而加剧社会贫富差距，阻碍了贫困地区和边缘群体的经济发展和社会进步。

智能化财务管理与会计转型可能加剧就业不平等，造成部分人群的失业和职业转型困难。随着智能化系统的普及和应用，许多传统的财务和会计工作可能被自动化和智能化取代，导致一些人失去了工作机会。尤其是那些缺乏相关技能和知识的劳动者，面临着重新就业和职业转型的困难，可能会陷入长期的失业状态，加剧了就业不平等和社会不稳定。

智能化系统的设计和应用可能存在着潜在的偏见和歧视。由于智能化系统往往是基于历史数据和算法来进行决策的，如果这些数据存在着性别、种族等方面的偏见，可能会导致智能化系统在决策过程中产生歧视性结果，进而加剧社会不公平和贫富差距。

由于智能化系统需要大量的数据和技术支持，大型企业和跨国公司往往具有更多的资源和技术优势，能够更好地利用智能化系统来优化财务管理和决策。而中小企业和个体经营者则面临着技术门槛和资源限制，难以享受到智能化系统带来的好处，进而加剧了市场竞争的不平等和企业间的差距。

2. 财务与会计行业应承担的社会责任与义务

财务与会计行业应当承担对经济的稳定与发展的责任与义务。作为经济活动的监管者和参与者，财务与会计行业对经济的稳定和发展起着至关重要的作用。财务与会计信息的准确和透明，直接关系到市场的公平和有效运行。财务与会计行业有责任确保财务信息的真实、准确和透明，为市场参与者提供可靠的信息基础，促进经济的健康发展。

财务与会计信息不仅影响着企业的经营管理和投资决策，也关系到公众的切身利益。财务与会计行业有责任保护公众的利益，维护市场的公平和透明。例如，财务报告的编制和披露应当符合相关法律法规和会计准则，确保公众能够了解企业的真实财务状况和经营绩效，避免信息不对称和不公平竞争。

随着社会的进步和环境问题的日益突出，财务与会计行业需要更加关注环境和社会责任的履行。财务与会计信息不仅应当反映企业的经济效益，也应当反映企业的社会责任和环境责任。财务与会计行业有责任推动企业履行环境和社会责任，促进经济的可持续发展和社会的和谐进步。

财务与会计是一个需要高度专业知识和技能的领域，财务与会计从业人员应当不断学习和提升自己的专业水平，保持职业素养和道德操守。财务与会计行业应当建立完善的职业道德规范和行业准则，规范从业人员的行为和行业发展方向，维护财务与会计行业的良好形象和信誉。

智能化财务管理与会计转型带来了财务与会计行业的社会责任与挑战。智能化技术的应用提高了财务与会计信息的处理效率和准确性，有助于提升经济的稳定与发展，但同时也可能带来算法决策的不公平性和不可解释性问题，需要财务与会计行业加强监管和管理，保障决策的公平和透明。另智能化技术的应用也提高了财务与会计信息的安全性和可靠性，有助于保护公众利益和环境责任，但同时也需要财务与会计行业加强对数据隐私和安全的保护，避免信息泄露和滥用的风险。

第四节　智能化财务管理与会计转型的未来伦理规范与发展路径

一、智能化财务管理与会计转型的未来伦理规范

（一）制定适应技术发展的伦理准则

随着智能化财务管理与会计转型的不断推进，制定适应技术发展的伦理准则显得尤为重要。这些伦理规范不仅指导着财务与会计从业人员的行为，还影响着整个行业的发展方向和社会的信任。未来的伦理规范需要结合智能化技术的特点和财务与会计领域的需求，确保技术的应用符合道德、公平和可持续发展的原则。

未来的伦理规范需要强调数据隐私和信息安全的重要性。财务与会计领域涉及大量的敏感信息和个人数据，如财务报表、纳税信息等，因此保护数据隐私和信息安全至关重要。伦理规范应该规定财务与会计从业人员应当严格遵守相关的法律法规，确保财务数据的合法、合规和安全处理。伦理规范还应该规定财务与会计从业人员不得滥用数据，不得泄露客户隐私，保护个人和企业的合法权益。

未来的伦理规范需要关注技术偏见和歧视的问题。智能化技术的应用可能会导致算法的偏见和歧视，从而影响到财务决策的公正性和客观性。为此，伦理规范应该规定财务与

会计从业人员在使用智能化技术时必须注意算法的偏见和歧视，确保财务决策的公平性和透明性。伦理规范还应该规定财务与会计从业人员应当接受相关的培训和教育，提高其对技术伦理和道德问题的认识和敏感度，有效应对技术带来的挑战。

未来的伦理规范需要关注智能化技术对就业市场的影响。随着智能化技术的普及，一些传统的财务与会计岗位可能会受到影响，从而导致部分从业人员面临失业风险和转岗困难。为此，伦理规范应该规定企业在引入智能化技术时应当注重人力资源的合理配置，提供相关的培训和转岗支持，帮助受影响的从业人员顺利转型。政府和社会应该加强对就业市场的监测和调控，促进就业机会的平等分配和公平竞争。

未来的伦理规范还需要关注技术透明性和责任问题。智能化技术的应用往往会使得决策过程变得复杂和不透明，难以理解和解释。伦理规范应该规定财务与会计从业人员在使用智能化技术时应当注重决策的透明性和责任性，确保决策过程的公开和可解释。伦理规范还应该规定财务与会计从业人员在使用智能化技术时应当对技术的风险和后果负责，及时调整和改进决策模型，最大程度地减少可能的负面影响。

未来的伦理规范还需要关注技术的社会影响和可持续发展问题。智能化技术的应用可能会带来一些社会和经济方面的问题，如就业不平等、数字鸿沟等。伦理规范应该规定财务与会计从业人员在使用智能化技术时应当注重社会的可持续发展，促进技术的普惠性和包容性，最大程度地减少技术发展可能带来的不利影响。

（二）建立行业监管机制

在智能化财务管理与会计转型的未来，建立行业监管机制将是确保其良好发展并维护伦理规范的重要举措。随着技术的不断进步和应用，财务管理和会计领域面临着新的伦理挑战和责任。建立行业监管机制是必不可少的，以确保智能化系统的应用符合道德规范、合法合规。

行业监管机制需要确立智能化财务管理与会计转型的伦理准则和规范。这些准则和规范应当包括数据隐私保护、信息公开透明、公平竞争、风险管理等方面，确保智能化系统的应用符合社会价值观和法律法规。例如，应规定智能化系统在数据采集和处理过程中必须遵守用户的同意原则，保护个人隐私和数据安全，防止数据滥用和泄露。

行业监管机制需要加强对智能化系统的审查和监督。这包括对智能化系统的设计、开发、应用和运行过程进行全面监管，确保其符合伦理准则和法律法规。例如，应建立智能化系统的评估和审查机制，对系统的算法、数据源、决策过程等进行定期检查和评估，发现并纠正其中可能存在的偏见和歧视。

行业监管机制还应加强对智能化系统使用者的教育和培训。财务管理和会计领域的专业人士需要了解智能化系统的工作原理、特点和应用范围，以及可能涉及的伦理和风险问题。行业监管机制应当建立相关的培训和认证机制，提高从业人员对智能化系统的认识和应用水平，促进其合法合规地使用智能化技术。

行业监管机制还应鼓励和支持行业自律组织和行业标准的建立。这些组织和标准可以制定行业内的最佳实践和规范，推动智能化财务管理与会计转型朝着更加透明、公正和负责任的方向发展。例如，可以建立智能化系统的技术标准和伦理准则，引导企业和从业人员遵循社会价值观和职业道德，共同维护行业的良好秩序和声誉。

行业监管机制还应加强与其他行业的协同合作和信息共享。智能化财务管理与会计转型往往涉及多个领域和行业，需要各方共同努力，共同推动行业的发展和规范化。行业监管机制应当促进与科技、金融、法律等领域的交流与合作，共同研究和解决智能化系统的伦理和风险问题，实现行业的可持续发展和社会的共赢。

二、智能化财务管理与会计转型的发展路径

（一）技术与伦理相辅相成

技术的进步推动了智能化财务管理与会计转型的发展。随着人工智能、大数据分析等技术的不断发展，财务与会计领域的数据处理和决策分析能力得到了显著提升。智能化软件和系统的应用使得财务数据的收集、存储和分析更加高效和精确，为企业和机构提供了更可靠的财务信息和决策支持。例如，智能化的会计软件可以自动化完成繁琐的数据录入和账目核对工作，提高了工作效率和准确性，为财务从业人员节省了大量时间和精力。

伦理的引领和规范有助于技术的合理应用和发展。财务与会计行业是一个信息密集型和信任导向的行业，技术的应用涉及到大量的财务数据和敏感信息，可能对企业和个人利益产生重大影响。财务与会计从业人员需要在技术应用过程中始终坚守伦理底线，遵守职业操守和行业准则，保护客户的利益和数据隐私。例如，在利用智能化软件进行财务分析和决策支持时，财务从业人员需要谨慎处理客户数据，确保数据的安全性和机密性，不得滥用或泄露客户信息。

技术与伦理的相互影响推动了智能化财务管理与会计转型的不断深化和完善。技术的进步为财务与会计领域带来了新的业务模式和工作方式，同时也带来了新的伦理和道德挑战。财务与会计从业人员需要不断反思和探讨技术应用的伦理问题，积极寻求解决方案，促进技术和伦理的良性互动。例如，智能化财务管理系统的设计者和使用者需要共同关注系统的公平性和透明度，避免算法决策的不公平和不可解释性问题，保障财务数据处理的

公正和公开。

技术与伦理的相互促进推动了智能化财务管理与会计转型的发展路径。技术的进步为财务与会计领域带来了更多的发展机遇和挑战，而伦理的引领和规范则为技术的应用和发展提供了方向和保障。财务与会计从业人员需要在技术应用和伦理规范之间保持平衡，不断探索和创新，推动财务与会计行业向着更加智能化、公正、透明的方向发展。只有技术和伦理相辅相成，财务与会计行业才能够实现可持续发展和社会责任的充分履行。

（二）建立多方参与的规范制定机制

建立多方参与的规范制定机制是推动智能化财务管理与会计转型发展的关键步骤。这种机制不仅能够充分考虑各方利益和需求，还能够促进财务与会计领域的规范化和标准化，推动行业朝着更加健康、可持续的方向发展。建立多方参与的规范制定机制是智能化财务管理与会计转型的重要发展路径之一。

多方参与的规范制定机制可以促进各方利益平衡。财务与会计领域涉及到企业、从业人员、投资者、监管机构等多方利益相关者，每个方面都有自己的需求和关切。建立多方参与的规范制定机制可以确保各方的声音都能够被充分听取，促进各方利益的平衡和协调。通过多方参与，可以制定出更加全面、公正的规范，为智能化财务管理与会计转型提供更好的指导和支持。

多方参与的规范制定机制可以提高规范的适用性和可操作性。财务与会计领域涉及到复杂的业务流程和技术应用，规范的制定需要考虑到实际操作中的各种情况和需求。通过多方参与，可以吸收各方的意见和建议，确保规范的适用性和可操作性。制定出的规范将更加符合实际情况，更容易被各方接受和执行，从而推动智能化财务管理与会计转型的顺利进行。

多方参与的规范制定机制可以增强规范的权威性和可信度。财务与会计领域的规范往往涉及到行业标准、法律法规等，具有较高的权威性和约束力。通过多方参与，可以使得规范的制定过程更加透明和公开，增强规范的权威性和可信度。这样一来，制定出的规范将更容易被各方所认可和遵守，有助于推动智能化财务管理与会计转型的深入发展。

多方参与的规范制定机制可以促进财务与会计领域的国际化和标准化。财务与会计活动往往跨越国界，涉及到多个国家和地区。建立多方参与的规范制定机制可以促进各国之间的合作和交流，推动财务与会计领域的国际标准化进程。这样一来，制定出的规范将更具有普适性和国际影响力，有助于推动智能化财务管理与会计转型在全球范围内的推广和应用。

建立多方参与的规范制定机制可以促进财务与会计领域的创新和发展。通过吸收各方的意见和建议，可以促进新理念、新技术的引入和应用，推动财务与会计领域的创新和发展。这样一来，制定出的规范将更具有前瞻性和指导性，有助于推动智能化财务管理与会计转型向着更加科学、高效的方向发展。

1. 行业协会、学术界、企业及政府部门共同制定伦理规范

智能化财务管理与会计转型的发展路径需要行业协会、学术界、企业以及政府部门的共同制定和推动。这一合作意味着在推动技术进步的也应注重伦理规范的制定，以保障财务领域的合法合规和社会责任。

行业协会在制定伦理规范方面扮演着重要角色。作为财务与会计领域的代表性组织，行业协会具有丰富的行业经验和专业知识，可以借鉴国际标准和最佳实践，制定适用于智能化财务管理与会计转型的伦理规范。这些规范应当包括数据隐私保护、信息透明公开、公平竞争、社会责任等方面，以确保智能化系统的应用符合社会价值观和道德准则。

学术界在制定伦理规范方面发挥着重要作用。学术界拥有丰富的研究资源和专业知识，可以通过研究和讨论，深入探讨智能化财务管理与会计转型的伦理问题，并提出相关建议和解决方案。学术界还可以组织专题研讨会和学术会议，促进学术界与实践界的交流与合作，共同推动伦理规范的制定和实施。

企业在智能化财务管理与会计转型的发展路径中扮演着重要角色。作为智能化系统的使用者和应用者，企业应当积极参与伦理规范的制定和实施过程，提出自己的需求和建议，共同推动行业的发展和规范化。企业还应当加强对智能化系统的内部管理和监督，确保其符合伦理准则和法律法规，不损害社会公共利益和利益相关方的权益。

政府部门在智能化财务管理与会计转型的发展路径中发挥着重要作用。政府部门具有法律法规制定和监管执法的权力，可以通过制定相关法律法规和政策措施，规范智能化系统的应用和运行，保障公众利益和社会安全。政府部门还可以加强对行业协会、学术界和企业的指导和支持，共同推动伦理规范的制定和落实。

2. 各方参与确保规范的全面性和权威性

智能化财务管理与会计转型的发展路径关乎各方的参与，确保规范的全面性和权威性。在这一转型过程中，各方的积极参与至关重要，包括政府监管部门、行业协会、企业实践者、学术界和技术供应商等。他们共同努力，推动财务与会计领域的智能化转型朝着规范、全面和权威的方向发展。

政府监管部门在智能化财务管理与会计转型中扮演着重要的角色。政府应该加强对财务与会计行业的监管，制定相关政策和法规，推动行业规范化发展。政府监管部门需要密切关注智能化技术在财务与会计领域的应用，及时调整监管政策，确保技术应用符合法律

法规和行业标准，保障财务数据的安全和可靠性。

行业协会在智能化财务管理与会计转型中发挥着重要作用。行业协会作为行业的组织者和推动者，应该积极倡导智能化技术在财务与会计领域的应用，并制定相应的行业标准和规范。行业协会还可以组织培训和研讨会，提高从业人员对智能化技术的认识和应用水平，推动行业的健康发展。

企业实践者是智能化财务管理与会计转型中的关键参与者。企业应该积极采用智能化技术，提升财务与会计业务的效率和精度。企业需要重视数据安全和隐私保护，建立健全的信息安全管理制度，防范财务数据泄露和滥用的风险。企业还应该加强对员工的培训和教育，提高他们对智能化技术的认识和应用能力，推动企业的数字化转型。

学术界在智能化财务管理与会计转型中也发挥着重要作用。学术界可以开展前沿技术研究和理论探索，为财务与会计领域的智能化转型提供理论支持和技术指导。学术界还可以组织学术交流和研讨会，促进学术界与实践界的沟通和合作，推动智能化技术在财务与会计领域的应用和创新。

技术供应商是智能化财务管理与会计转型中不可或缺的一环。技术供应商应该持续投入研发，不断提升智能化技术的性能和稳定性，满足财务与会计行业的需求。技术供应商还应该积极参与行业标准的制定和推广，与行业协会、政府监管部门和企业实践者合作，共同推动智能化财务管理与会计转型的发展。

参考文献

［1］杨净雯．数据驱动下企业智能化管理会计平台研究［J］．财会通讯，2024（03）：131-136.

［2］武英子．会计智能化背景下公司内部控制对财务管理有何影响［J］．中国商界，2024（01）：80-81.

［3］高松．基于智能化财务共享中心的企业财务管理创新研究［J］．现代商业研究，2023（11）：122-124.

［4］柯玲巧．企业财务智能化转型的必要性与优化思路分析［J］．商讯，2023（23）：25-28.

［5］周艳．会计核算自动化和预算管理智能化有机结合的路径探讨［J］．投资与创业，2023，34（18）：56-58.

［6］雅睿．智能化时代财务会计向管理会计转型的策略探讨［J］．中国农业会计，2023，33（18）：27-29.

［7］宋玉爽．会计智能化趋势下的企业财务管理分析［J］．中国市场，2023（26）：154-157.

［8］于娜娜．财务会计的智能化发展路径分析［J］．老字号品牌营销，2023（17）：63-65.

［9］杨威．大数据环境下财务管理的智能化发展分析［J］．财讯，2023（17）：186-188.

［10］梁德华．财务智能化在电力企业中的应用［J］．纳税，2023，17（25）：73-75.

［10］程凯锋．财务智能化角度下医院会计信息化发展路径探究［J］．财会学习，2023（19）：98-100.

［12］李欣．财务智能化背景下医院会计信息化建设［J］．财会学习，2023（18）：89-91.

［13］杨巧．数字化经济背景下企业财务智能化转型研究［J］．财经界，2023（14）：120-122.

［14］黄俊婕．高校财务信息化与智能化应用研究［J］．财会学习，2023（12）：7-9.

［15］王欣．浅析互联网对企业财务会计智能化管理［J］．商场现代化，2023（07）：

162-164.

[16] 朱杏龙．教育部门财务管理智能化实践探析 [J]．新会计，2023（03）：38-40.

[17] 王晓晴，王洪强．智能化对会计的影响及会计的发展趋势 [J]．老字号品牌营销，2023（05）：73-76.

[18] 杜晓玲．智能化时代财务会计向管理会计转型的策略探讨 [J]．现代营销（上旬刊），2023（03）：4-6.

[19] 刘小飞．基于管理会计智能化的企业财务管理体系优化策略探讨 [J]．企业改革与管理，2023（04）：126-128.

[20] 王培春．数字经济下企业财务智能化应用趋势与实施路径探究 [J]．现代营销（上旬刊），2023（01）：1-3.